Tadanobu Tanno

丹野忠晋

初歩から一歩ずつ

経済数学入門

日本評論社

はじめに

この本では，経済学を学ぶ上で数学をもう一度基礎から学ぼうという読者をターゲットにしています．皆さんはすでに高校時代に習った数学を大分忘れているかもしれません．そのような人のために基礎から丁寧にわかりやすい経済数学を学んでいきます．経済学への適用をしっかり見据えてそれに必要な数学概念を紹介していきます．経済学部の学生の他にも，他学部を卒業し経済学系の大学院に進学して経済数学を一から学び直したい人，あるいは経済学を学ぶことにしたが数学は遠い記憶の彼方にある社会人も想定しています．

筆者は，あまり数学が得意ではない人や数学がネックで経済学の勉強に身を入れられない学生に10年あまり教えてきました．そこで得た経済学を学ぶヒントや数学で躓かない工夫をこの本で披露していきます．例えば，なぜ経済学に無理関数が用いられるのかというような疑問にも答えます．このように経済学と数学を学ぶ際に感じる違和感を取り除きます．目標である微分の応用の頂きまで，変化の概念から少しずつ丁寧に学びながら山を登っていきます．登頂後は山の頂きから経済数学を俯瞰して，経済学も数学もできるようになり，そして好きになってもらいたい．

重要なのは，**一歩一歩基礎からしっかりと勉強すること**です．基礎から積み重ねていくことは大変だあるいは面倒だと思うかもしれませんが，基本的な内容から確実にマスターしていくことが，結局は一番の近道です．新しい概念に戸惑うときに，今まで習ったことの理解が不十分であることが躓き場所だったりします．それを避けるために，できるだけ簡単な例や典型的な経済学の問題を用いることで理解を確かなものにし，次のステップへ確実に進めるよう配慮しました．

この概念については後の章で詳しく学ぶので，取りあえずは理解して先に進もうという学習順序はできるかぎり避けています．その結果，様々な関数を学んだ後に数列の学習に立ち寄り，次に指数関数を学ぶという順序になりました．少しずつ学んだ事項が発展していく方が学ぶ楽しみを味わえますよね？

第1章は「数」から始まります．経済数学をすでに学んでいる人にはくだくだしいかもしれません．そのような人にも楽しんで復習してもらえるよう，代数構造や集合の復習と関連して少し高い見地から学べるようにしてあります．筆者の授業の経験ではかなり経済数学ができる人でも良い復習になった，あるいはこの定義を忘れていたという声を聞いています．

数学ですから計算ができるようにならないといけません．そこで，この本では新しい学習事項が出た後には簡単に解ける**問い**を必ず設けて理解を定着させたいと思います．実際に自分で納得して計算問題を解くことによって理解が深まり達成感をおぼえることになるでしょう．わからないときはすぐに**解答**を見て理解して進むこともできます．章末には**練習問題**が配置されています．その章で学んだ事項の復習のための問題演習のみならず，その後の章で展開されるその応用についても問題形式で学べます．そのため巻末にある**練習問題の解答**は類書に比べて詳しく書きました．余裕のある方は読み進めながら解いてみてください．さらに理解が深まります．

とはいえ，重要なのは計算そのものではなく，その計算に含まれる意味や数学的な構造を理解することです．また，**経済モデルに共通するの数学的な構造を直感的につかむこと**も大切です．そのため，多くの図を用いて直感的な理解を助けることにも工夫を凝らしました．数学では計算が重要

だと述べましたが，数学の概念について正しいイメージをもつこともまた重要です．正しいイメージがあるからこそ計算をして正しい答えにたどり着くという確信が自分の心の中に生まれます．

経済学では2変数関数の微分がとても重要です．しかし，普通の数学のテキストで学ぶと1変数から2変数関数の微分までは長い道のりがあります．できるだけ2変数関数にスムーズに移行できるようにしました．1変数がわかったから2変数もその類推で大丈夫だと説明を飛ばさないようにしました．直線・平面から始まって空間の把握についても正しい理解が得られるようにしました．

もっともシンプルな形で数学の演算の意味や経済学への応用を紹介したいと思います．また，**基本的な問題は何回も登場して一歩一歩理解を深めていきます**．そして，この本を読了したころには基本的な経済学の問題を解くことができるのみならず，数学に対しても自分なりの自信をもてるようになるでしょう．さらに，高校で習った数学はこういう所で使えるのかという手応えをも感じられることでしょう．

かなりの文系の大学生は，高等学校1年で数学の選択を終えています．かつて，有名な数理経済学者である西村和雄先生が大学生の学力低下に警鐘を鳴らしました（岡部恒治他/編（1999）『分数ができない大学生：21世紀の日本が危ない』東洋経済新報社）．分数ができないといってもかつては習ったはずですし，日常生活で比率の概念などの数学を使っています．ですから**昔習ったことをもう一度復習して感覚をつかむのは容易**です．特に経済学を学ぶ必要という目的があります．その目的に適った学び方が良いでしょう．また，数学自体には美しい体系やその意味があります．ある程度の理解や明確な目標をもつ人には**ただ計算の仕方や公式の当てはめを闇雲に教えるのではなく，経済への応用という範囲内で知的興味を満たしつつ確実に学んでいくことが長続きする勉強方法**です．

この本を用いた「経済数学」の15回の講義計画としては一番後ろから逆算して進めるとよいと思われます．

1．第7章「数列とその極限」
2．第8章「指数・対数関数」
3．第9章「微分とは何か」
4．第10章「微分の応用」
5．第11章「2階導関数と2階の条件」
6．第12章「2変数関数と偏微分」
7．第13章「2変数関数の微分」

この7章をコアとして講義を設計するとよいでしょう．1章をおおよそ講義2回分として6章までの内容を宿題に出したりするのです．

あるいは受講者のレベルがそこまでいかないあるいは経済学に馴染みがなければ，前半の章を丁寧に行い，2階微分の部分を省略して消費者理論を中心に講義を構成することも可能だと思います．

現在の高校数学では**無理関数や分数関数は数学IIIで学ぶことになっていることに注意**が必要です．限界概念と合わせて講義の最初で触れておくとよいと思われます．また，経済学や数学の考え方を学ぶことを優先しているため，過度な一般化は行っていません．さらにもう少し深く掘り下げた方が面白いところもありますが，寸止めしてある部分もあります．そのような部分は教える側の腕の見せ所だと考えています．

この本は過去に講義を行ってきた東洋大学経済学部，跡見学園女子大学マネジメント学部，札幌

大学経済学部，青山学院大学大学院国際政治経済学研究科，日本経済研究センター，拓殖大学政経学部，拓殖大学大学院経済学研究科の講義ノートが元になっています．受講生の皆様には色々とアドバイスを頂いたり，授業アンケートで講義ノートを改善する際に大変お世話になりました．また，九州大学大学院経済学研究院の熊谷啓希先生からも詳細なコメント頂きました．一橋大学名誉教授の永島孝先生には数学を楽しむことを教わりました．以上の方々に記して感謝申し上げます．

その講義ノートにさらに手を加えて日本評論社の『経済セミナー』の連載（2014年4・5月号〜2015年8・9月号）に加筆，修正を加えたものが本書の母体となっております．この本の担当編集者でもある連載時の編集者の道中（坂本）真紀氏には本当にお世話になりました．また，本書の編集者の吉田素規氏にも大変お世話になりました．感謝いたします．

日本評論社から既刊の尾山大輔・安田洋祐/編著（2013）『改訂版 経済学で出る数学：高校数学からきちんと攻める』が難しいと感じる読者への経済数学の教科書としてこの出版が企画されました．本書をマスターすれば尾山・安田（2013）の微分の部分を読むのはたやすいでしょう．意欲のある方は是非ともチャレンジしてみてください．また，本書のレベルを超えて本格的に経済数学を学びたい人には，最初に川西諭（2010）『経済学で使う微分入門』（新世社）を読むと良いでしょう．解析学を学ぶには避けて通れない $\epsilon-\delta$ 論法への良い導入など様々な工夫があります．

他にも経済数学の良書はあります．本書を良い機会として経済学や数学をさらに深く学ばれることを期待しています．

最後に父忠志と母愿，執筆中励ましてくれた妻佳花に深く感謝いたします．

平成29年8月9日

丹野　忠晋

目 次

はじめに i

目次 iv

第1章 数と計算　1

1.1 数と数式 ··· 1
　A 自然数 1　B 好みと効用 2　C 変数と等しい 2　D 自然数と集合 4　E 整数 5　F 引き算 6　G 整数と集合 6　H 素数 7

1.2 有理数と計算 ··· 9
　A 有理数 9　B 分数と小数の計算 10

1.3 実数と指数法則 ·· 11
　A 実数 11　B 大小関係と絶対値 13　C 指数 14

第2章 因数分解と方程式　16

2.1 展開と因数分解 ·· 16
　A 整式のたし算, 引き算 16　B カッコと演算規則 17　C 簡単な展開 17　D 展開と因数分解の公式 18　E 平方完成 22　F 整式の割り算と組み立て除法 23　G 剰余の定理 25

2.2 方程式 ·· 26
　A 方程式とその解 26　B 1次方程式 27　C 国民所得の決定 28　D 方程式の解き方 29

2.3 2次方程式 ··· 30
　A 2次方程式の一般形とその解 30　B 判別式 30　C 2次方程式の解の公式 33

第3章 関数とは何か　34

3.1 関数とそのグラフ ··· 34
　A 関数の定義 34　B 座標平面と関数のグラフ 36

3.2 1次関数 ·· 37
　A 収入を1次関数で表す 37　B 一般的な1次関数 38　C 需要曲線と供給曲線 41

3.3 2次関数 ·· 42
　A 基本的な2次関数 42　B 一般的な2次関数のグラフ 43

第4章 関数の最大化　45

4.1 関数の最大と最小 ··· 45
　A 利潤が最大になるアイスクリーム屋の生産量 45　B 関数の最大・最小 46　C 様々な区間 48　D 関数の最大値の存在 49　E 2次関数の最大値, 最大化問題 51

4.2 関数の増減と最大値の図解 ·· 52
　A 増加関数と減少関数 52　B 最大値を取ることの図形的特徴 55

第5章　分数関数と無理関数　　57

5.1　分数関数 ·· 57
  A　基本的な分数関数　57　　**B**　関数のグラフの平行移動　59　　**C**　需要曲線と需要の価格弾力性　61　　**D**　供給の価格弾力性　64

5.2　無理関数 ·· 65
  A　基本的な無理関数　65　　**B**　生産関数　66

第6章　関数の生成と逆関数　　69

6.1　新しい関数を作る ··· 69
  A　費用関数　69　　**B**　関数の和　71　　**C**　関数の差と積　71　　**D**　関数の商　73

6.2　逆関数とそのグラフ ·· 74
  A　逆関数　75

6.3　限界費用曲線と供給曲線 ··· 78
  A　限界費用　79　　**B**　限界費用関数の逆関数　80

6.4　合成関数 ·· 81
  A　関数の合成　81

6.5　制約があるときの最適化問題 ·· 82
  A　制約があるときの最大・最小　82　　**B**　費用最小化問題　83　　**C**　供給関数　84　　**D**　効用関数　85　　**E**　限界効用　85　　**F**　消費者余剰と需要関数　86

6.6　連立方程式と接線 ··· 87
  A　連立方程式　87　　**B**　方程式の図形　88　　**C**　2次関数のグラフとx軸　88　　**D**　効用曲線と接線　90

第7章　数列とその極限　　92

7.1　数列とは何か ··· 92
  A　数列の一般項　92　　**B**　数列の和　93

7.2　等差数列 ·· 93
  A　等差数列の一般項　94　　**B**　利子率と単利　94　　**C**　等差数列の和　95

7.3　等比数列 ·· 96
  A　等比数列の一般項　97　　**B**　等比数列の和　97　　**C**　複利　98

7.4　割引現在価値 ··· 100

7.5　複数の足し算 Σ ·· 101
  A　複数の足し算の公式　101　　**B**　キャッシュフローの割引現在価値　102

7.6　数列の極限 ·· 103
  A　無限等比数列　104　　**B**　収束　104　　**C**　数列の極限の分類　104　　**D**　無限等比数列の極限　106　　**E**　等比数列の和の極限　107　　**F**　キャッシュフローの和　107

7.7　利子とネイピア数 ··· 108
  A　連続複利とネイピア数　108

第8章　指数・対数関数　　111

8.1　指数法則と累乗根 ··· 111
  A　指数法則　111　　**B**　累乗根　112　　**C**　指数の拡張　114　　**D**　幾何平均　115

8.2 **指数関数** 117

    A 標準的な指数関数　117   B 成長率と自然指数関数　118   C 連続利子率の割引現在価値
119

8.3 **対数関数** 120

    A 対数法則　120   B 対数関数　123   C 72の法則　124

第9章　微分とは何か　127

9.1 **関数の極限** 127

    A 関数の極限の定義　127   B 様々な関数の極限　129

9.2 **連続性と最大値** 130

    A 連続関数　130   B 最大値の定理　132

9.3 **物体の落下と微分** 132

    A 2次関数の接線の傾き　133   B 2次関数の一般の点での接線の傾き　135

9.4 **微分の定義** 135

    A 微分係数　136   B 導関数　137

9.5 **多項式関数の微分** 138

    A べき乗法則　138   B 定数倍法則　139   C 和の法則　140   D 多項式関数の微分の
公式　140   E 微分可能ではない関数　141

第10章　微分の応用　142

10.1 **微分と接線** 142

    A 接線を引く　142   B 線形近似　143

10.2 **微分の経済学への応用** 144

    A 利潤最大化と限界費用　144   B 価格弾力性　145   C 効用最大化と限界効用　145

10.3 **積と商の微分** 146

    A 積の微分　146   B 商の微分　147   C 限界費用と平均費用の関係　148

10.4 **逆数の微分とべき乗の微分** 149

    A 逆数の微分　149   B べき乗法則の拡張　150   C 利潤最大化と限界生産物　150

10.5 **微分と関数の増減** 151

    A 関数の増加と減少　152   B 極大と極小　153

10.6 **合成関数の微分** 155

    A 連鎖律　155   B 生産関数の応用　157

第11章　2階導関数と2階の条件　159

11.1 **指数関数の微分** 159

    A 指数関数の微分　159   B 瞬間的利子率と指数関数の微分　160

11.2 **逆関数定理** 161

    A 逆関数の微分係数　161   B 限界生産物と限界費用　162

11.3 **対数関数の微分** 163

    A 自然対数関数の微分法　163   B 対数微分法　165   C 弾力性と対数微分法　166   D
瞬間的な成長率と成長会計　167

11.4 **2階微分と関数のグラフの凹凸** 168

    A 2階導関数　168   B 下に凸の条件 $f'' > 0$　169   C 上に凸の条件 $f'' < 0$　169   D
変曲点の条件 $f'' = 0$　170   E 限界効用逓減の法則　171   F 増減表を用いたグラフの書き方

171

11.5 極大と極小 172

A 極大・極小の2階の条件　173　　B 経済学の2階の条件　174

第12章　2変数関数と偏微分　175

12.1 3次元空間と2変数関数 175

A 3次元空間　175　　B 2変数関数　176　　C 2変数効用関数　179

12.2 2変数関数の微分と偏微分 179

A 偏微分　180　　B 限界効用と偏微分　182

12.3 2階偏微分 184

A 2階偏導関数　184　　B ヤングの定理　186　　C 限界効用逓減の法則　187　　D 限界生産物逓減の法則　187

第13章　2変数関数の微分　189

13.1 2変数の微分 189

A 微分の図形的な意味　189　　B 全微分　190

13.2 無差別曲線と消費選択 191

A 無差別曲線　191　　B 効用最大化と予算制約線　193　　C 最適な消費の図形的な特徴　194

13.3 陰関数定理 197

A 陰関数定理　197　　B 無差別曲線の傾きと限界効用　199

13.4 消費者の効用最大化問題 200

A 消費者の効用最大化問題：微分　200　　B 端点解のケース　202

13.5 限界代替率とその逓減 204

A 限界代替率　204　　B 限界代替率逓減の法則　205

13.6 2種類の生産要素をもった企業の利潤最大化 207

A 費用最小化問題　207　　B 最適な生産要素　208

練習問題の解答　211

ECONOMIC MATHEMATICS

1 数と計算

数学から遠ざかっている読者もいるでしょう．数学に現れる記号や式についての約束事を学びながら，数の基本を学びます．

1.1 数と数式

数学の基本は**数**です（数学では普通「すう」と読みます）．「リンゴが5個」や「経済学の試験で一番をとった」などと使われるように，数にはものを数える，順序を付けるなどの機能があります．また，「消費税率は8％」のように，何かが何かに占める率を表す，比率を表すこともその役割の1つです．

A 自然数

高校までは，自然数は $1, 2, 3, 4, \ldots$ でしたが，大学では普通0を含めます．

$$0, 1, 2, 3, 4, \ldots$$

何もない状態から1ずつ付け加えて**自然数**が作られていくからです．

数の表現方法である**記数法**では，「アラビア数字 $(1, 2, 3, \ldots)$」，「ローマ数字（Ⅰ, Ⅱ, Ⅲ, ...）」，「漢数字（一, 二, 三, ...）」などを用います．普通はアラビア数字が用いられます．アラビア数字が一般的に用いられていることからわかるように，アラブはかつて数学の先進国でした．また，「0（ゼロ）」の概念を最初に考え出したのはインド人といわれています．下の表記を見てください．

2014　　二千十四

左の「2」は2000を表しています．しかし，右の「二」は次の「千」があることで2000を意味します．左のように数字の位置で桁を表記する**位取り記数法**は，どんなに大きな数でも十種類の数字 $0, 1, 2, 3, 4, 5, 6, 7, 8, 9$ で表記することができます．この0の発見により，数学が飛躍的に進歩することになりました．

では，数は何のために用いられるのでしょう？　数の主な役割は，「①物を数えるため」と「②順序を付けるため」です．①の数量を表す数を**基数**，②の順番を付ける数を**序数**といいます．順番を付けることは数以外のものでも代用できます．たとえば，オリンピックでは，成績の順番を表すために金，銀，銅というメダルの色を用いますし，大相撲では，力士の序列を表すために，横綱，大関，関脇，小結という番付を用います．

1

B　好みと効用

　例えば，ある女の子の休日の過ごし方を考えましょう．彼女の望ましい過ごし方の順に

　　彼氏とデート，友達とおしゃべり，どら焼きをいっぱい食べる

と並べられるとします．休日になってどれか1つを選ぶとなると，もちろん彼女は一番望ましい「彼氏とデート」を選びます．経済学では具体的な財やサービスの消費の望ましさを数で代用させます．

　上の例で各状況に，例えば「彼氏とデート」には100というような数値が付けられているとしましょう．

　　彼氏とデート = 100，友達とおしゃべり = 50，

　　どら焼きをいっぱい食べる = 20

この大きい方が望ましくなるこれらの数値を**効用**といいます．一種の満足度と考えてもよいでしょう．もちろん，この例に挙げた以上に世の中には多くの選択肢があります．選択肢の評価を日常言語で「とてもよい」とか「消費すれば少し嬉しい」等と表現していては言葉が足りなくなります．数値で満足度を測ることによって，個人の多様な選択肢の評価が可能になります．

　このとき，最も望ましい行動を選ぶことは，最も大きい効用100を選ぶことです．「彼氏とデートは友達とおしゃべりよりも望ましい」という事実は，「100は50より大きい」という関係で言い直すことができます．好みの問題を数の大小関係に置き換えて経済学者は選択の問題を分析します．

　好みを経済学では**選好**といいますが，好みを効用という数で表す方法は大きく分けて2種類あります．まず，彼女の好みを代表する効用が「どの順序にあるか」という情報のみを有している場合を**序数的効用**といいます．次に，100は50の2倍なので「彼氏とデートは友達とおしゃべりよりも2倍望ましい」と解釈できるならば，その効用は**基数的効用**と呼ばれます．

C　変数と等しい

　自然数全体の集まりを $\mathbb{N}$ と書きます．この $\mathbb{N}$ は普通の大文字Nと少し異なり黒板太字体という書体です．ではなぜ，$\mathbb{N}$ を用いるのでしょうか？それは，英語で自然数のことをnatural numberというので，その頭文字を取ったからです．このように，

　　数学で用いる共通した記号は，頭文字に由来することが多い

のです．一番基本的な演算は足し算ですが，それは**加算**や**加法**とも呼ばれます．では自然数で足し算をやってみましょう．

$$0+1 = 1$$

とても簡単な式ではありますが，これも一種の数式です．以下のようにちゃんとした意味があります．普通，「0足す1は1」といいますが，これは

算数用の日本語であり，算数以外で普通に使用される日本語ではありません．

$$0 に 1 を加えると 1 に等しい$$

がよいでしょう．ここで重要なのは，**等しい**という関係です．ですから，等しいという関係を明確にしてきちんと述語で表現したいところです．

このような事実を数式 $0+1=1$ は表しています．つまり，

数式は数学的内容の略記法である

ので，日常の言葉に翻訳が可能であることに注意してください．ですから複雑な式が出てきたら，それは日本語に直すとどんな表現になるかと考えてみると理解が深まるでしょう．

また，等しいあるいはイコールを表す**等号** $=$ の左にある「$0+1$」は**左辺**と呼ばれ，右の「1」を**右辺**といいます．

0 は足し算にとって特別な数です．それは，

0 にどんな数を加えても，その数は変わらない

からです．0 以外の 1 や 2 はそんなことにはならないですよね．この関係を，0 は足し算の**単位元**であるといいます．このことを表現するのに変数 x を用いて，どんな自然数 x に対しても

$$0+x=x$$

と表現します．数学記号が苦手な人は，何か数が入る箱だと考えて，クエスチョンマークが入った箱 $\boxed{?}$ を用いて考えてみてはどうでしょうか？

$$0+\boxed{?}=\boxed{?}$$

このように既成記号の代わりに自分の好きな記号を使って理解もできます．

そして，その変数に可能なある値を入れることを**代入**と呼びます．例えば，先の式の x に 1 を代入すると

$$0+1=1$$

となります．これは先ほどの式ですね．

変数を理解するために日常言語で考えてみましょう．例えば，彼女という代名詞を考えてみましょう．そのときに優子，麻理子，理奈などの具体的な女性名を彼女に当てはめても大丈夫です．しかし，拓哉，慎吾，正広の代入には無理があります．このように，数学でも代名詞に対応する変数には取り得る値の範囲が初めから決まっています．しかし，いちいち記号とその範囲を定めるのは回りくどいので，変数の範囲を省略することがたまにあります．

経済学者が価格 p と述べた場合は，記号 p は正か 0 の数を表しています．変数の範囲がわからないときは文脈をよく読むとわかります．また，分野によってよく使われる記号があります．そのような記号を覚えておくとよいでしょう．

変数が 2 つ以上現れるときは y や z も使われます．つまり，数学では以下の記号の使用法が一般的です．

変数や未知数を表すとき x, y, z のようなアルファベットの最後の方

の文字を用いる

上の例では等号が出てきました．それは「等しい」という一種の**関係**を表しています．この**相等関係**を表す記号 = で左右の二つの対象が結ばれた式を**等式**といいます．また選好

　　　「友達とおしゃべり」よりも「彼氏とデート」が好き

の「AよりBが好き」という選好もAとBの間の一種の関係です．

関係としての相等にはどんな性質があるでしょうか？　例えば，ある数は自分自身と等しく，

$$x = x$$

は必ず成り立っています．また，等しさは順序を変えても等しい，つまり

$$x = y \quad ならば \quad y = x$$

も当たり前ですね．また，対象が3つのとき，等しさは移っていきます．

$$x = y \quad かつ \quad y = z \quad ならば \quad x = z$$

このような関係や選好にまつわる性質は上級の経済数学で学ぶでしょう．

D　自然数と集合

マクドナルドで「バリューセットください！」と注文したことはありますか？　バリューセットは，ハンバーガー，ポテト，ドリンクからなるセットメニューです．この集まりのような，含まれるか含まれないかがはっきりしたものの集まりを数学では**集合**といいます．

最初に紹介した自然数全体を表す $\mathbb{N}$ も集合です．集合の記述方法は2つあります．まずは中カッコの { } で括って集合の中身をすべて列挙する方法です．この記述法を**外延的記法**といいます．

　　　　　{ハンバーガー, ポテト, ドリンク}

このようなバリューセットの中の1つ，例えばハンバーガーのことを集合の**要素**あるいは**元**と呼びます．先ほど，自然数全体を表す $\mathbb{N}$ も集合であるといいましたが，集合 $\mathbb{N}$ は中カッコを用いると下のように書き表すことができます．

$$\mathbb{N} = \{0, 1, 2, 3, \ldots\}$$

中カッコで括られた $0, 1, 2, 3, \ldots$ が $\mathbb{N}$ の要素というわけです．省略記号の点3つは，この後に $4, 5, 6, \ldots$ と進んでいくことを表しています．正確にはこの集合の記述方法では有限個の要素を持つ集合しか定めることはできませんが，省略記号を用いて良識にゆだねて書いてみせるわけです．

ハンバーガーがバリューセットのメンバーであるという関係を考えるのは自然です．この関係をハンバーガーがバリューセットに**属する**といいます．あるいは集合の要素であると述べてもよいでしょう．この関係を表示する新しい記号 $\in$ を導入しましょう．記号 $\in$ は，右に集合を持ってきたときに，左がその集合のメンバーであることを意味します．よって，以下が成り立ちます．

$$\text{ハンバーガー} \in \{\text{ハンバーガー}, \text{ポテト}, \text{ドリンク}\}, \quad 0 \in \mathbb{N}$$

次にこの2つの集合を考えましょう.

$$\{\text{智}, \text{翔}, \text{雅紀}, \text{和也}, \text{潤}\}, \quad \{0, 1, 2, 3, 4, 5\}$$

前者は某男性アイドルグループのメンバーからなる集合であり、後者は5以下の自然数の集合です．このように集合の要素の性質やその条件が定まっていれば、それを満たす集まりを考えることができます．

この集合の定め方では、まずある要素に対してそれが満たす条件を書きます．そして縦棒 | を条件の左に置いて、次にある要素を書き出します．これら全体を中カッコの { } で括ったものが集合となります．

$$\{x \mid x \text{ はアイドルグループのメンバーである}\}$$
$$\{x \mid x \text{ は自然数であり } x \leq 5\}$$

後者の集合において自然数の議論をしているとしましょう．そのときには5以下という条件が重要です．このとき x が自然数である，つまり $x \in \mathbb{N}$ であるのは，議論の流れから普通のことです．このとき，以下の記述の仕方をすることもあります．

$$\{x \in \mathbb{N} \mid x \leq 5\}$$

このような条件を記述して集合を規定する方法を**内包的記法**といいます．

さて，変数を用いると「どんな自然数 x と y についても，その和もまた自然数」になるということを表現できます．すなわち，どんな自然数 x, y についても

$$x + y \in \mathbb{N}$$

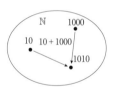

自然数の和

このとき自然数の集合 $\mathbb{N}$ は足し算について**閉じている**といいます．つまり，あるグループの中のどんなメンバーに対してある演算を施しても，そのグループからはみ出し者がいない．そのようなときに**閉じている**といいます．

閉じている＝グループからはみ出し者がいない

では，次に引き算 − をやってみましょう．1−2 の答えは −1 で自然数ではありません．図のように自然数の集合から飛び出してしまいました．自然数は引き算について閉じていません．引き算について閉じている数を考えましょう．

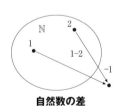

自然数の差

E 整数

引き算の答えも数の仲間に加えると

$$\ldots, -4, -3, -2, -1, 0, 1, 2, 3, 4, \ldots$$

のような数ができ上がります．このような数を**整数**といいます．その全体を $\mathbb{Z}$ で表します．英語で整数はintegerといいます．さっき書いたことと違っていますが，この記号はドイツ語で整数を意味するganze ZahlのZからきています．どんな整数 x と y についても

$$x - y \in \mathbb{Z}$$

整数の差

が成り立ちます．つまり，$\mathbb{Z}$ は引き算について閉じています．これで -1 も図のようにうまく数の集合の中に収まりました．

F 引き算

引き算の定義は何でしょうか？　それはある数 a と b に対して，a から b を引いた**差**とは，数式

$$b+x=a$$

を満たす x のことです．この x を記号で $a-b$ と書いて，この演算 $-$ を引き算というのです．引き算は，足し算の用語と同様に**減算**あるいは**減法**とも呼ばれます．つまり，足し算の逆演算が引き算です．

ところで，ある整数 a に対して

$$a+x=0$$

を満たす x が必ず整数の中にあります．そして，それを $-a$ と書きます．この $-a$ を加法に対する**逆元**といいます．例えば，2 の加法に対する逆元は -2 となります．そうすると下の関係が成り立ちます．

$$a-b=a+(-b) \tag{1}$$

G 整数と集合

ところで，ある数が自然数であれば必ずそれは整数です．このとき，集合 $\mathbb{Z}$ が集合 $\mathbb{N}$ を大きく含んでいます．このような集合同士の関係を**包含関係**といいます．このとき，小さい方の自然数全体の集合は，大きい方の整数全体の集合の**部分集合**であるといいます．この関係を**ベン図**と呼ばれる図で表すとわかりやすいでしょう[1]．

この関係を記述するために，記号 $\subset$ を用いて以下のように表します．

$$\mathbb{N} \subset \mathbb{Z}$$

念のため定義を書いておきましょう．集合 A と B において，A は B の**部分集合**である，つまり $A \subset B$ であるとは，どんな x に対しても，x が A の要素ならば x は B の要素であることです．この定義は，2 つの集合 A と B が同じであっても満たされることに注意しましょう．

このように数学や経済学では，出てくる概念をはっきりさせるために**定義**を行います．引き算の定義に足し算を使ったり，集合の包含関係を述べるのに「属する」の概念を用いたりしたように，定義されるものは既存の概念によって定められます．数学の概念に戸惑ったならば，まずはきちんと定義を理解することが大事です．それから，その概念が示している実例が本当に定義を満たしているか，確認してください．そのような作業を繰り返していると，初めは違和感があった概念や専門用語も腑に落ちるようになります．

今度は割り算をやってみましょう．$4 \div 2 = 2$ は整数ですが，

[1] この図の名称は数学者John Vennにちなんでいます．

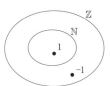

自然数の集合と整数の集合の包含関係

第 1 章　数と計算

$$2 \div 4 = \frac{1}{2}$$

は整数ではないですね．つまり，整数は割り算について閉じていません．
ちなみに，上の 2 つの式からわかるように，割り算では「割る数」と「割
られる数」を逆にしては答えが違うことになりかねません．十分注意しま
しょう．

　次の例も整数の範囲で考えると割り切れません．

$$7 \div 2 \text{ は商が } 3 \text{ 余りが } 1$$

割り算の答えを**商**といいます．整数同士の割り算で整数の範囲で割り切れ
ないときの余りを**剰余**ともいいます．また，割り算のことを**除算**とか**除法**
ということもあります．上の計算を等式で表現すると下のようになります．

$$7 = 2 \times 3 + 1$$

余りは，割る数よりも小さい 0 以上の整数です．

問い1　割り算を整数の範囲で考えて，365 を 7 で割った商と余りを求めてください．ま
た，商と余りの等式で表現してみてください．

答え1　商は 52，余りは 1 です．$365 = 7 \times 52 + 1$．

　この例 $7 \div 2$ では，答えを整数の範囲に限定したので「商が 3 余りが 1」
となりました．答えを整数に限定しなければ，もちろん 7/2 が答えとなり
ます．次の節では，このように整数同士の割り算において整数に限定しな
い答えを数の仲間に入れます．

H　素数

　数の「分解」の話をします．ある数の**因数**とは，その数をちょうど割り
切る数です．つまり，その数を因数で割ると余りは 0 となります．

例　1　3 は 12 の因数です．4 も 12 の因数です．

解答1　これは掛け算に書き換えると，$3 \cdot 4 = 12$ になることから明らかです．ここで記
号「$\cdot$」が出てきましたが，これは掛け算を表す記号です．

問い2　18 のすべての因数を述べてください．

答え2　答えは $1, 2, 3, 6, 9, 18$ です．1 と自分自身で割り切ることもできます．

7

数学ではとても重要な素数という数があります．**素数**とは，2以上の自然数で1と自分自身以外では割り切ることのできない数です．つまり，素数とはその因数が1と自分自身のみであるような数です．30以下の素数は次のようになります．

$$2, 3, 5, 7, 11, 13, 17, 19, 23, 29$$

問い3　次の数は素数でしょうか？
① $2 \cdot 3 + 1$　　② $2 \cdot 3 \cdot 5 + 1$

答え3　① 7　　② 31　　どちらも素数です．

そして，素数の反対を合成数といいます．**合成数**とは，素数ではない2以上の自然数です．なぜ12のような数を合成数というかというと，それを素数の積として表したい，分解したいからです．

$$12 = 2 \cdot 2 \cdot 3$$

この他にも $12 = 4 \cdot 3$ のように因数の分解の仕方はいく通りもあります．しかし，次のような定理があります．

定理1　（算術の基本定理）

合成数を素数の積に分解することができる．また，その分解の結果は因数の順序を除けば，一意的である．

つまり，12は $2 \cdot 2 \cdot 3$ に分解できましたが，その順序を除けばもちろん答えは1つしかありません．そして，それはすべての合成数にも当てはまります．このような分解を**素因数分解**といいます．普通，上のように素数の順序は小さい方から書きます．小さい素数から順に割れるかどうか確認すると計算がはかどります．

$$
\begin{array}{r}
2)\underline{84} \\
2)\underline{42} \\
3)\underline{21} \\
7
\end{array}
$$
素因数分解

例　2　84を素因数分解してください．

解答2　$84 = 2 \times 2 \times 3 \times 7$

このように，) を書いて下線の引いてある数84を小さい素数から割っていきます．最後の行に素数（ここでは7）が出てきたら，割ってきた素数を掛け合わせた数が答え（ここでは $2 \cdot 2 \cdot 3 \cdot 7$）となります．

8

1.2 有理数と計算

有理数と実数を紹介しつつ分数や小数の計算を復習します．

A 有理数

割り算の答えになる数を**有理数**といいます．有理数全体を集合 $\mathbb{Q}$ で表します．有理数を英語でrational numberといいます．これもさっき言っていたことと違いますが，この $\mathbb{Q}$ は割り算の答え，すなわち商を意味するquotientからきています．ところで，0で割ることはできません．それはなぜでしょうか？ 割り算の定義を見ればわかります．a を b で割った商 x の定義は，数式

$$b \times x = a \tag{2}$$

を満たす x のことです．この x を記号で $a \div b$ と書くのです．

では $1 \div 0$ をやってみましょう．割り算の定義(2)式の a に 1，b に 0 を代入すると，

$$0 \times x = 1$$

となります．0にどんな数を掛けても0ですから，上の定義を満たす数は存在しません．ですから $1 \div 0$ は答えがないのです．演算は普通，答えがただ1つである場合を考えるので，0で割ることを除くのです．これで0で割ること以外の四則演算すべてが可能になる数の集まりが図のようになることが確認できました．

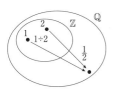

有理数の集合

ところで，上で a と b という文字が出てきました．割り算を定義するときに出てきた(2)式は，具体的に $2 \times x = 4$ や $3 \times x = 9$ に当てはまる x を求めるための数式です．ですから，x を求める前に a や b はすでにここで与えられているのです．見かけ上はこれらは文字で表されていて変数のように見えますが注意してください．よくある習慣ですが，数学では変数は x や y 等のアルファベットの最後の方の文字を使いますが，

既知の数や定数を表すときはアルファベットの最初の方の文字である a や b 等を用います．

ここで掛け算が出てきましたが，この演算を**乗算**あるいは**乗法**ともいいます．0は足し算にとって特別な数だったように，掛け算にとって特別な数は1です．つまり，

1にどんな数を掛けてもその数は変わらない

からです．このとき，1は掛け算の**単位元**であるといいます．逆数をご存知ですか？ 例えば，2の逆数は1/2です．ある数 a の**逆数**とは

$$a \times x = 1$$

を満たす x のことです．これを $1/a$ と書きます．有理数で考えれば，0以外のすべての数に逆数があります．この逆数を一般に乗法に関する**逆元**と

いいます．逆数を用いると割り算を表現できます．
$$a \div b = a \times (1/b) \tag{3}$$
これは引き算とその逆元の関係(1)式と対照的です．

B 分数と小数の計算

$$分数 = \frac{分子}{分母}$$
分数

割り算の商を 1/2 や 30/200 のように分数 a/b で表すことがありますね．もちろん，分母の b は 0 以外の数です．**分数**は**分母**に対して**分子**がどれくらいあるかという比率を表しています．

半分というのは，全体が 2 のときに部分が 1 というわけです．割り算に返ってみると「割る数」に対して「割られる数」の割合となります．

問い4 次の計算を行ってください．　①$\frac{1}{2}+\frac{1}{3}$　②$\frac{1}{5}-\frac{1}{3}$

答え4 ①$\frac{1}{2}+\frac{1}{3}=\frac{3}{6}+\frac{2}{6}=\frac{5}{6}$　②$\frac{1}{5}-\frac{1}{3}=\frac{3}{15}-\frac{5}{15}=-\frac{2}{15}$

$$\frac{a}{b}=\frac{a\times c}{b\times c}$$
分数の性質

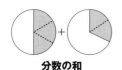

分数の和

分数は比率ですから，和や差を取るときには基準を合わせなければなりません．このように複数の分数の分母を等しくさせることを**通分**といいます．丸い 1 枚のピザの半分と 3 分の 1 を加えるには，図のように 6 分の 1 の切れ目を入れて合計すると考えるとイメージしやすいでしょう．計算では，分数の分子と分母に同じ数を掛けて元の分数と等しくなる性質を利用しています．

2 は 4 の半分です．つまり，この比率は 1/2 と同じです．分数で表すと 2/4 = 1/2 になります．このように，2 と 4 の共通の約数で割って分数を簡単にすることを**約分**といいました．1/2 のように，もうこれ以上約分できない分数を**既約分数**と呼びます．分数は既約分数に直す習慣をつけましょう．

問い5 次の計算を行ってください．　①$\frac{1}{2}\times\frac{1}{3}$　②$\frac{1}{5}\div\frac{1}{3}$

答え5 ①$\frac{1}{2}\times\frac{1}{3}=\frac{1\times 1}{2\times 3}=\frac{1}{6}$　②$\frac{1}{5}\div\frac{1}{3}=\frac{1}{5}\times\frac{3}{1}=\frac{1\times 3}{5\times 1}=\frac{3}{5}$

分数の掛け算は，分子同士と分母同士を掛けて計算して新たな分数とすればよい．これは半分のピザをさらに 3 分の 1 にすると 6 分の 1 になることと同じです．また，分数の割り算は，「割る」方の分数の分子と分母をひっくり返して「割られる」方の分数との積を作ってやればよいのでした．このやり方は，(3)式の割り算を「割る数」の逆数を掛けることとして捉え

る方法からわかります. すなわち,

$$\frac{a}{b} \times \frac{b}{a} = 1$$

より, a/b の逆数は b/a です. これを「割られる」方の分数に掛けてやれば
よいのです. また, 下のように分数の性質からも導くことができます.

$$\frac{a}{b} \div \frac{c}{d} = \frac{\frac{a}{b}}{\frac{c}{d}} = \frac{\frac{a}{b} \times \frac{d}{c}}{\frac{c}{d} \times \frac{d}{c}} = \frac{\frac{a}{b} \times \frac{d}{c}}{1} = \frac{a}{b} \times \frac{d}{c}$$

$$\frac{a}{b} \div \frac{c}{d} = \frac{a}{b} \times \frac{d}{c}$$

分数の割り算

1/2 を**小数**で表すと 0.5 になります. 分数に小数が入っても容易に答え
を出せますか? 150/0.5 は 150÷0.5 のことですが, 分数で計算してみます.

$$\frac{150}{0.5} = \frac{150 \times 2}{0.5 \times 2} = \frac{300}{1} = 300$$

分数の中に小数が入ると違和感を覚える人は, 上のようにまずは分母と分
子を整数にする変形を行った方がよいでしょう. 念のため練習してみまし
ょう.

問い6 次の計算をしてください. 答えは既約分数にしてください.
　　　① 0.4/2　　② 6/0.3　　③ 0.21÷0.7

答え6 ① 0.4/2 = 4/20 = 1/5　　② 6/0.3 = 60/3 = 20
　　　③ 0.21÷0.7 = 0.21/0.7 = 21/70 = 3/10

割り算に小数が出てきたら, この問い6③のように分数に書き直して計
算するとよいでしょう. できるだけ自分にとって計算間違いのないような
方法を考えて, そのルールに従って機械的に行うのがコツです.

1.3 実数と指数法則

ここでは実数を学びます. 経済学は実数の範囲で主に考えますが, とて
も奥が深い数です.

A 実数

有理数で数全体を表していると思いますか? 実は, 分数で表すことの
できない数もあります. それを**無理数**(irrational number) といいますが,
ルート 2 = $\sqrt{2}$ やパイ (π), 円周率なんかがそうですね. そのような数を
含めた図1における数直線全体に対応する数を**実数**といいます.

図1 数直線

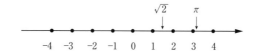

実数全体を $\mathbb{R}$ で表します．これは英語のreal numberからきています．実数全体が数直線を表して，有理数ではない実数が存在するということは，有理数をすべて数直線上に並べると穴が空いているということです．無理数は特別の数であり，それほど多くはないと思われるかもしれません．しかし，無理数の方が有理数よりもずっと多く，信じられないかもしれませんがほとんどすべての実数は無理数です．不思議に思えるのは，無理数の語感がよくないせいかもしれません．有理数の定義に従えば，整数の比で表せられない数が無理数となります．これで経済学で主に使用される数が，図2のように確認できました．

図2 自然数、整数、有理数、実数の集合

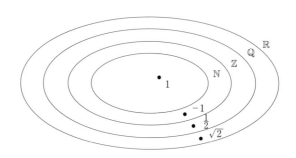

問い7 2乗すると2になる数はなんですか？

答え7 ルート2のみを答えた人，それだけですか？ 答えは $\sqrt{2}$ と，それにもう1つ $-\sqrt{2}$ があります．あってましたか？ つまり，非負の数 a に対して $\sqrt{a}$ の定義とは，以下になります．

正の平方根

正の実数 a に対して2乗すると a になる正の数 $\sqrt{a}$ を**正の平方根**という．
$$x = \sqrt{a} \Leftrightarrow x^2 = a \text{ かつ } x > 0$$
0に対しては $0^2 = 0$ なので，$\sqrt{0} = 0$ とする．

この x^2 は $x \times x$，つまり x の2乗です．**平方根**は後者の条件 $x > 0$ はいりません．つまり，2乗すると2になる数，すなわち2の平方根は，$\sqrt{2}$ と $-\sqrt{2}$ の2つあります．記号 $\sqrt{\cdot}$ は**根号**と呼ばれます．ちなみに，**平方**とは2乗という意味です．面積を表す場合に1平方メートル $1\,\text{m}^2$ と表しますね．

有理数で学んだ0で割れないルールと，この平方根でわかったと思いますが，

数学では定義が重要だ

ということを理解してください．経済学もそうですが，間違いの元はその定義を正しく理解していなかったことが往々にしてあります．

問い8 「任意の数aに対して$\sqrt{a^2}=a$」は正しいでしょうか．

答え8 正しくありません．例えば，$a=-1$としましょう．そうすると，$a^2=1$です．よって，$\sqrt{a^2}=\sqrt{1}=1$になります．これはaが正のときに成り立ちます．

問い9 次の計算をしてください． ① $\sqrt{4}$ ② $\sqrt{84}$

答え9 ① $\sqrt{4}=\sqrt{2\cdot 2}=2$ ② 例2より $\sqrt{84}=\sqrt{2\cdot 2\cdot 3\cdot 7}=2\sqrt{21}$

ルート2を小数で表したときには，無限に続く小数となります．
$$\sqrt{2}=1.41421356\cdots$$
有理数の1/3も無限に続く小数です．
$$\frac{1}{3}=0.333\cdots$$
その違いは，1/3は同じ3がずっと続く循環小数である一方，$\sqrt{2}$は循環しない無限小数です．

円周率パイπの意味はご存じですか？ **円周率は円の円周の長さと直径の長さの比です**．図のようにすべての円は**相似**なので，この円周率を用いてどんな円の円周でも直径から求められるわけです．

用語として円周率という言葉は英語にはないそうです．円周率の記号πは，ギリシャ文字からきています．英語のpに相当する文字です．この円周率も$\sqrt{2}$と同様に循環しない無限小数です．
$$\pi=3.14159265\cdots$$
この数は数学で最も重要な定数の1つです．

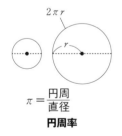

$\pi=\dfrac{\text{円周}}{\text{直径}}$
円周率

B　大小関係と絶対値

図2にある数直線に「へだたり」を考えてみます．基準となる点を**原点**といいますが，それを0の位置に定めます．原点は英語でoriginというので，記号Oを用いるのが普通です．正の数は原点より右側に，負の数は原点より左側にあります．実数a,bについて，aがbよりも**大きい**とは点a

が点 b よりも右側にあることです．このとき，
$$a > b$$
と書きます．同様に**小さい**ということは $a < b$ と表現されます．このような関係を**大小関係**といいます．明らかに任意の実数 a, b について，
$$a > b, \quad a = b, \quad a < b$$
という関係のうちいずれか1つだけ成り立ちます．a が b よりも**大きいかあるいは等しい**とき $a \geq b$ と書きます．高校での記号 ≧ と同じ意味です．この読み方は「大なりイコール」でよいでしょう．同様に $a \leq b$ も定義されます．

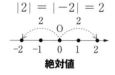

ある数の**絶対値**とはその数の原点からの距離を意味します．原点から等距離にある 2 も -2 も絶対値は 2 になります．言い換えると，絶対値とは，数のプラスとマイナスの符号を取ったその数の**大きさ**を表します．このとき，2 は $+2$ の省略形と思えばよいでしょう．

絶対値を記号 $|\cdot|$ で表します．原点は動かないのでその絶対値は 0 です．
$$|0| = 0, \quad |2| = 2, \quad |-2| = 2$$
数学や経済学では，符号が付いた数よりもその大きさがどう変わるかを問題にすることがよくあります．また，距離の概念はとても重要です．

問い10 任意の数 a に対して $\sqrt{a^2}$ を絶対値の記号で表現してください．

答え10 $\sqrt{a^2} = |a|$

C 指数

ここで出てきた a^2 や x^2 のように，同じ数を何回か掛ける操作である累乗について学びましょう．**累乗**のことをべき乗（冪乗，巾乗）とも呼びます．
$$2^6 = \underbrace{2 \cdot 2 \cdot 2 \cdot 2 \cdot 2 \cdot 2}_{6\,回}$$
この 6 のような掛けた回数を**指数**といいます．例えば，2^8 の指数は 8 です．この 2^6 を「2 の 6 乗」と呼ぶのは大丈夫ですね．ところで，
$$2^2 \cdot 2^3 = (2 \cdot 2) \cdot (2 \cdot 2 \cdot 2) = 2^{2+3} = 2^5$$
が成り立ちます．よって，累乗の積は，「指数の和」になります．

次に累乗の累乗を考えてみましょう．
$$(2^2)^3 = 2^2 \cdot 2^2 \cdot 2^2 = 2^{2 \times 3} = 2^6$$
つまり，累乗の累乗は，「指数の積」になります．最後に，
$$(2 \cdot 3)^2 = (2 \cdot 3) \times (2 \cdot 3) = (2 \cdot 2) \times (3 \cdot 3) = 2^2 \cdot 3^2$$

第1章 数と計算

因数に分解できる数は,「因数の累乗」の積に分解できます.

指数法則

a, b をある数,m, n を正の整数とするとき,以下が成り立つ.

$$a^m a^n = a^{m+n}$$

$$(a^m)^n = a^{mn}$$

$$(ab)^n = a^n b^n$$

指数を用いると,例2は,$84 = 2^2 \cdot 3 \cdot 7$ と表現できます.指数で表現したり公式を活用できるようになると計算が楽になります.この指数法則は第8章でもう一度詳しく学びます.

練 習 問 題 1

1. 素因数分解してください.　①64　②364

2. 次を計算してください.　$\dfrac{\sqrt{6}}{\sqrt{3}}$

3. ある実数 a, b に対して「$a \geq b$ かつ $a \leq b$ ならば $a = b$ である」は正しいでしょうか？

4. 次を計算してください.　$3 \times |-2|$

5. 次を計算してください.　$\dfrac{2^2 \times 2 \times (3^2)^2}{6^3}$

6. 次を計算してください.　$\dfrac{a^3}{b^2 c^2} \div \dfrac{ac}{3b}$

15

2 因数分解と方程式

因数分解・展開や方程式の計算や公式を確認しつつ，経済学に関連する基礎的な数学を学びます．

2.1 展開と因数分解

まずは文字式の計算や因数分解に慣れましょう．

A 整式の足し算，引き算

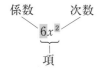

まずは $6 \times x \times x$ を表す数式を考えましょう．
$$6x^2$$
掛け合わせる文字の個数を**次数**といいます．上の式のような次数が2の式を2次式と呼びます．文字や数の掛け算だけの式を**単項式**といいます．数の部分を**係数**といいます．この係数は6になります．さらに，下の単項式
$$x^3 y^2$$
は2種類の文字を含んでいます．各文字の次数を合計するので，次数は5になります．いくつかの単項式の足し算や引き算で表される式を**多項式**といいます．例えば，次の多項式は2つの単項式からなります．
$$6x^2 + x^3 y^2$$
多項式を作るそれぞれの単項式を**項**といいます．多項式の次数は，各単項式の中の最高次数になります．よって，この多項式は5次式になります．多項式を別名**整式**ともいいます．各項は通常，次数の高い順に並べます．
$$x^4 + x^3 + x + 2$$
このように，次数が降りていく項の並べ方を**降べきの順**といいます．また，上の2のような数字だけの項を**定数項**といいます．反対に，次数の低い順に並べる方式を**昇べきの順**といいます．降べきの順に並んでいると多項式の次数が最初の項でわかります．計算を行った結果は降べきの順に並べましょう．

多項式において同じ文字で次数が同じ項を**同類項**といいます．$3x+4x$ において $3x$ と $4x$ が同類項です．同類項は係数を計算して1つにまとめることができます．
$$3x+4x=(3+4)x=7x$$
整式の足し算と引き算は同類項をまとめるだけです．

第2章　因数分解と方程式

問い1　次の整式の同類項を1つにまとめて，降べきの順に並べてください．

① $3x+2-4x$　　② $x^3-4x^2-5x^3+2x+7x^2-2x$

③ $(4x^2+2x-3)+(x^2-3x+5)$　　④ $(4x^2+2x-3)-(x^2-3x+5)$

答え1　① $(3-4)x+2 = -x+2$　　② $(1-5)x^3+(-4+7)x^2+(2-2)x = -4x^3+3x^2$

③ $4x^2+2x-3+x^2-3x+5 = (4+1)x^2+(2-3)x-3+5 = 5x^2-x+2$

④ $4x^2+2x-3-x^2+3x-5 = (4-1)x^3+(2+3)x-3-5 = 3x^2+5x-8$

B　カッコと演算規則

次にカッコについて学びます．次の計算はどうでしょうか？

$$2+(3+8) = 2+11 = 13$$
$$(2+3)+8 = 5+8 = 13$$

前者は3と8を加えた結果を2に加えていますが，後者は2に3を加えて
から8を加えています．どちらから加えても同じ答えになる計算の性質を
結合法則といいます．答えが同じなので通常はカッコを省略します．

$$2+3+8 = 13$$

また，先に2を足しても後から足しても結果は同じです．

$$2+3 = 3+2 = 5$$

この性質は，計算の順番を交換しても大丈夫なので**交換法則**といいます．
　また足し算と掛け算の間では，以下のような**分配法則**が成り立ちます．

$$4(2+3) = 4\times2+4\times3$$

このように，足し算には結合法則と交換法則が成り立ちます．同様に，掛
け算でも結合法則と交換法則が成り立つことがわかります．

C　簡単な展開

数の分配法則を学びましたが，多項式でも分配法則が成り立ちます．以
下のようにカッコを外すことを**展開する**といいます．

展開する：$3(x+4) = 3\cdot x+3\cdot4 = 3x+12$

$3x+12$ を見ると，3は x の係数と定数項の共通の因数です．このような数
を**共通因数**といいます．展開の反対の計算を**因数分解**といいます．

因数分解する：$3x+12 = 3\cdot x+3\cdot4 = 3(x+4)$

因数分解のポイントは，この3のような共通因数で括ることです．つまり，
共通因数を見つけることが最初の鍵となります．

　小さな単位に分解することによって，複雑な式でもその構造がよくわか
ります．第1章で素因数分解を学びましたが，これらをまとめると「数を
分解することを**素因数分解**といい」，また「整式を分解することを**因数分解**

17

という」こととなります.

　展開では順序よく掛け算を行うことがポイントです. 次に x^2+2x+1 の因数分解を以下の手順で考えてみましょう. 次の2つの式を考えます.

$$x(x+1) = x^2+x \tag{1}$$

また簡単ですが, 似た展開を考えてみましょう.

$$1(x+1) = x+1 \tag{2}$$

この2式の左辺には $x+1$ という式が共通に現れています. この2式の和を考えた場合に $x+1$ も共通因数と考えることができます.

$$x(x+1)+1(x+1)$$

上の2式の和を見ると共通因数で括りたくなりますね！

$$x(x+1)+1(x+1) = (x+1)(x+1) = (x+1)^2 \tag{3}$$

同じ多項式の積も2乗することは, 数の場合と同様です. 計算の過程からこの(3)式の最右辺は, (1)と(2)式の右辺の和に等しい. その和をとって, この同類項をまとめると

$$(x^2+x)+(x+1) = x^2+2x+1$$

になります. これは(3)式の一番右の辺に等しい. よって,

$$x^2+2x+1 = (x+1)^2$$

が得られました. この左辺から右辺への計算が因数分解です. この $x+1$ のように式も因数と考えていきましょう.

D 展開と因数分解の公式

　今度は前述の因数分解で x が a に, 1の部分が文字 b になった場合の $(a+b)^2$ の展開を考えてみます.

$$(a+b)^2 = (a+b)(a+b) = a \cdot a + a \cdot b + b \cdot a + b \cdot b$$
$$= a^2+2ab+b^2$$

図1のように着実に1つずつ計算するのが重要です.

図1　展開

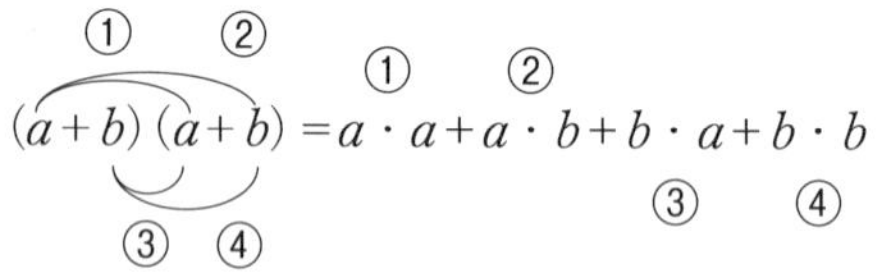

この和の平方を公式として掲げておきます.

展開と因数分解の公式（和の平方）

$$(a+b)^2 = a^2+2ab+b^2$$

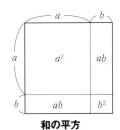
和の平方

　この公式のイメージは図のようになります．2つの正方形の面積が a^2 と b^2 であり，長方形の面積 ab は2カ所あることがわかります．言うまでもなく全体の面積は $(a+b)^2$ ですね．

　これから展開と因数分解の公式を導き出します．その前に，因数分解の公式は何の役に立つのでしょうか？　まずは方程式の解を求めることに役立ちます．例えば，このような形の方程式があるとしましょう．
$$(x+1)(x+2)=0$$
2つの数を掛けて0になるとき，その2つの数のうち片方は必ず0になります．ですから，上の方程式の解は $x+1=0$ または $x+2=0$ となります．つまり，解は $x=-1$ または $x=-2$ となります．これ以外に解はありませんね？　このように未知数の1次式の積として方程式の左辺が表現できて，右辺が0だと，容易に方程式の解を得ることができます．この性質は当たり前ですが，重要なのでもう一度提示します．

A と B をある数または式とする．
$$AB=0 \quad \text{ならば} \quad A=0 \quad \text{または} \quad B=0$$
である．逆も明らかに成り立つ．

　また，第3章に出てくる2次関数が次のような形になったとしましょう．
$$y=(x+1)^2+2 \tag{4}$$
そうすると，この関数の最小値（$y=2$）や最小点（$x=-1$）が容易にわかります．また，関数のグラフの頂点の座標 $(-1,2)$ もすぐに求められます．

　このように2次式を(4)式の右辺の形にすることを**平方完成**といいますが，後の E 項でまた詳しく学びます．今はまだよくわからない人は，後で役に立つのだなと覚えていてください．ここでは単なる文字の操作に慣れるだけでなく，今後の数学の勉強で大切な数式の処理の仕方を学んでいると思ってください．また，経済学のモデルを扱うときに方程式の解を求めることや2次関数の最大・最小を探ることは頻繁に行われます．このような計算を手早くできると経済学の考え方に集中することができます．

　次に差の平方を計算しましょう．ここで $(a-b)$ を $(a+(-b))$ として計算してみましょう．
$$\begin{aligned}(a-b)^2 &= (a-b)(a-b) = (a+(-b))(a+(-b)) \\ &= a \cdot a + a \cdot (-b) + (-b) \cdot a + (-b) \cdot (-b) \\ &= a^2 - 2ab + b^2\end{aligned}$$
これは和の平方の公式の ab の符号が負になっただけです．

> **展開と因数分解の公式（差の平方）**
>
> $$(a-b)^2 = a^2 - 2ab + b^2$$

今度は和と差の積を考えます.

$$(a+b)(a-b) = (a+b)(a+(-b)) = a \cdot a + a \cdot (-b) + b \cdot a + b \cdot (-b)$$
$$= a^2 - b^2$$

今度は和の平方の ab の係数が 0 になり, b^2 の係数が -1 になり簡潔な形になりました. 公式として掲げておきましょう.

> **展開と因数分解の公式（和と差の積）**
>
> $$(a+b)(a-b) = a^2 - b^2$$

われわれの大きな目的は方程式の解を求めることです. ここでは文字を x にして因数分解の公式を求めてみます.

$$(x+a)(x+b) = x \cdot x + x \cdot b + a \cdot x + a \cdot b$$
$$= x^2 + (a+b)x + ab$$

x の 1 次の係数からある数の和を考えて, それらの積が定数項になるかどうかを考え出すと因数分解ができます. これも公式として掲げておきます.

> **展開と因数分解の公式（x の 1 次式の平方）**
>
> $$(x+a)(x+b) = x^2 + (a+b)x + ab$$

問い2 次の展開と因数分解を行ってください.
① $(x+3)(x-2)$ ② $x^2 + 9x + 14$

答え2 ① $(x+3)(x-2) = x^2 + (3+(-2))x + 3 \cdot (-2) = x^2 + x - 6$
② $x^2 + 9x + 14 = (x+2)(x+7)$

---

1) たすきとは, 和服の袖やたもとがじゃまにならないようにたくし上げるためのひもです. 背中で斜め十文字に交差させ, 両肩にまわして結びます. たすきをかけること, また, その姿をたすきがけといいます. 駅伝で用いられるひものことも, たすきと呼びます.

もう少し複雑な因数分解の公式を考えてみましょう. 先ほどのカッコの中の x の係数は 1 でした. 一般の形ではどうなるでしょうか?

$$(ax+b)(cx+d) = (ax+b)(cx+d) = ax \cdot cx + ax \cdot d + b \cdot cx + b \cdot d$$
$$= acx^2 + (ad+bc)x + bd$$

この場合は少し複雑ですね. しかし, **たすきがけ**の図というよい覚え方があります. 図を見てください. この因数分解の方法は真ん中のバッテンの形が似ているのでたすきがけと呼ばれます[1].

たすきがけ（一般の x の1次式の平方）

$$acx^2+(ad+bc)x+bd = (ax+b)(cx+d)$$

この図の説明をしましょう．x^2 の係数は ac であり，定数項は bd になっています．そして，この因数分解は，その係数と定数項をそれぞれ a と c および b と d に分解して，$ad+bc$ を計算したものが x の係数になればよいことがわかります．それを図式的に表したのがたすきがけです．

候補になる a と c および b と d が見つかったとしましょう．$ax+b$ の x の係数と定数項を上の横の行に，$cx+d$ の x の係数と定数項を下の横の行に置きます．その間にたすきがかかっています．たすきのひもで結ばれた文字同士を掛けると bc と ad になります．それを一番右の列に置きます．それらを縦に加えたものが $ad+bc$ となり右の列の一番下に配置されます．この値が x の係数になれば，めでたく因数分解ができたことになります．

実際に例を解いてみましょう．

例 1 $2x^2+5x+3$ を因数分解してください．

解答1 x^2 の係数は 2，定数項は 3 です．それらの分解は 1 と 2 および 1 と 3 しかないことがわかります．このときに，以下のたすきがけの図を用います．

$$\begin{array}{ccc} 1 & \diagdown \diagup & 1 \longrightarrow 2 \\ 2 & \diagup \diagdown & 3 \longrightarrow 3 \\ \hline 2 & 3 & 5 \end{array}$$

すると，$x+1$ と $2x+3$ が因数となることがわかります．よって，以下が答えになります．

$$2x^2+5x+3 = (x+1)(2x+3) \tag{5}$$

もう少し問題をやってみましょう．

問い3 次の式を因数分解してください．
① $3x^2+7x+2$　　② $2x^2-x-6$

答え3 ① $3x^2+7x+2 = (x+2)(3x+1)$　　② $2x^2-x-6 = (x-2)(2x+3)$
たすきがけは各々下のようになります．

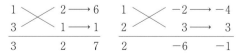

今まで行った因数分解の公式をまとめます．

因数分解と展開の公式

$$a^2+2ab+b^2 = (a+b)^2$$
$$a^2-2ab+b^2 = (a-b)^2$$
$$a^2-b^2 = (a+b)(a-b)$$
$$x^2+(a+b)x+ab = (x+a)(x+b)$$
$$acx^2+(ad+bc)x+bd = (ax+b)(cx+d)$$

上に掲げた因数分解の公式は x にどんな数を入れても成り立ちます．このような式を**恒等式**といいます．恒に等しいのですから，必要なときに必要なだけ公式を適用して式を簡単にすることができます．

E 平方完成

2次関数を学ぶ準備として前に紹介した2次式を1次式の2乗の形にする**平方完成**を学びます．例えば，

$$x^2+2x \tag{6}$$

という2次式を次のような形にしたいのです．

$$(1次式)^2+定数項$$

因数分解の公式 $x^2+2x+1 = (x+1)^2$ から，1を差し引くと(6)式になります．

$$x^2+2x = (x+1)^2-1$$

この計算は(6)式の x の係数2の半分がカッコの中の定数1になります．そして，その数の2乗（これも1）を差し引いています．練習してみましょう．

例 2 2次式 $x^2+4x+10$ を平方完成してください．

解答2 今度は定数項10が出てきましたが，そこはそのままにして x^2+4x を変形します．係数の4の半分は2であり，その2乗は4になりますから，結果は以下の通りになります．

$$x^2+4x+10 = (x+2)^2-4+10 = (x+2)^2+6$$

次の問いで練習してみましょう．

問い4 次を平方完成してください．
① $x^2-6x+14$ ② x^2+x

第2章　因数分解と方程式

答え4
　① $x^2-6x+14 = (x-3)^2-9+14 = (x-3)^2+5$
　② $x^2+x = (x+1/2)^2-1/4$

　　　次に x^2 の係数が1ではないときを考えましょう．この場合は，無理に一般の x の1次式の平方の展開・因数分解の公式に当てはめて難しく考える必要はありません．最初に，x^2 の係数で文字式の部分を括り，x^2 の係数が1の場合に落ち着かせてから平方完成します．

例　3
　2次式 $2x^2+4x+10$ を平方完成してください．

解答3
　まずは文字の部分を2で括ります．
$$2x^2+4x+10 = 2(x^2+2x)+10 = 2((x+1)^2-1)+10$$
$$= 2(x+1)^2-2+10 = 2(x+1)^2+8$$

　　　このように最初の定数項はそのままにし，文字式の部分を計算します．最後にカッコを外すときに定数項を加えます．下に平方完成の公式を掲げておきます．しかし，無理に公式を覚える必要はありません．それよりも重要なのは，平方完成の手順を覚えて確実に計算ができることです．

平方完成

$$ax^2+bx+c = a\left(x+\frac{b}{2a}\right)^2-\frac{b^2}{4a}+c$$

　　　ところで，第1章で習ったように，割り算は掛け算の反対の演算でした．(5)式を改めて眺めると，整式 $2x^2+5x+3$ を $x+1$ で割った商が $2x+3$ であることと解釈できます．次に整式の割り算を行ってみましょう．

F　整式の割り算と組み立て除法

　割り算は次の形で表されました．

割られる数 ＝ 割る数×商＋余り

この関係を整式にも拡張しましょう．前に行った因数分解(5)式から，整式 $2x^2+5x+3$ を $x+1$ で割った商が $2x+3$ で余りが0と解釈できます．

$$2x^2+5x+3 = (x+1)(2x+3)+0$$

　では，整式 $2x^2+5x+3$ を $x+1$ で割れといわれたときに，どのように計算すればよいのでしょうか？　それは割られる整式の最高次数の項から共通因数を求めればよいのです．最高次数の項 $2x^2$ に対して，$2x$ で括れます．そうすると，$2x(x+1)$ になりますが，カッコ内の1の部分が余分に出てきます．それを割られる数式の残り $5x+3$ から差し引くと $5x+3-2x =$

23

$3x+3$ となります．次に，この $3x+3$ を $x+1$ で割ります．そうすると $3(x+1)$ となり 3 が出てきます．この計算過程で出てきた $2x$ と 3，つまり $2x+3$ が商となります．文章で書くと長いのですが，皆さんは昔，以下のような計算を習ったと思います．

$$
\begin{array}{r}
2x + 3 \\
x+1 \overline{\smash{\big)}\ 2x^2+5x+3} \\
\underline{2x^2+2x} \\
3x+3 \\
\underline{3x+3} \\
0
\end{array}
$$

文字の入った割り算を思い出すために例題をやってみましょう．

例 4 次の計算を行ってください．
① x^2+4x+5 を $x+2$ で割る．　② x^3-x^2-4 を $x-2$ で割る．

解答4 ② は 3 次式ですが，割り算の仕方は同じです．

$$
\begin{array}{r}
① \qquad x + 2 \\
x+2 \overline{\smash{\big)}\ x^2+4x+5} \\
\underline{x^2+2x} \\
2x+5 \\
\underline{2x+4} \\
1
\end{array}
\qquad
\begin{array}{r}
② \qquad x^2+ x +2 \\
x-2 \overline{\smash{\big)}\ x^3-x^2+0-4} \\
\underline{x^3-2x^2} \\
x^2+0 \\
\underline{x^2-2x} \\
2x-4 \\
\underline{2x-4} \\
0
\end{array}
$$

② の割られる整式の 1 次の項はありません．上のように割り算の式の中に 0 を入れておくと計算間違いを防ぐことができます．

例 4 ① の割り算から
$$
x^2+4x+5 = (x+2)(x+2)+1
$$
となることがわかりました．結果は，商は 1 次式 $x+2$，余りが定数 1 となっています．第 1 章では，数の割り算では余りは割る数よりも小さいと述べました．この性質は整式の割り算にも引き継がれて，今度は次数に関して一般的に以下が成り立ちます．

割る式の次数 ＞ 余りの次数

このように割る式が 1 次式であれば余りは定数となります．もし余りが 1 次式であればもっと割ることができます．例 4 ② から次が成り立ちます．
$$
x^3-x^2-4 = (x-2)(x^2+x+2)
$$
このように，因数分解をしたければ候補となる因数を割る式にして，整式の割り算を施せばよいことがわかります．

この整式の割り算は割る整式が 2 次以上でもできます．しかし，われわれが一般にこのような計算を行う場合は，割る整式が 1 次式の場合が圧倒的に多くなります．このように，割る整式の 1 次式で，さらに 1 次の係数が 1 の場合には，**組み立て除法**と呼ばれる便利な割り算の仕方があります．

第2章　因数分解と方程式

　　これは割る式と割られる式の係数と定数項のみに焦点を絞って計算する方法です.

例　5　次を組み立て除法で計算しなさい.
① x^3-x^2-4 を $x-2$ で割る.　　② x^2+4x+5 を $x+2$ で割る.

解答5　① 組み立て除法より, $x^3-x^2-4=(x-2)(x^2+x+2)$.

$$
\begin{array}{r|rrrr}
2 & 1 & -1 & 0 & -4 \\
  &   & 2 & 2 & 4 \\
\hline
  & 1 & 1 & 2 & \boxed{0}
\end{array}
$$
組み立て除法 1

　割る式 $x-2$ を 0 にする 2 を上の左端に置きます. その隣に割られる式の係数を並べます. 最高次の係数をそのまま下に下ろします. それに 2 を掛けた数を 2 次の係数の下に置きます. その係数とその数を加えた数をその下に置きます. これを順次行います. 最後が 0 になれば割り切れます.

$$
\begin{array}{r|rrr}
-2 & 1 & 4 & 5 \\
   &   & -2 & -4 \\
\hline
   & 1 & 2 & \boxed{1}
\end{array}
$$
組み立て除法 2

② 組み立て除法より, $x^2+4x+5=(x+2)(x+2)+1$.
　この場合は割り切れず, 余りが 1 となります.

　　この計算の仕方は, 整式の割り算と本質的に同じです. 計算の過程で組み立て除法は上下の数を足すことに注意しましょう.

G　剰余の定理

　例 4 ② では, x^3-x^2-4 を $x-2$ で割り切ることができました. その結果, $x^3-x^2-4=(x-2)(x^2+x+2)$ のように因数分解ができることを学びました. では, どのように因数 $x-2$ を見つけ出せばよいのでしょうか? それを教えてくれるのが**剰余の定理**です.

　整式のことを多項式ともいいましたね. 多項式を英語でpolynomialといいます. 上の多項式を $p(x)$ と置いてみましょう. そうすると以下が成り立ちます.

$$p(x)=x^3-x^2-4=(x-2)(x^2+x+2) \tag{7}$$

ここで $x-2=0$ を満たす数 2 を $p(x)$ に入れると 0 になります.

$$p(2)=0$$

これは(7)式の最右辺が 0 に商を乗じているからです. この割る式を 0 にするような数を割られる方の多項式に代入すると値は 0 になるという性質は, すべての多項式においても成り立ちます. この性質を保証する**剰余の定理**を紹介しましょう.

定理（剰余の定理）

　　　　　多項式 $p(x)$ を $x-a$ で割ったときの余りは $p(a)$ である.

　この定理から, もし $x-a$ で $p(x)$ を割り切ることができれば $p(a)=0$ と

25

なります. よって,

$$p(a) = 0 \text{ ならば, 多項式 } p(x) \text{ は } x-a \text{ で因数分解できる}$$

ということがわかります. このように多項式にある数値を代入して 0 になるかどうかを確かめることによって, 因数分解の可能性を探ることができます. 少し問題をやってみましょう.

問い 5 次が割り切れるか剰余の定理を用いて確かめてください.
① $p(x) = x^3-1$ を $x-1$ で割り切ることができるか.
② $q(x) = x^3+3x^2+3x+1$ を $x+1$ で割り切ることができるか.

答え 5 ① $p(1) = 1^3-1 = 0$ なので $x-1$ は $p(x)$ を割り切ることができる.
② $q(-1) = (-1)^3+3(-1)^2+3(-1)+1 = -1+3-3+1 = 0$ なので $x+1$ は $q(x)$ を割り切ることができる.

　以上, これから学ぶ上で必要最低限の数や文字式の計算の方法を学びました. これからはその方法を使って, 様々な新しい数学概念を学んでいきます. ここに述べた計算をできるだけ早く正確に行えるよう, しっかりと復習してください.

2.2 方程式

　数や式を等号で結びつけた数式を**等式**といいますが, 等式の仲間には前に学んだ恒等式の他に方程式があります. 方程式を見ていきましょう.

A　方程式とその解

　方程式（equation）とは 2 つの事柄が等しいことを記述した数学的な表現です. 例えば, 次が方程式の一例です.

$$x+3 = 5 \tag{8}$$

左の $x+3$ が**左辺**, 右の 5 を**右辺**といいます. この方程式は**変数** x の値によって, その式が正しくなったり誤りになったりします.

　ところで, 正しいか間違っているか識別できる記述を**命題**と呼びます. そして, 正しいことを**真**, 間違っていることを**偽**といいます. (8)式は,

$$x = \begin{cases} 1 \text{ のとき} & 1+3 = 4 \quad \text{偽} \\ 2 \text{ のとき} & 2+3 = 5 \quad \text{真} \\ 3 \text{ のとき} & 3+3 = 6 \quad \text{偽} \end{cases}$$

となります. この場合, 唯一の数 $x = 2$ がこの等式を正しい命題とします. このとき, この数 2 を方程式 $x+3 = 5$ の**解**または**根**といいます. このように方程式の解を見つけることを**方程式を解く**といいます.

第1章に登場した次の方程式を解いてみましょう.

$$0 \times x = 1$$
$$0 \times x = 0$$

最初の方程式は解がありません. この場合は**解なし**といいます. 2番目の方程式は解が無限に多くあります. この場合, 解は**不定**といいます.

例 6

次の方程式を解いてください.
① $2x+4 = 10$　　② $x^2 = 9$

解答6

① $x = 3$　　② $x = 3$　および　$x = -3$

このように方程式は, 解をもったりもたなかったり, 例6のように解が特定の個数あったり, 解が不定で無数にあったり様々です.

高校では方程式を解きなさいと言われたときに, 特定の1つかあるいは2つの解を解いてきたと思います. しかし, 大学の数学では, 解が存在しないことを含めて方程式の解をすべて求めることが方程式を解くことです.

経済を分析する場合に, 構築した経済モデルに解が存在しないことがあります. 試行錯誤をする際には仕方のないことですが, 経済学者がモデルを作るときにその解が必ずあるかどうかを確認することが絶対に重要です.

そして, 次にその解が正しく経済変数の性質を満たしているか——例えば価格が負にならないか——を確認します. また, 解が1つだけあることも重要でしょう. そのときに, 解は**一意的**であるといいます. 経済を予測する上で沢山の可能性があるのは少し居心地がよくなくて, 1つに決まった方がその後の分析がしやすくなります.

B　1次方程式

前項で(8)式を考察しましたが, この方程式は1つの変数 x の1次式で表されるので**1変数1次方程式**といいます. 1次方程式は**線形方程式**とも呼ばれます. この一般形を以下に考察しましょう. 定数 a は0ではなく, b は任意の数のとき, 1次方程式の一般形は

$$ax + b = 0$$

となります. この a は0であると1次式ではなくなりますので, 必ずこのような条件が付きます. この a で割ると一般解は次になります.

1変数1次方程式の解

1変数1次方程式 $ax+b=0\,(a\neq 0)$ は次のただ1つの解をもつ.
$$x=-\frac{b}{a}$$

1次方程式をどのように解けばよいのか,マクロ経済学の例を使って解説します.

C 国民所得の決定

一国の**総生産**は1次方程式の解として表現することができます.ここでは最も簡単な,政府も外国も存在しないケースを考えます.ですから税金も貿易もありません.世の中には消費者と生産を行う企業のみが存在します.消費者は**消費**(consumption)を行い,企業は**投資**(investment)を行います.よって,経済全体の生産(yield)は消費と投資をまかないます.英語の頭文字を取って消費を C,投資を I,総生産を Y という記号で表します.

すると,生産された財やサービスは消費者の元へいくか企業の元へいくかのいずれかですから,需要と供給が一致すれば次の等式が得られます.
$$Y=C+I$$
ここで投資が100で与えられているとしましょう.
$$Y=C+100 \tag{9}$$
この総生産と消費はどのように決まるのでしょうか?

消費は所得に依存しています.お金がないと物が買えませんからね.では,その所得はどこからくるのでしょうか? 働いて得たお金ですから生産活動が所得の源泉となります.つまり,この最も簡単なマクロモデルでは**国民所得**と総生産は等しくなります.
$$Y = 国民所得$$
消費は所得に,所得は生産に,生産は消費に関連しています.この回る輪の中で各変数を決定するのに方程式が役立ちます.

国民所得の決定

消費者は,将来のために所得の一部を取っておきます.つまり所得のすべてを消費はしません.例えば,所得のうち半分(0.5)を消費するとしましょう.また,所得が0でも生存のために消費が必要です.そのような消費が50であるとしましょう.そうすると消費は,国民所得 Y に依存した次のような関係で表せます.
$$C=0.5Y+50 \tag{10}$$
この式を(9)式の C に代入すると以下が得られます.
$$Y=(0.5Y+50)+100 \tag{11}$$
この Y についての方程式の解が**均衡国民所得**になります.この均衡は経

済学に頻繁に出てくる概念です．さしあたり，ここではマクロ的な需要と供給が釣り合っていると解釈してください．

方程式(11)を解く過程は式の右の指示通りに変形をしていきます．

$$Y - 0.5Y = (0.5Y + 50) + 100 - 0.5Y \quad \text{両辺に} -0.5Y \text{を加える} \quad (12)$$
$$0.5Y = 150 \quad \text{両辺で計算する} \quad (13)$$
$$1Y = 2 \cdot 150 \quad \text{両辺に2を掛ける} \quad (14)$$
$$Y = 300 \quad (15)$$

このマクロモデルの均衡総生産あるいは均衡国民所得は300になりました．

D 方程式の解き方

この総生産の求め方を詳しく見ることにより，方程式の解き方を理解しましょう．総生産を求めるという問題をまずわれわれは定式化しました．それは，総生産が消費と投資に等しいという関係で表されました．方程式は等式ですから，図のような天秤が釣り合っている状態をイメージしてください．この天秤のバランスを崩さずに方程式の変形を行っていきます．

方程式と天秤

まずは，(9)式のCに(10)式のCを**代入**しました．変数にある値を入れるのと同様に式も入れることができます．等しいものを入れたので代入後も等式は成り立っています．

そうすると(11)式の中にYが2カ所に現れています．これを1つにするために右辺の$0.5Y$を左辺へ**移項**します．左右のバランスを保つにはどうすればよいのでしょうか？ 両辺に同じものを足したり引いたりすれば釣り合いが維持できます．両辺に$-0.5Y$を加えることによって$0.5Y$を左辺へ**移項**できました．このように**方程式の両辺に同じものを加える**ことができます．その結果が(12)式です．

次に，両辺で計算をして図の状態の(13)式になりました．$0.5Y$の係数に小数が出てきたので，両辺に2を掛けて$0.5 \cdot 2 = 1$のようにYの係数を1にします．天秤でいうと，両方の皿に各々同じものを載せて2倍にした状態です．もちろん釣り合っています．つまり，**方程式の両辺に0ではない数を掛ける**ことができます．0を掛けると，変数が消えてしまい正しい解を求められなくなりますので，0を掛けてはいけません．

結果，(14)式になり，両辺を計算して答え(15)式を得ます．解を求めるには，方程式を少しずつ変形することによって最終的に変数イコールの形にすればよいのです．変形の方法を公式として述べておきましょう．

> **方程式の変形**
>
> 方程式の解は，以下の方法で変形しても変わらない．
> 　①　両辺に同じ数式を加える．
> 　②　両辺に 0 ではない同じ数式を掛ける．
> 　③　両辺を交換する．

　　ここで①と②では，引いたり割ったりすることも含めています．実際，国民所得の計算ではマイナスの係数をもった式を加えましたが，これはマイナスの符号を除いた式を引いたことです．割る場合は逆数を掛けたことと同じです．計算をしているときの感覚では，右辺にあった $0.5Y$ が左辺に移ると $-0.5Y$ に変わったように，**移項する際に符号が変わる**ことに気を付けましょう．最後の③は左右の天秤のお皿を交換することです．

2.3　2 次方程式

　　次に 1 つの変数 x の 2 次式で表される **2 次方程式**を考えましょう．

A　2 次方程式の一般形とその解

　　2 次方程式の一般形は，任意の数 $a \neq 0$ および任意の数 b と c に対して，
$$ax^2 + bx + c = 0$$
です．最高次の係数は 0 ではありません．次の例題をやってみましょう．

例　7　次の方程式を解いてください．
　①　$x^2 + 3x + 2 = 0$　　②　$x^2 = 0$　　③　$x^2 + 1 = 0$

解答7　①　$x^2 + 3x + 2$ を因数分解すると $(x+1)(x+2)$ となり，$(x+1)(x+2) = 0$．よって，$x = -1$ または $x = -2$ が解となります．②　$x = 0$ が唯一の解となります．③　2 乗すれば 0 以上になるので，解はありません．

　　実数の範囲では，例 7 の①は異なる 2 つの解があり，②は一意的な解があり，③は解なしです．実は数の範囲を実数からもっと広げて**複素数**にすると③にも解が出てきます．しかし，複素数は経済学の入門段階ではあまり用いられないので，われわれは実数の範囲で考えていきます．

B　判別式

　　もう少し 2 次方程式の解の構造を調べるために例題をやってみましょう．

第 2 章 因数分解と方程式

例 8 次の方程式を解いてください.
① $x^2 - x = 0$　　② $-x^2 + 2x - 1 = 0$　　③ $x^2 + x + 2 = 0$

解答8 ① 左辺を因数分解すると $x(x-1) = 0$. よって，$x = 0, 1$ が解になります.
② 両辺に -1 を掛けて左辺を因数分解すると $(x-1)^2 = 0$. よって，$x = 1$ が唯一の解です. ③ 左辺を平方完成すると $(x+1/2)^2 - 1/4 + 2 = 0$. よって，$(x+1/2)^2 + 7/4 = 0$. 左辺は必ず正になるので，解は存在しません.

例 8 の場合も解は 3 パターンになりました. 2 次方程式を解くときには，最初からこれは解がないとわかった方が嬉しいですよね？　以下に説明する**判別式**を用いると 2 次方程式の解の個数が明らかになります. 判別式は英語でdiscriminantといいますので，記号 D を用います.

判別式と 2 次方程式の解の個数

2 次方程式 $ax^2 + bx + c = 0\,(a \neq 0)$ の判別式 D は
$$D = b^2 - 4ac$$
で表される. 2 次方程式の実数解の個数は以下の通りである.

$$D > 0 \iff \text{異なる 2 つの解をもつ}$$
$$D = 0 \iff \text{ただ 1 つの解をもつ}$$
$$D < 0 \iff \text{解なし}$$

公式の「左辺 $\iff$ 右辺」の表現は，「左辺が成り立てば右辺が成り立ち」かつ「右辺が成り立てば左辺が成り立つ」ことを意味します. この公式に戻ると，判別式の符号によって解の個数が決まります. ただ 1 つの解のケースを**重解**ともいいます. 例 7 で確かめてみましょう.

問い6 例 7 に出てきた 2 次方程式の判別式を計算し，解の個数を確認してください.

答え6 ① $D = 3^2 - 4 \cdot 1 \cdot 2 = 9 - 8 = 1 > 0$. 解は 2 つ. ② $D = 0^2 - 4 \cdot 1 \cdot 0 = 0$. 解は 1 つ. ③ $D = 0^2 - 4 \cdot 1 \cdot 1 = -4 < 0$. 解はなし.

解がない場合は負の判別式を伴います.「解なし」とすぐさま答えることができるようになりました. 因数分解を試みる必要はなくなり楽になりましたね！　次の例題をやってみましょう.

例 9 次の 2 次方程式の判別式を求めて解の個数を確認し，その解を求めてください.

31

$$x^2+3x+1 = 0 \qquad (16)$$

解答9 まずは判別式の値を求めます.
$$D = 3^2-4\cdot 1\cdot 1 = 9-4 = 5 > 0$$
よって,この方程式には2つの異なる解があります.しかし,因数分解はできません.けれども,解の存在は判別式によって保証されています.実は方程式(16)の解は以下の2つになります.
$$x_1^* = \frac{-3+\sqrt{5}}{2} \quad \text{および} \quad x_2^* = \frac{-3-\sqrt{5}}{2}$$
このxの右肩に乗った星印 $*$ は**アスタリスク**と呼ばれる記号です.経済学では均衡値や最適な変数に付けられることがよくあります.

このx_1^*が解になることを確かめてみましょう.(16)式の左辺にx_1^*を代入して0となることを確認します.
$$(x_1^*)^2+3x_1^*+1 = \left(\frac{-3+\sqrt{5}}{2}\right)^2+3\frac{-3+\sqrt{5}}{2}+1 = \frac{9-6\sqrt{5}+5}{4}+\frac{-9+3\sqrt{5}}{2}+1$$
$$= \frac{14-6\sqrt{5}-18+6\sqrt{5}+4}{4} = 0$$

(16)式の右辺の0に等しいことがわかりました.よって,x_1^*は(16)式の解です.

この解は,その存在が保証されても今まで学んだ因数分解の方法では求められません.平方根を含む解をどう導けばよいのでしょうか? このような場合の解の求め方は2つあります.前に学んだ平方完成を用いる方法と**2次方程式の解の公式**を適用する方法です.

まずは平方完成を用いる手法です.方程式(16)の左辺を平方完成します.
$$x^2+3x+1 = \left(x+\frac{3}{2}\right)^2-\frac{9}{4}+1 = \left(x+\frac{3}{2}\right)^2-\frac{5}{4}$$
上の最右辺が0に等しい式が方程式ですので,方程式(16)は
$$\left(x+\frac{3}{2}\right)^2-\frac{5}{4} = 0$$
と変形できます.ここから同値な変形を行うと
$$\left(x+\frac{3}{2}\right)^2 = \frac{5}{4}$$
$$x+\frac{3}{2} = \sqrt{\frac{5}{4}} \quad \text{または} \quad x+\frac{3}{2} = -\sqrt{\frac{5}{4}} \qquad (17)$$
$$x = \frac{-3+\sqrt{5}}{2} \quad \text{または} \quad x = \frac{-3-\sqrt{5}}{2}$$

となります.この変形の(17)式では,方程式の両辺の平方根を取りました.2次方程式に解が存在すれば,平方完成を用いてどんな解でも表すことができます.けれども,少し面倒だと思いませんか? 2次方程式$ax^2+bx+c = 0$の解は,結局その係数a, b, cを含む式で表されます.そのような公式をずばり当てはめて解く方が煩雑にならないと思いませんか?

32

C　2次方程式の解の公式

ずばり，解を導く**2次方程式の解の公式**という便利な道具があります！

2次方程式の解の公式

判別式が非負のとき，2次方程式 $ax^2+bx+c=0 \ (a \neq 0)$ の解は以下の通りである．

$$x^* = \frac{-b \pm \sqrt{b^2-4ac}}{2a}$$

　この公式において，平方根の前に付くプラスマイナスの記号 $\pm$ は，プラスの値とマイナスの値の両方を表します．よって，ルートの中が正であれば異なる2つの解になります．一方，中が0ならば唯一の解です．

　実際，ルートの中は判別式と同じです．判別式が負である2次方程式には解は存在しませんでした．2乗すると負になる実数はありませんから，解の公式が適用できないのです．このように解の公式の一部が判別式になっていますので，ぜひともセットで覚えておきたいものです．

　試しに方程式(16)の解をこの公式に当てはめて解いてみましょう．

$$x^* = \frac{-3 \pm \sqrt{3^2-4 \cdot 1 \cdot 1}}{2 \cdot 1} = \frac{-3 \pm \sqrt{9-4}}{2} = \frac{-3 \pm \sqrt{5}}{2}$$

　本章は式の展開から始まり1次方程式と2次方程式の解の公式を学びました．本章では前章と比べて計算が多くなりました．計算力不足を感じた人は，多くの計算問題を解くことによって感覚を取り戻すようにしてください．

練習問題2

$\boxed{1}$　次の因数分解をやってみてください．

　①x^2+6x+9　　②$9a^2-12a+4$　　③$12x^2+17xy-7y^2$

$\boxed{2}$　2次式 $x-x^2/2$ を平方完成してください．

$\boxed{3}$　組み立て除法を用いて x^3+1 を $x+1$ で割ってみてください．

$\boxed{4}$　問い5を参考にして次を計算してください．①$p(x)=x^3-1$ を因数分解してください．
　②$q(x)=x^3+3x^2+3x+1$ を因数分解してください．

$\boxed{5}$　次の方程式の判別式の値を求めてください．それが非負ならば解の公式を用いて解を求めてください．　　①$x^2+2x-6=0$　　②$x^2-x+1=0$

$\boxed{6}$　5①の解は約分されて分数ではなくなりました．これを一般化しましょう．2次方程式 $ax^2+2b'x+c=0 \ (a \neq 0)$ が $b'^2-ac \geq 0$ を満たすとき，この解の公式を導いてください．

ECONOMIC MATHEMATICS

3 関数とは何か

本章では，方程式とならぶ重要な数学概念である関数を学びます．最初は最も簡単な関数である1次関数から勉強していきます．

3.1 関数とそのグラフ

ここでは，「数学といえば関数」というくらいに基本的な数学概念である関数とそのグラフをおさらいしましょう．

A 関数の定義

高校までの数学では，ある数にある数を関連付ける規則を関数と呼びました．しかし，考察の対象が数ではなくても関数を考えることができます．例えば，大学の学籍番号からその学生の氏名を対応させるルールも一種の関数と見なすことができます．このように，一方が定まれば他方が定まるならば，関数を考えることができます．ちなみに昔，関数は函数と書きました．数が関係しているから関数ではないのです．

それでは関数の定義は何でしょうか？　**関数**とは，ある集合の各々の要素に対して，もう1つの集合のある要素をただ1つ対応させる規則をいいます．対応元の集合を**定義域**，対応先の集合を**終域**あるいは**終集合**といいます．先の例では，定義域が学籍番号の集合で，終域が学生氏名の集合となります．関数は**写像**ともよばれます．

ここで，定義域が集合 X で終域が集合 Y である関数を f という記号で表します．f は関数の英語functionからきています．この関数を表示するのに以下のような表現をします．

$$f : X \to Y$$

これは，「X から Y への関数 f」と読みます．定義域 X のある要素 x に対して，f が x に割り当てる終域 Y の要素を f の x における**値**といいます．それを $f(x)$ と書きます．これは**関数値**と呼ばれます．例えば，ある関数の対応は図1のようになります．

34

図1 関数，定義域，終域

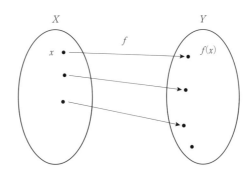

定義域の要素 x は X から自由に選べるので **独立変数**，ルールによって各 x に応じて定まる変数 y を **従属変数** ということもあります．また，終域のすべての要素について，対応している定義域の要素がなくてもかまいません．図1の集合 Y の一番下の点には X の点からの矢印が伸びていません．一般にこのようなケースも許容します．

また，関数はどんな定義域 X の要素に対しても終域のある値を定めていなければなりません．つまり，X の各要素からは必ず矢印が出ています．また，その値はただ1つでなければなりません．つまり，複数の値を取ること——矢印が2つ出ること——は許されていません．

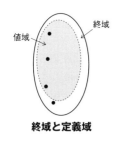

終域と定義域

定義域からの対応が必ずある終域の要素の集まりを **値域** といいます．図では集合 Y から一番下の点を除いた点の集合が値域となります．

注意してほしいのは，関数 f と関数値 $f(x)$ は違うということです．ルールそのものと，そのルールによって対応付けられる特定の値の違いです．

問い1 学生の集合に対して次の割り当ては関数になりますか？
① 各学生に学籍番号を割り与える．② 各学生に恋人を割り与える．③ 各学生に電話番号を割り与える．

答え1 ① 学生には学籍番号が与えられているので関数になります．② 恋人がいない人もいるので関数にはなりません．③ 固定と携帯などのように複数の電話機をもっている人もいるので関数になりません．

関数が具体的な数式で表されているときは，f をその数式で表現します．
$$f:\mathbb{R} \to \mathbb{R}, \quad f(x) = x+1$$
この場合，今，われわれが学んでいる経済数学の範囲では，定義域と終域は明らかなので，「$f:\mathbb{R} \to \mathbb{R}$」を省略することがあります．数式だけ与えられたとしても，関数の定義から必ずこの2つの集合が定まっています．

関数が数式で表されていれば，例えば定義域の要素を x，対応先の要素を y として，関数 $y = x+1$ と数式で表示することができます．このような形がわれわれが学んできた関数ですね．よく関数を
$$y = f(x)$$
と書きますが，これは関数 f によって x から写された $f(x)$ が y に等しい

ことを表しています．これを「ワイ・イコール・エフ・エックス」と読みます．英語読みでは $f(x)$ を「エフ・オブ・エックス」といいます．

これまでに，関数の他に方程式と恒等式が出てきました．その関係を見てみましょう．

恒等式・方程式・関数

恒等式	$(x+1)^2 = x^2+2x+1$	（どんな数でも成り立つ）
方程式	$x+3 = 5$	（成り立つ数を見つける）
関数	$y = x+1$	（y は x によって決まる）

このように同じ数式ですが，それぞれの概念は異なっています．特に本章で学んでいる関数は x に対して従属的に y が決まります．

B 座標平面と関数のグラフ

皆さんは，関数のグラフをたくさん描いた経験があるはずでしょう．ここでは，その関数のグラフを考えます．グラフはある集合であるといったら驚くでしょうか？ 関数のグラフは，定義域の要素 x と関数によって関係付けられた要素 y のペアの集まりです．このペアあるいは対を (x, y) と書きます．関数が f ならば，$y = f(x)$ が成立している組 (x, y) 全体が関数のグラフです．結局，定義域が X である関数 f の**グラフ**とは，次の集合となります．

$$\{(x, y) \mid x \in X \text{ かつ } y = f(x)\}$$

それを座標平面に描いた図形がわれわれにも馴染みのあるグラフになります．

第1章で数直線を実数全体 $\mathbb{R}$ と同一視しました．同様に，実数の2つ組の全体が**座標平面**となります．関数のグラフを描く領域では，図2にあるような横軸の **x 軸**と縦軸の **y 軸**が**原点O**で直交しています．この座標平面は **xy 平面**ともいいましたね．

図2 座標平面

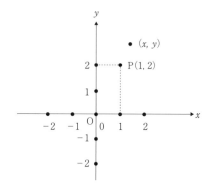

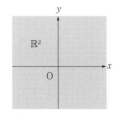

座標平面上の点 P は実数の組 $(1,2)$ と対応しています．この点の第 1 成分である **x 座標**は 1 であり，また第 2 成分である **y 座標**は 2 となります．

ここで集合の記号を導入しましょう．ある x が $\mathbb{R}$ に属して，他方の変数 y も $\mathbb{R}$ に属しているとします．このペア (x,y) が属する集合を**直積**といって，記号 $\mathbb{R} \times \mathbb{R}$ あるいは $\mathbb{R}^2$ と書きます．例えば，$(1,2) \in \mathbb{R}^2$ や $(x,y) \in \mathbb{R}^2$ となります．つまり，実数全体 $\mathbb{R}$ を数直線と同一視したように，**実数のペア全体 $\mathbb{R}^2$ は座標平面と同一視する**のです．

3.2　1次関数

1次関数は最も単純な関数です．しかし，数学的には実は奥の深い対象です．関数を学ぶに当たって簡単な1次関数から学んでいきましょう．

A　収入を 1 次関数で表す

価格100円のアイスクリームを販売しているアイスクリーム屋を例に考えましょう．販売数と売上高（収入）の関係は，表1に記載されているように，1個売れると売上高が100円，2個売れると売上高200円という対応になります．

表 1　販売数と売上高の対応

販売数 x	0	1	2	3	4	5	6
売上高 y	0	100	200	300	400	500	600

アイスクリームの販売が 1 個増えるごとに売上高が100円増えています．この関係は，販売数 x が 1 増えると売上高 y も 100 増える関係になっています．つまり，**比例**の関係になっています．このケースでは，y の増加が x の増加の100倍です．それを関数として表すと以下の式になります．

$$y = 100x \quad (x \geq 0) \tag{1}$$

販売数は負にはならないので，この関数の定義域は非負の数全体になります．そのことを(1)式のカッコ内の $x \geq 0$ は示しています．さらに，アイスクリームの数が1/2個や1/100個というケースやさらに $\sqrt{2}$ 個(!)というケースも許していることになります．違和感をもたれるかもしれませんが，数式で表した経済のモデルであることに違いはありません．これは現実の近似として考えて，実際はその値に近い自然数の販売数と捉えるとよいでしょう．この x の係数である100が**傾き**あるいは**比例定数**といわれるものです．販売数が 0 であれば，もちろん売上高も 0 になりますので，(1)式のグラフは図のように原点を通る直線になります．ここで増加という言葉が出てきましたが，これから関数を通じて増加や減少という変化を考えていきます．日常的に使っている考えですが，念のためその意味を示しておき

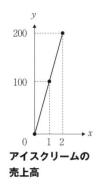

アイスクリームの売上高

ます.

変化

変化前の量と変化後の量があるときに変化量は,

変化量 = 変化後の量 − 変化前の量

変化量が正であれば**増加**，負であれば**減少**，**0** であれば変化なしである.

問い2 (1)式の x が 2 から 3 に増えたときの y の増加を求めてください.

答え2 $x=2$ のとき $y=200$, $x=3$ のとき $y=300$ より, y の増加は $300-200=100$.

Δx
$\vdots$
x の変化

ここで変化（あるいは増加）を表す新しい記号を導入しましょう. 記号 Δ はデルタと読むギリシャ文字です. ある変数 x に対して, Δx は x の増加分を表します. 例えば, x が $x_1=5$ から $x_2=7$ まで変化したときは

$$\Delta x = x_2 - x_1 = 7-5 = 2$$

となります. この Δx はひとかたまりの記号として考えてください.

問い3 問い2の x と y の増加を, 記号 Δ を用いて表してください.

答え3 $\Delta x = 3-2 = 1$, $\Delta y = 300-200 = 100$

B 一般的な1次関数

アイスクリームの販売の例を，様々なケースに応用するための一般化を考えます. 一般的に**1次関数**とは，ある定数 $a \neq 0$ と b に対して,

$$f:\mathbb{R} \to \mathbb{R}, \quad f(x) = ax+b \tag{2}$$

という関数です. この定数 a を**傾き**，定数 b を **y 切片**といいました. 特に，$b=0$，つまり

$$f(x) = ax$$

を**線形関数**あるいは**線形写像**といいます. この関数のグラフは，アイスクリームの販売数と売上高の例で見たような原点を通る**直線**になります. ちなみに，この関数は1次式ですが，英語では「直線の」と「1次の」という形容詞は同じく linear です. リニアモーターカーやリニア新幹線のリニアです.

そして，さらに $a = 1$ のときにその関数 $f(x) = x$ は，自分自身を自分自身に写すので**恒等写像**あるいは**恒等関数**といいます．

定数 a はなぜ**傾き**と呼ばれるのでしょうか？　図3に描かれているように **x が1だけ変化したときの y の変化**を表すからです．

図3　傾きが正の1次関数のグラフ

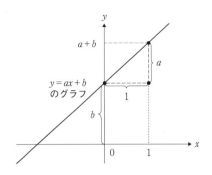

図3のように傾きが正であれば，その値が大きければ急な傾斜をもち，反対に小さければ緩やかな傾斜になります．また，定数 b を **y 切片**といいました．それは，$x = 0$ のときの y 座標を，つまり y 軸との交点を意味するからです．実際，(2)式において，$x = 0$ ならば $y = a \times 0 + b = b$ となります．

傾きの定義を数学的に表してみましょう．図に描かれている2点 (x_1, y_1) と (x_2, y_2) を通る直線 ℓ の傾きを考えます．

図3の x は1だけ増加していました．しかし，この図の一般のケースでは x の変化が1ずつとは限りません．そこで，第1章で学んだ割り算の意味を思い出して x の増加量で y の増加量で割ります．それにより「x が1だけ変化したときの y の変化」を導くことができます．すなわち，

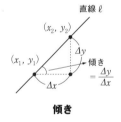

$$\ell \text{ の傾き} = \frac{\text{タテの変化}}{\text{ヨコの変化}} = \frac{\Delta y}{\Delta x} = \frac{y_2 - y_1}{x_2 - x_1}$$

となります．傾きの性質について述べておきましょう．

傾きの性質

1. 傾きが正　⇒　右上がり
2. 傾きが0　⇒　水平
3. 傾きが負　⇒　右下がり
4. 傾きの絶対値が大きい　⇒　傾斜が急

傾きの絶対値が大きくなるというのは，傾きが0からどんどん離れることです．それは，x が変化したときの y の変化の大きさ（プラス方向またはマイナス方向）がとても大きいことを意味します．図の点線の直線は傾きの絶対値が2であり実線の直線よりも急になっています．

直線 ℓ が (2) 式で表現されていれば，

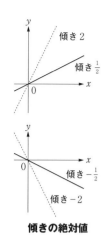

傾きの絶対値

$$\ell \text{ の傾き} = \frac{(ax_2+b)-(ax_1+b)}{x_2-x_1} = \frac{a(x_2-x_1)}{x_2-x_1} = a$$

となり傾き a と一致します．

(x_1, y_1) と (x_2, y_2) を通る直線 ℓ の傾きはこのように求められましたが，それを使うと，直線 ℓ の式が求められます．あとは y 切片を求められればいいのです．2点のうち1点を (2) 式に代入すると求められますが，もっとよい方法があります．点 (x_1, y_1) に対して，x に x_1 を代入したら0になり，y_1 だけが残るようにうまく式を作るやり方です．それは，

$$y = \frac{y_2-y_1}{x_2-x_1}(x-x_1)+y_1 \tag{3}$$

となります．

問い4 直線の式 (3) 式が点 (x_1, y_1) を通ることを示してください．

答え4 (3) 式の右辺に $x = x_1$ を代入すると

$$\frac{y_2-y_1}{x_2-x_1}(x_1-x_1)+y_1 = 0+y_1 = y_1$$

よって，$x = x_1$ のときに，$y = y_1$ となります．

このように，2点がわかれば直線の式を見つけることができます．この他にも，傾きと通る点がわかっている場合や，傾きと y 切片がわかっている場合には，以下のように直線の式が求められます．

直線の求め方

① 傾き m，点 (x_1, y_1) $\Rightarrow$ $y = m(x-x_1)+y_1$

② 傾き m，y 切片 b $\Rightarrow$ $y = mx+b$

直線の式を**直線の方程式**ということもあります．関数では独立変数 x から従属変数 y への対応を考えています．しかし，直線という図形を最初に考えて，それではその点の満たす関係式は何かと考えたときに出てくる方程式が，図形の方程式といわれるものです．「直線 $y = ax+b$ の方程式」といった場合には，この式を満たす x と y の組み合わせを考慮しています．

例 1 関数 $y = 2x$ のグラフと関数 $y = 2x+3$ のグラフはどのような位置関係にあるか，説明してください．

解答1 図4のように，関数 $y=2x$ のグラフを上方に3だけもち上げたグラフが，関数 $y=2x+3$ のグラフとなります．

図4 平行移動あるいはシフト

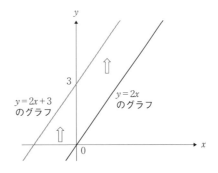

このようなグラフの上への**平行移動**を「y軸方向へ平行移動する」ともいいます．経済学では，上への**シフト**あるいは左へのシフトとも呼んでいます．例1の場合は3を加えているので上にシフトしますが，それがマイナスの数であれば下方へシフトすることになります．また，この場合は直線の傾きが正なので左にシフトしますが，傾きが負であれば右へシフトすることになります．

C 需要曲線と供給曲線

1次関数の例として，経済学でお馴染みの需要曲線と供給曲線を考えてみます．価格 p に対して消費者が購入しようと考えている量 q を対応付ける関数 D を**需要関数**といいます．ここで，価格はprice，数量はquantity，および需要はdemandなので，各々の頭文字で変数を表現しています．図5(a)にある価格–数量平面上に描いた需要関数のグラフを**需要曲線**といいます．

図5 需要曲線，供給曲線および均衡点

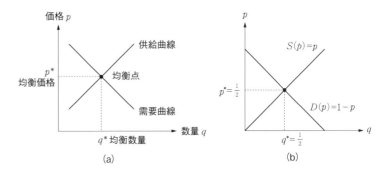

独立変数である価格を縦軸に取るのが経済学の習慣です．上下する価格は縦軸に取った方が理解しやすいですね．直線は曲線の特殊な場合ですので需要曲線は直線でもかまいません．通常，需要曲線は右下がりになります．

同様に価格 p に対して企業が販売しようと考えている量 q を対応付ける関数 S を**供給関数**といいます．供給を英語でsupplyというのでSを用いています．図5(a)にある価格−数量平面に描いた供給関数のグラフを**供給曲線**といいます．供給曲線は通常は右上がりになります．需要曲線と供給曲線の交点を**均衡点**といいます．その点では需要量と供給量が釣り合っています．実際の価格は，この釣り合いをもたらす**均衡価格**に等しくなる傾向があります．

例 2 次の需要関数と供給関数が与えられているときに，需要曲線と供給曲線を描いてください．また，均衡価格と均衡数量を求めてください．

$$D(p) = 1-p, \ S(p) = p$$

解答2 各曲線は図5(b)の通りです．均衡価格は価格を未知数として需要と供給を等しくする方程式 $D(p) = S(p)$ を解くと求められます．

$$1-p = p \iff 1 = 2p \iff 2p = 1 \iff p = \frac{1}{2}$$

この $p^* = 1/2$ を需要関数か供給関数に代入すると均衡数量が求められます．すなわち，$q^* = D(1/2) = 1-1/2 = 1/2$ が均衡数量となります．

3.3 2次関数

経済学で効用最大化や利潤最大化を考えるときに凹凸のある曲線が大活躍します．その基礎である2次関数を学びましょう．

A 基本的な2次関数

最も基本的な**2次関数** $y = x^2$ を考えます．表2に関数の値が記されているように，x の値が原点から遠ざかると y の値は大きくなっていきます．

表2 基本的な2次関数の対応

x	-3	-2	-1	0	1	2	3
$y = x^2$	9	4	1	0	1	4	9

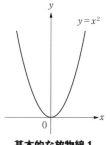

基本的な放物線1

そのグラフは左の基本的な放物線1になります．このような関数のグラフを**放物線**といいます．それは物を放ったときの形状をこの種類の関数で表すことができるからです．この語感からくるイメージは，次頁の基本的な放物線2に描かれている関数 $y = -x^2$ のグラフに近いですね．放物線は英語でparabolaといいます．パラボラアンテナはこの言葉からきています．

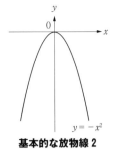

基本的な放物線 2

関数 $y = x^2$ のグラフは下に出っ張っています．このような曲線を**下に凸**であるといいます．また，このような形状のグラフをもつ関数を一般に**凸関数**ともいいます．一方で，関数 $y = -x^2$ のグラフは，反対に上に出っ張っています．このような曲線を**上に凸**であるといいます．また，そのようなグラフの形をもつ関数を一般に**凹関数**ともいいます．1 次式の関数のグラフは直線でしたが，2 次式になると凹凸が出てきました．

2 つのグラフの関係を考えましょう．関数 $y = -x^2$ のグラフは，関数 $y = x^2$ のグラフを x 軸に関して対称移動したグラフになります．それは，ある x に対して関数 $y = x^2$ の y の値にマイナスを掛けた値が関数 $y = -x^2$ の値になっているからです．

表 2 より，関数 $y = x^2$ は x の代わりに $-x$ を代入しても値は同じです．
$$(-x)^2 = x^2$$
よって，このグラフは y 軸に関して対称なグラフ（**線対称**）になります．同様に，関数 $y = -x^2$ でも同じことが成り立ちます．このような対称の参照になる線を**対称軸**といいます．この場合は **y 軸が対称軸である**といいます．この原点 $(0,0)$ のように対称軸と交差する点を**頂点**といいます．

この 2 つの 2 次関数のグラフからわかるように，x^2 の係数の符号は，その関数のグラフの形状が上に凸か下に凸かを教えてくれます．このことを一般化すると，ある定数 $a \neq 0$ に対して 2 次関数 $y = ax^2$ を考えたとき，その放物線は，

$$a > 0 \Rightarrow \text{下に凸}$$
$$a < 0 \Rightarrow \text{上に凸}$$

になります．

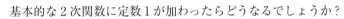

B 一般的な 2 次関数のグラフ

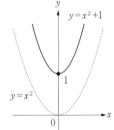

基本的な 2 次関数に定数 1 が加わったらどうなるでしょうか？
$$y = x^2 + 1$$
明らかにこの関数のグラフは $y = x^2$ のグラフを 1 だけ上に平行移動した曲線になります．つまり，一般的に関数
$$y = ax^2 + c$$
のグラフは，関数 $y = ax^2$ のグラフを y 軸方向に c だけ移動したグラフになります．ここで，a の符号から上に凸か下に凸かがわかりますが，その形を c の値によって垂直方向に移動させればよいのです．

次に x の 1 次の係数が 0 でない場合はどうでしょうか？ 2 次関数
$$y = x^2 - 2x + 1 = (x-1)^2 \tag{4}$$
を考えます．ここで $X = x - 1$，$Y = y$ と置くと次の式になります．
$$Y = X^2 \tag{5}$$
つまり，関数 (4) 式のグラフは，関数 (5) 式の各記号 X, Y を x, y に書き換えた関数 $y = x^2$ のグラフを x 軸方向に 1 だけ移動したグラフになります．

なぜかというと，$Y=0$ となるのは $X=0$ ですが，対応する (5) 式では $x-1=0$，すなわち $x=1$ になるからです．つまり，図6のように頂点の座標が $(0,0)$ から $(1,0)$ になったのです．

図6　$y=(x-1)^2$ のグラフ

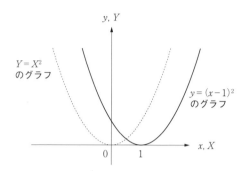

この平方完成 (4) 式は前章で勉強しましたね．これまで $y=x^2$，$y=-x^2$，$y=(x-1)^2$ の例で学んだように，2乗の項が0になるとき，放物線の出っ張った点が出てきました．つまり，平方完成のカッコの中身を0にする x は頂点の x 座標を与えることになります．例題を考えてみましょう．

例 3　関数 $y=-x^2/2+x$ を平方完成してグラフを描いてください．

解答3　$y=-\dfrac{x^2}{2}+x=-\dfrac{1}{2}\cdot(x^2-2x)=-\dfrac{1}{2}\cdot((x-1)^2-1)=-\dfrac{(x-1)^2}{2}+\dfrac{1}{2}$

つまり，この関数のグラフは，$y=-x^2/2$ のグラフを x 軸方向に1および y 軸方向に $1/2$ 移動した曲線になります．また，2乗の係数の符号は負なので，放物線は上に凸になります．したがって，図のグラフになります．頂点の座標は $(1, 1/2)$ です．

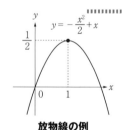

放物線の例

とても特徴的なグラフの山が出てきました．その頂きを求めることが最大化問題を解くことです．明らかに $x=1$ のときに $y=1/2$ で最大になっています．このような最大化問題を解くために平方完成は重要です．次章では，この2次関数の特徴を活かして最大化問題を考察します．

練習問題3

1. 直線 (3) 式が点 (x_2, y_2) を通ることを示してください．
2. 2次関数 $y=x^2+3x+2$ のグラフを描いてください．
3. 例3を参考にして，ある正数 p に対して，関数 $y=-x^2/2+px$ を平方完成してグラフを描いてください．

ECONOMIC MATHEMATICS

4 関数の最大化

経済学では，企業は利潤を最大にし消費者は効用を最大にすると定式化
します．そのような最大化問題の基礎を学びましょう．

4.1 関数の最大と最小

アイスクリーム屋の例から関数の最大と最小を考察していきます．

A 利潤が最大になるアイスクリーム屋の生産量

前章で紹介したアイスクリーム屋の行動の復習から始めましょう．価格
が100円と市場で決まっているアイスクリームを販売しているアイスクリ
ーム屋を例に考えました．販売数と売上高・収入の関係は，1次関数で表
現できましたね．経済学では企業の売上高のことを**収入**と呼びます．その
収入が生産量 x の関数として，下の**収入関数**で表されます．

$$R(x) = 100x \quad (x \geq 0) \tag{1}$$

収入を英語でrevenueというので関数の記号 R を用いました．

アイスクリームを作るには，アイスクリーム屋の店舗，働く人々の労働，
牛乳や砂糖などの原材料，冷凍庫やそれを動かす電力等の様々な財やサー
ビスが必要です．そのような生産に必要な財やサービスの費用を，経済学
では生産量の関数として**費用関数**で表現します．ここでは，アイスクリー
ム屋の店舗の賃貸料のように，アイスクリームが売れても売れなくてもか
かる費用は，存在しないとしましょう．このとき，アイスクリームを x 個
生産するのにかかる費用関数は，下の2次関数で表されているとします．

$$C(x) = \frac{x^2}{2} \quad (x \geq 0)$$

費用は英語でcostといいますので，関数の記号を C で表しました．

経済学では企業の利益のことを**利潤**と呼びます．このアイスクリーム屋
の目的は，収入から費用を差し引いた利潤をできるだけ大きくすることで
す．このとき利潤は生産量 x の関数として，下の式で表されます．

$$\pi(x) = R(x) - C(x) = 100x - \frac{x^2}{2} \quad (x \geq 0) \tag{2}$$

利潤は英語でprofitといいますが，記号 p は価格に使ってしまったので，
利潤についてはアルファベットのpに対応するギリシャ文字パイ π を用い
ます．

45

この関数 π を最大化した生産量 x^* が，このアイスクリーム屋が生産すべきアイスクリームの個数になります．平方完成がその生産量を教えてくれます．

$$\pi(x) = -\frac{x^2}{2} + 100x = -\frac{1}{2} \cdot (x^2 - 200x)$$
$$= -\frac{1}{2} \cdot ((x-100)^2 - 100^2)$$
$$= -\frac{1}{2}(x-100)^2 + 5000$$

よって，この関数のグラフは，図1に描かれている通り，2次の係数の符号が負なので上に凸になり，そして頂点の座標は $(100, 5000)$ となります．

図 1 アイスクリーム屋の利潤

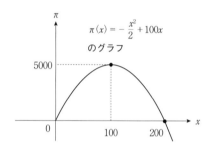

したがって，アイスクリーム屋の利潤最大化という目的に最も適った**最適な**生産量は $x^* = 100$ となります．最大化された利潤は 5000 円となります．この節では典型的な企業の利潤最大化を考えましたが，次の節ではもう少し最大や最小について詳しく調べてみましょう．

B 関数の最大・最小

アイスクリーム屋の利潤の例のように，そのグラフを描けば利潤を最大化する生産量は直感的に明らかです．しかし，複雑な経済問題を扱うにはきちんとした定義を踏まえる必要があります．ここでは最大・最小にまつわる用語やその特徴を見てみましょう．

次の関数を考えましょう．

$$f : \mathbb{R} \to \mathbb{R}, \quad f(x) = -x^2 + 1 \tag{3}$$

図2から明らかなように，$(0, 1)$ でこの関数のグラフはピークに達しています．このような山の頂きの高さを**最大値**といいます．そして，それを達成する独立変数を**最大点**といいます．つまり，最大点 $x^* = 0$ で最大値 $f(x^*) = f(0) = 1$ を取ります．

図 2　2 次関数の最大値

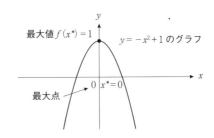

この最大値の定義は次のようになります．

最大値と最大点

ある実数の集合 $X \subset \mathbb{R}$ に対して，関数 $f : X \to \mathbb{R}$ の**最大値**の定義は次の通りです．

$$f(x^*) \text{ は最大値} \iff \text{すべての } x \in X \text{ に対し } f(x^*) \geq f(x)$$

この x^* は**最大点**といいます．

定義の中で，等号付きの不等号 $\geq$ であることに注意してください．**最小点**と**最小値**の定義を書いておきましょう．

$$f(x^{**}) \text{ は最小値} \iff \text{すべての } x \in X \text{ に対し } f(x^{**}) \leq f(x)$$

この x^{**} は最小点といいます．

最大・最小の問題は，昔から数学者の興味を引いてきました．そして，後に紹介する定理 1 をもっと一般化した定理によって，様々な問題に対する最大・最小の存在が確定しました．数学者はどちらかというと最大化された値である最大値に注目しますが，経済学者は，例えばどんな生産量を選ぶかという最大点に関心を示す傾向があるように思われます．

それでは，この関数 (3) 式には最小値は存在するでしょうか．例えば，変数 x をどんどん大きくすれば $f(x)$ の値もどんどん小さくなります．つまり，上の最小値の定義を成立させるような変数 x は存在しません．よって，**最小値は存在しない**ということがわかります．

定義域を制限した次の関数はどうでしょう？

$$g(x) = -x^2 + 1 \quad (-1 \leq x \leq 1) \tag{4}$$

図から明らかなように，この場合も最大値は 1，最大点は 0 です．今度は最小値が存在します．それは区間の端の点で達成されて，最小値は 0 で最小点は -1 と 1 です．今までの例でも示されたように，最大値と最小値について次のことがいえます．

定義域を制限した
2 次関数の最小値

① 最大値（最小値）は存在するとは限らない．

② 最大値（最小値）が存在したとすれば，それはただ 1 つである．

③ 最大値（最小値）が存在したとしても，それを達成する最大点（最小点）は 1 つとは限らない．

C 様々な区間

ここで区間について学びましょう．関数(4)式のように定義域を実数全体から制限する場合，高校数学の教科書では関数の式の後にカッコを付けて表示していました．この**区間**を簡潔に表現する記号を紹介しましょう．上の例の区間は，角カッコで括って $[-1, 1]$ で表されます．それは第1章で学んだ集合の記法で表現すれば以下のようになります．

$$[-1, 1] = \{x \in \mathbb{R} \mid -1 \leq x \leq 1\}$$

実数全体は数直線を表していましたが，この区間は**線分**を表しています．この $[-1, 1]$ のように両端の点を含む区間を**閉区間**といいます．

一方で，両端の点を含まない区間を**開区間**といいます．この場合は，丸カッコで両端点を括って表します．

$$(-1, 1) = \{x \in \mathbb{R} \mid -1 < x < 1\}$$

この $(-1, 1)$ という記法は，2つの数のペアを表す記法と同じで紛らわしいのですが，議論している文脈に注意すれば間違えることはまずないでしょう．

なお，図に描かれているように，端を含むことを黒丸●で表し，端を含まないことを白丸○で表します．閉区間 $[-1, 1]$ の -1 と 1 のような両端の点を**端点**といいます．逆に，ある区間の端点ではない点を**内点**といいます．また，内点の集まりは**内部**と呼ばれます．

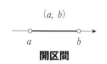

問い1 閉区間 $[-1, 1]$ の内部はどんな集合でしょうか？

答え1 $(-1, 1)$ になります．

また，片方の端は含むがもう片方の端は含まない区間を考えることもできます．それを**半開区間**または**半閉区間**といいます．この場合の記法も，上で説明した開区間・閉区間と同様に，端を含む方を角カッコで括り，端を含まない方を丸カッコで括ります．問い2で確認しましょう．

問い2 半開区間 $[-1, 1)$ と半開区間 $(-1, 1]$ はどのような集合でしょうか？

答え2 $[-1, 1) = \{x \in \mathbb{R} \mid -1 \leq x < 1\}$, $(-1, 1] = \{x \in \mathbb{R} \mid -1 < x \leq 1\}$

区間を英語でintervalといいますので，区間は記号 I で表します．この閉区間 $[a,b]$ と開区間 (a,b) は，正の方向にも負の方向にも限りなく伸びていくことはできません．このことを**有界**であるといいます．閉区間 I が有界のとき，「I は**有界閉区間**である」と表現します．これは，最大値の存在を保証する際に重要な役割を果たす概念です．

最後に，有界ではない区間を紹介します．経済学に出てくる変数は，価格や数量のように正の値か，あるいは 0 を取るものがほとんどです．ですから，正の数の集まりや非負の数の集まりは，経済学を分析する上で重要な意味をもちます．例えば，$0 \le x$ のように正の方向へどんどん伸びていく線です．この場合は，**正の無限大**と呼ばれる記号 $+\infty$ を用いて $[0, +\infty)$ と表します．正の無限大は数ではないことに注意してください．

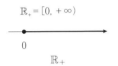

ですから，この場合の端点は 0 のみであり，区間 $[0, +\infty)$ はこの端点を含んでいるので，この区間は閉区間となります．この区間は，実数の記号にプラスの記号を付随させた特別な記号 $\mathbb{R}_+$ で表現されます．

同様に，正の数 $0 < x$ の集合は，$(0, +\infty)$ と表示されて開区間となります．この区間は，プラスの記号をさらに加えた記号 $\mathbb{R}_{++}$ で表現されます．

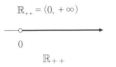

また，**負の無限大**と呼ばれる記号 $-\infty$ を用いて閉区間 $(-\infty, 0]$ や開区間 $(-\infty, 0)$ を表現することができます．

これらの区間は，直線を切った片方の形なので**半直線**とも呼ばれます．

D 関数の最大値の存在

前項で学んだ様々な区間の違いを踏まえて，今まで習った1次関数や2次関数の最大と最小を様々な定義域で詳しく見ていきましょう．

例 1 次の関数の最大値と最小値を求めてください．

$$f_1 : (-1, 1) \to \mathbb{R}, \quad f_1(x) = -x^2 + 1 \tag{5}$$
$$f_2 : [1, 2] \to \mathbb{R}, \quad f_2(x) = -x^2 + 1 \tag{6}$$
$$f_3 : (1, 2) \to \mathbb{R}, \quad f_3(x) = -x^2 + 1 \tag{7}$$
$$f_4 : [1, 2] \to \mathbb{R}, \quad f_4(x) = x - 1 \tag{8}$$
$$f_5 : [-1, +\infty) \to \mathbb{R}, \quad f_5(x) = -x^2 + 1 \tag{9}$$

図3 例1のグラフ1

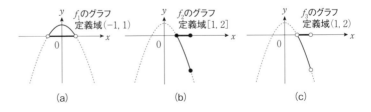

解答1 最初の(5)式の最大値は，(3)式の関数と同じく，$x = 0$ において $f_1(0) = 1$ となります．しかし，最小値は存在しません．例えば，x を（1以外の）ある値から1に近づければ $f_1(x)$ 小さくなりますが，それよりももっと1に近づければもっと小

さくなります．定義域 $(-1, 1)$ は開区間なので，x の値として厳密に 1 よりも小さい点を考えねばなりません．それは 0.9, 0.99, 0.999… のように，いくらでも 1 に近づけていくことができることを意味します．図 3 (a) を参照してください．

次の(6)式の最大値は，$x = 1$ において $f_2(1) = 0$ となります．また，最小値は，$x = 2$ において $f_2(2) = -3$ となります．この場合，図 3 (b) よりグラフは放物線の頂点を含まないので，両端点が最大点と最小点になります．

(7)式は，(6)式の問題の定義域が開区間になったケース（図 3 (c)）です．(6)式では両端点が最大点と最小点になりました．ここではそれらの点が除かれているので，最大値も最小値もありません．

図 4 例 1 のグラフ 2

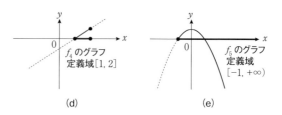

次の(8)式では，1 次関数の最大・最小を考えます．傾きが正なので，図 4 (d) のように，x が大きければ大きいほどその関数値は大きくなります．よって，最大値は $x = 2$ において $f_4(2) = 1$ となります．また，最小値は $x = 1$ において $f_4(1) = 0$ となります．

(9)式の定義域は，有界ではない閉区間です．この場合，最大値は(5)式と同様に，$x = 0$ において $f_5(0) = 1$ となります．しかし，最小値は存在しません．というのは，図 4 (e) よりわかるように x を限りなく大きくすると，それにつれて関数値も限りなく小さくすることができるからです．

以上の例から何がわかるでしょうか？ 例 1 の関数のケースでは，有界な閉区間を定義域にもてば最大値や最小値をもつことがわかります．それが開区間であれば，(5)式や(7)式のようにどちらか一方あるいは両方をもたないことがあります．また，有界閉区間であれば，(8)式のように，1 次関数であっても最大値と最小値を有することができます．閉区間であっても有界でなければ，(9)式のように最大値や最小値は存在しないことがあります．

簡単な 1 次関数と 2 次関数の例だけを考えましたが，有界閉区間は，最大値や最小値をもつことに対してとても重要だということをおわかりいただけたでしょうか？ とても重要な定理なので下に掲げておきます．第 9 章では，もっと広い範囲の関数でこの定理が成り立つことがわかるでしょう．

定理 1

定義域が有界閉区間である 1 次関数や 2 次関数は，最大値と最小値をもつ．

第 4 章　関数の最大化

$$f(x^*) = q$$

$$x^* = p$$

2 次関数の最大値

E　2 次関数の最大値，最大化問題

　2 次関数の最大値が区間の内部で達成されれば，それは関数のグラフの頂点でした．区間の内部でなければ，区間の端点でそれらが達成されたことに注意してください．定義域に制約がないときの 2 次関数の最大値と最小値は，次のようにまとめることができます．

---

2 次関数の最大値と最小値

　2 次関数 $y = a(x-p)^2 + q$ は

　　① $a > 0$ ならば $x = p$ のとき最小値は q となる．最大値は存在しない．

　　② $a < 0$ ならば $x = p$ のとき最大値は q となる．最小値は存在しない．

問い3　次の関数に最大値，最小値があればそれを求めてください．
① $y = x^2 - 4x - 4$　　② $y = -x^2 + 4x$　$(-2 \le x \le 2)$

答え3　① 平方完成すると $y = (x-2)^2 - 8$ となるので，最小値が -8，最大値はありません．② 平方完成すると $y = -(x-2)^2 + 4$ なので，最大値は 4 となります．最小値はもう 1 つの端点の $x = -2$ における $-(-2)^2 + 4(-2) = -12$ になります．

問い4　関数 $f(x) = ax^2 + bx + c\ (a < 0)$ の最大点 x^* を求めてください．判別式 $D = b^2 - 4ac$ を用いて最大値 $f(x^*)$ を表現してください．

答え4　平方完成すると $f(x) = a(x + b/2a)^2 - (b^2 - 4ac)/4a$ となります．よって，最大点は $x^* = -b/2a$ となり，最大値は $-(b^2 - 4ac)/4a = -D/4a$ となります．

　アイスクリーム屋の例でも示したように，経済学は経済現象を関数の最大（最小）を見つけ出す数学問題として捉えます．そのような問題がどのように数学的に定式化できるのか見てみましょう．

　まず，ある実数の集合 $X \subset \mathbb{R}$ が与えられているとします．次に，この集合を定義域とした**目的関数**と呼ばれる関数 $f : X \to \mathbb{R}$ を設定します．そして，独立変数 x に関して目的関数の値 $f(x)$ を最大にする最大化問題を考えます．この問題を記号を用いて以下のように表します．

最大化問題

$$\max_{x \in X} f(x)$$

　この max は「最大」を表す英語 maximum からきています．しかし，こ

51

の場合は名詞というよりも動詞的に用いられており，「$f(x)$ を最大にしなさい」という意味が込められています．

問い5　上述のアイスクリーム屋の利潤の最大化問題はどのように定式化できるでしょうか？

答え5　$\max_{x \in \mathbb{R}_+} 100x - x^2/2$

　この答えでは，$\boxed{\text{C}}$ 項で学んだ非負の実数全体を表す記号 $\mathbb{R}_+$ を用いましたが，ここは不等号 $x \geq 0$ を用いても正解です．つまり，max の下の部分は，選択される変数とその条件が明示されていれば，それで問題ありません．定義域が自明なときは，それを省略して

$$\max_x \ f(x)$$

と書く場合もあります．
　最小化問題についても同様に，下の記号を用います．

$$\min_{x \in X} \ f(x), \quad \min_x \ f(x)$$

この min はもちろん「最小」を表す英語 minimum からきています．
　上の例で「最適な」という表現が出てきました．最大化問題でも最小化問題でも，目的に最も適った点，つまり最大点や最小点を**最適な**点といいます．同様に，最大値や最小値を最適な値といいます．さらに，最大化問題や最小化問題を**最適化問題**と総称します．

4.2 関数の増減と最大値の図解

A　増加関数と減少関数

　最大値の特徴を探るために，再び最大値を有する関数のグラフを眺めてみましょう．今度は逆に，図5で最大点ではない2点 x_1 と x_2 を考えます．
　一方の点 x_1 では関数は増加していますが，他方の点 x_2 では関数は減少しています．しかし，最大点 x^* では増加も減少もしていません．この増加も減少もしていないことが最大点を特徴付ける1つのポイントです．

図5 最大点, 増加, 減少

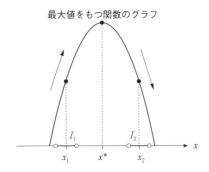

ところで，関数が増加している，あるいは減少しているとはどういう意味でしょうか？ 直感的には，増加とは x が増えるときに $f(x)$ が増えることを意味します．1次関数のような単純なグラフなら，増加・減少をこのように捉えても問題ありませんが，図5のように，少し複雑なグラフになると取り扱いに注意が必要です．図5では，独立変数 x が最大点 x^* よりも小さいとき（x が区間 I_1 に含まれるとき）には関数は増加しています．一方，それが x^* よりも大きいとき（x が区間 I_2 に含まれるとき）には関数は減少しています．このように，グラフ全体で増加・減少を考えるのではなく，ある範囲に限って増加や減少を定義する方がよさそうです．

> **関数の増加**
>
> ある実数の集合 $X \subset \mathbb{R}$ に対して，関数 $f: X \to \mathbb{R}$ が，区間 $I(\subset X)$ において **増加している** とは，次が成り立つことである．
>
> すべての $x_1, x_2 \in I$ に対して $\quad x_1 < x_2 \ \Rightarrow \ f(x_1) < f(x_2)$ $\qquad$ (10)

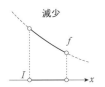

この区間 I は閉区間など様々な区間で適用可能です．例えば，図5において，点 x_1 を含む十分狭い区間を取れば，この関数はその区間で増加となります．しかし，区間を広く取り過ぎると関数は増加でなくなります．例えば，上述の区間が点 x^* を余裕で含んでしまうと，増加にはなりません．このように一般の関数の増加や減少というのは，関数の定義域の一部の局所的な現象であることがわかります．そして，ある点を内部に含み，(10)式の区間が存在したときに，その点において関数 f は **増加している** といいます．そのような区間は，図5に描かれている区間 I_1 になります．

(10)式の逆向きの不等号で減少が定義できます．関数 f が区間 I で **減少している** とは，

すべての $x_1, x_2 \in I$ に対して $\quad x_1 < x_2 \ \Rightarrow \ f(x_1) > f(x_2)$

が成り立つことです．さらに，ある点を内部に含む上記の区間が存在するならば，その点で関数は減少しているといいます．例えば，図5に描かれている区間 I_2 になります．

定義域内のどのような区間でも増加（減少）していれば，その関数は **増加（減少）関数** であるといいます．数学のテキストでは，このことを単調

増加（減少）ということがあります．関数の単調性は重要な概念です．

問い6 図5のグラフをもつ関数において，増加あるいは減少する最も広い開区間を述べてください．ただし，その定義域は実数全体とします．

答え6 区間 $(-\infty, x^*)$ で関数は増加であり，区間 $(x^*, +\infty)$ で関数は減少しています．

問い7 1次関数はどのような条件で増加（減少）関数となるでしょうか？

答え7 傾きが正のとき関数は増加関数となり，それが負のとき関数は減少関数です．

問い8 2次関数 $f(x) = ax^2$ では，a の値によって x のどの範囲で増加もしくは減少しているか，述べてください．

答え8 $a > 0$ のとき，2次関数は，区間 $(-\infty, 0)$ で減少し，区間 $(0, +\infty)$ で増加します．
$a < 0$ のとき，2次関数は，区間 $(-\infty, 0)$ で増加し，区間 $(0, +\infty)$ で減少します．

増加と減少が出てきたので，関数が定数であるということも定義しましょう．関数 f が区間 I で**定数**であるということは，

$$\text{すべての } x_1, x_2 \in I \text{ に対して} \quad x_1 < x_2 \implies f(x_1) = f(x_2)$$

が成り立つことです．関数のグラフに平らな部分があれば，その部分が定数に当たることを容易にイメージすることができるでしょう．そして，定義域全体において定数であれば，その関数は**定数関数**であるといいます．

1次関数の定義では傾きは0ではないとしました．仮にもし**傾きが0**であれば，下の定数関数となります．

$$y = b \tag{11}$$

このグラフは，図にあるように x 軸と平行でずっと b の値を取り続ける水平な直線となります．

もう1つ，次の直線の方程式を考えましょう．

$$x = a$$

この図形は，図にあるように y 軸と平行な直線になります．この直線は $x = a$ に対して複数の y が対応しています．よって，関数の定義によりこの図形に対応する関数は存在しません．この場合は，直線の方程式 $x = a$ の図形として考えるとよいでしょう．

垂直線

B 最大値を取ることの図形的特徴

図6 最大値付近の挙動

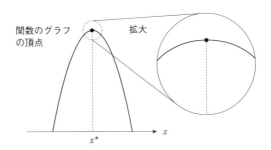

問い6と問い8で考えたように，関数が増加や減少している点では最大値や最小値を取ることはないことがわかりました．それでは最大値を取ることの条件は何でしょうか？ 増加でも減少でもないので，**一定**ではないかと考える人もいるでしょう．ズバリ当たりです！

図5の頂点を拡大した図6の頂点付近の様子を詳しく見てみましょう．そうすると遠くから見ると尖っていた頂点は，近くでよく見ると頂点に近づくにつれてそのグラフの傾きが段々と緩やかになって水平に近いことがわかります．頂点付近が水平に近いことは，(11)式の定数関数のようなグラフになっていることを意味しています．定数関数の傾きは0でしたが，それが増加も減少もしないということに対応しています．

頂点のごく近くにおいてグラフは直線に見えるということは，頂点の付近では関数はある直線で**近似**できることを意味します．図7に，グラフとその頂点 $(x^*, f(x^*))$ の1点を共有する水平な直線が描かれています．この直線は，この関数のグラフの点 $(x^*, f(x^*))$ における**接線**といいます．

もう少し図7のグラフとその接線について考えてみましょう．点 P_0 から点 P_1 までの曲線の一部分は，緩やかになっています．その部分をさらに拡大しましょう．すると点 P_2 から点 P_3 までの曲線の一部分は，かなり水平線に近づいていることがわかりますね．このように点 $(x^*, f(x^*))$ の近くを拡大すればするほど，いくらでもその曲線の一部分を水平線に似せることができます．この水平線が元のグラフの接線になります．

このとき，図7のグラフは，接線と滑らかに1点で接しています．第10章で詳しく学びますが，一般に関数のグラフが滑らかであれば，グラフ上の点にこのような接線を引くことができます（練習問題4 ③ を参照）．

図7 頂点における接線

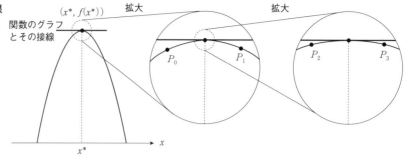

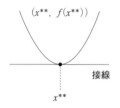

　最大化問題に焦点を当ててグラフの頂きを考えましたが，最小値が定義域の内部で達成される場合は，谷底において最小となります．このときも，グラフが滑らかであれば，最大化と同様に谷底の点に傾きが0の接線を引くことができます．つまり，滑らかなグラフを描く関数が定義域の内部で最大値や最小値を有するときは，最大点や最小点で傾きが0の接線を引くことができます．今後，微分を用いて最大値や最小値を見つける方法を学んでいきます．

練習問題4

1. アイスクリーム屋の例において，アイスクリームの市場価格が p 円のときの利潤最大化問題を定式化して，解いてください．
2. 「最大値が存在したとすればそれはただ1つである」を証明してください．
3. 絶対値関数 $y = |x|$ のグラフを描いてください．絶対値関数には最大値や最小値はありますか？　また，増加と減少を調べてください．
4. 周囲の長さが20cmである長方形があります．この長方形の面積の最大値と，そのときの辺の長さを求めてください．

ECONOMIC MATHEMATICS

5 分数関数と無理関数

経済学的な特徴をもつ典型的な関数を学びます. 様々な数学的なポイントもきちんと把握しましょう.

5.1 分数関数

小学校で学んだ反比例としてお馴染みの**分数関数**を勉強しましょう.

A 基本的な分数関数

まずは下の基本的な分数関数を考えましょう.

$$y = \frac{1}{x} \tag{1}$$

このとき, y は x に**反比例**するといいましたね. 従属変数は独立変数の**逆数** $1/x$ になっています. 第 1 章で学んだように, 0 で割ることはできないので, 分数関数の定義域 X は 0 以外の実数の集合です.

$$X = \{x \in \mathbb{R} \mid x \neq 0\}$$

まずは正の x における分数関数のグラフを考えてみましょう. もし, x が 1 以上であれば, 表 1 (a) に記されているように x が大きくなるに従い, その値 $1/x$ は逆に小さくなります. しかし, 決して 0 にはならないことに注意してください. 今度は, 逆に表 1 (b) のように x を 1 から小さくすると, y の値は大きくなっていきます.

表1 分数関数の対応

x	1	2	3	4	5
$y = \frac{1}{x}$	1	$\frac{1}{2}$	$\frac{1}{3}$	$\frac{1}{4}$	$\frac{1}{5}$

(a)

x	1	$\frac{1}{2}$	$\frac{1}{3}$	$\frac{1}{4}$	$\frac{1}{5}$
$y = \frac{1}{x}$	1	2	3	4	5

(b)

面白いことに, 表 1 (a) の上下の行を入れ替えると表 1 (b) になり, また表 1 (b) の上下の行を入れ替えると表 1 (a) になります. なぜそうなるかというと (1) 式の y イコールの式を x イコールの式にすると同じ形になるからです.

$$y = \frac{1}{x} \quad \Leftrightarrow \quad x = \frac{1}{y} \tag{2}$$

結局, x が正のときの (1) 式のグラフは, 図のようになります.

このグラフは, 点 $\mathrm{A}(1,1)$ と原点を結ぶ直線 $y = x$ に関して**線対称**になっています. つまり, あたかもこの直線上に鏡を置いたならば, 右下半分の

鏡像が左上半分の図形になっています．これは表1の数値の対称性の図形的な表現です．

第2章で学んだ放物線と同様に，点Aは対称軸と交わるグラフ上の点ですので，この点も**頂点**といいます．このグラフは下側に突き出ている**下に凸**な形状です．

一方，xが負の場合，(1)式のグラフは図のようになります．このとき関数値も負となります．ここでxが小さくなれば，yは逆に大きくなります．その値は0に近づきますが，決して0に一致することはありません．次に，xが負の範囲で大きくなる――つまり原点に近づく――と，その値は逆に限りなく小さくなります．上に出っ張っているこのグラフは**上に凸**な形状をもっています．また，(1)式のグラフの正の領域と同様に，このグラフは直線$y = x$に関して**線対称**であり，点B$(-1, -1)$が**頂点**となります．この直線$y = x$はx軸との角度が45°になっているので，この直線を**45°線**といいます．

図1 分数関数 $y = 1/x$ のグラフ

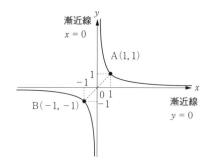

2つの図を合わせると，分数関数のグラフは図1の形になります．このグラフは2つの曲線が対称的に伸びているので**双曲線**と呼ばれます．また，曲線は原点から遠ざかるに従ってx軸あるいはy軸に限りなく近づいています．このように，曲線が一定の直線に限りなく近づくとき，この直線を曲線の**漸近線**といいます．この漸の訓読みは「ようやく」です．それは「しだいに」や「段々と」という意味をもっています．曲線上の点がある方向に進むにつれて段々とある直線に近づくという字義に合っています．このとき，(1)式の曲線の**漸近線の方程式**は$x = 0$と$y = 0$であるといいます．この双曲線は，この2つの漸近線が直交しており，**直角双曲線**とも呼ばれます．

このグラフにはもう1つ面白い点があります．図1から，2つの頂点AとBは原点を中心に対称的な位置にあることがわかります．グラフ上の各点(x, y)に対して$(-x, -y)$もグラフ上の点になっています．このことを，この双曲線は原点に関して**点対称**であるといい，原点を**対称点**といいます．ある図形が対称点に関して点対称であるとは，その図形の任意の点に対して，その点と対称点を通る直線上にあって対称点からその点までの距離と等しい点もまた，その図形の点になっていることを意味します．

次に基本的な分数関数から，その分子の係数が負になっている関数を考

えましょう．

| 例 1 | 分数関数 $y = -\dfrac{1}{x}$ のグラフを描いてください． |

| 解答1 | 基本的な分数関数 $1/x$ に -1 を乗じた式が $-1/x$ です．そのグラフは，基本的な分数関数のグラフと x 軸に関して対称的なグラフ（図2）になります．漸近線は x 軸と y 軸になります． |

図2 分数関数 $y = -1/x$ のグラフ

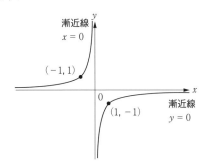

分子が1や-1でない分数関数 $y = a/x \ (a \neq 0)$ の値は，基礎となる分数関数 $y = 1/x$ または $y = -1/x$ の値を $|a|$ 倍したものに等しくなります．

B 関数のグラフの平行移動

もう少し分数関数を複雑にしてみましょう．

| 例 2 | 分数関数 $y = \dfrac{2x+3}{x+1}$ のグラフを描いてください． |

| 解答2 | 分母は0ではないので，定義域は集合 $\{x \in \mathbb{R} \mid x \neq -1\}$ となります．第2章で学んだ整式の割り算を思い出して，式をわかりやすい形に変形します． |

$$y = \frac{2x+3}{x+1} = \frac{2(x+1)+1}{x+1} = \frac{1}{x+1} + 2$$

$$\begin{array}{r} 2 \\ x+1 \overline{\smash{)}\ 2x+3} \\ \underline{2x+2} \\ 1 \end{array}$$

最右辺の式は，最後に2を加えているので，曲線は，$1/(x+1)$ の曲線を上へ2だけ平行移動した形になります．結局，全体のグラフは，図3のように描くことができます．つまり，このグラフは，「$y = 1/x$ のグラフを x 軸方向へ -1，y 軸方向へ2だけ平行移動したグラフであり，漸近線の方程式は $x = -1$ と $y = 2$」となります．このことは前に学んだ2次関数のシフトと同様な取り扱いになっていることに注意してください．このグラフの作成方法を定理として述べておきましょう．

図3 分数関数 $y = (2x+3)/(x+1)$ のグラフ

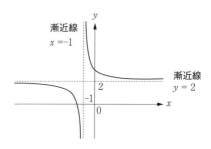

定理1

分数関数 $y = \dfrac{a}{x-p} + q \ (a \neq 0)$ のグラフは，関数 $y = \dfrac{a}{x}$ のグラフを x 軸方向へ p，y 軸方向へ q だけ平行移動したグラフである．その漸近線の方程式は $x = p$ と $y = q$ となる．

1次関数や2次関数でもグラフの平行移動を学びました．そこでも同じように $x-p$ や $y-q$ の項が出てきて平行移動の位置を教えてくれました．これは，他の一般の関数のグラフでも成り立ちそうですね．実際，下の定理が一般に成り立ちます．

定理2

関数 $y = f(x-p) + q$ のグラフは，関数 $y = f(x)$ のグラフを x 軸方向へ p，および y 軸方向へ q だけ平行移動したグラフである．

図4に示されているように，複雑なグラフでも点Pは，対応する点Qから横方向に p，および縦方向に q だけ移動した位置にあります．

図4 関数のグラフの平行移動

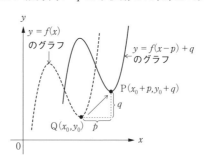

なぜ，点Qから点Pに各座標が正の方向へ移動するのに，関数の変数にマイナスが付くのか不思議に思う人もいるでしょう．そこで，点 $Q(x_0, y_0)$ が $y = f(x)$ のグラフ上にあるとき，点 $P(x_0+p, y_0+q)$ が $y = f(x-p)+q$ のグラフ上にあることを示します．実際，点Pの x 座標 (x_0+p) を $f(x-p)+q$ に代入すると，その値は点Pの y 座標 (y_0+q) に等しくなります．

$$y = f(x-p)+q = f((x_0+p)-p)+q = f(x_0)+q = y_0+q$$

C 需要曲線と需要の価格弾力性

　第3章で紹介した需要曲線の性質を，本章で学んだ双曲線を用いて詳しく調べてみましょう．

　肉の特売日（毎月29日を「ニク(29)の日」として肉の特売日にしているスーパーは多いですね！）にたくさんお肉を買ったことはありませんか？一方で，いつも消費しているお米やパンは価格の上下にあまり関わりなく購入しているでしょう．このように，財の種類によって価格変化に対する人々の行動は異なります．この項では，価格変化に対する需要の感応度を測る方法を検討します．

　例えば，サンマの需要関数が次の分数関数で表現されているとしましょう．q はサンマの数量，p はサンマの価格を表します．

$$q = D(p) = \frac{600}{p} \quad (p > 0) \tag{3}$$

図5に，このサンマの需要曲線が描かれています．

図5　サンマの需要曲線

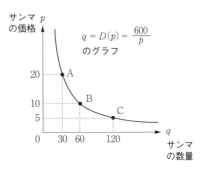

　サンマが1匹20円のときには，$D(20) = 600/20 = 30$ 匹の需要があります．価格が10円に下落すれば，購入量が60匹に増えています．つまり，サンマの価格が10円下がったときに，サンマの需要量が30匹増えています．この変化の記述法は，円や匹という通貨や数量の単位に依存しています．経済学ではどんな国でもどんな財でも成り立つ普遍的な原理を追い求めます．そのため，経済変数の変化を記すには**変化率**を用います．私たちもバーゲンセールで「2割引」などの価格の下落の比率に注目することがありますね．

変化率

変化前と変化後の値があるときに，変化率は，

$$変化率 = \frac{変化後の値 - 変化前の値}{変化前の値}$$

である．変数 x とその変化 Δx を用いると次のように表現できる．

$$変化率 = \frac{\Delta x}{x}$$

それでは，サンマの価格が 20 円から 10 円に下落したときの，価格と数量の変化率を求めてみましょう．

$$価格の変化率 = \frac{\Delta p}{p} = \frac{10-20}{20} = -0.5$$

$$数量の変化率 = \frac{\Delta q}{q} = \frac{60-30}{30} = 1$$

このケースでは，パーセントや割を用いて，「価格が 50% 下落した」，「数量が 10 割増えた」と表現することもできますね．

問い1　サンマの需要関数 (3) 式において，価格が $p=10$ から $p=5$ に下落したときの価格と数量の変化率を求めてください．

答え1　$\Delta p/p = (5-10)/10 = -0.5,\ \Delta q/q = (D(5)-D(10))/D(10) = (120-60)/60 = 1$

このように需要曲線に沿った価格と数量の組の変化率を求めることができました．次に，財の種類によって価格変化に対して需要量の変化が異なることを，どのように表現したらよいでしょうか？　上で計算した価格変化率は -50% でした．現実には状況によって価格変化率は異なるでしょう．そのふさわしい尺度は，価格を基準化した「価格が 1% 変化したときの需要量の変化率」です．これを求めるには，割り算の定義を思い出して，需要量の変化率を価格の変化率で割ります．これを**需要の価格弾力性**といいます．

「弾力」は文字通り弾む力を意味します．ゴムボールを上から床に落とせば弾んで跳ね返ってきます．これを**弾力的**といいます．しかし，ボウリングのボールでは跳ね返らず床にめり込むかもしれません．この場合は**非弾力的**と呼びます．このように，価格変化という外の力に対して，どのくらい需要量が変化として返ってくるかを測る概念が，需要の価格弾力性です．

> 第5章　分数関数と無理関数

需要の価格弾力性

価格 p と需要量 q に対して，需要の価格弾力性 ε は次のように定義される．

$$\varepsilon = -\frac{\dfrac{\Delta q}{q}}{\dfrac{\Delta p}{p}} = -\frac{\Delta q}{\Delta p}\frac{p}{q}$$

弾力性は英語でelasticityなので e を記号として用いたいところですが，後で重要な定数に e を用います．そこで，ギリシャ文字の英語の e に相当するイプシロン ε を弾力性の記号として用いることにします．注意してほしいのは，この定義の中にはマイナスの符号があることです．需要曲線は右下がりなので価格と需要量は逆向きに動きます．そのため，需要の価格弾力性の $\Delta q/\Delta p$ の部分はつねに負となります．弾力性の値は正にした方がわかりやすいので，その定義の最初に -1 を掛けています．

サンマの価格が 20 円から 10 円に下落したときのサンマの需要の価格弾力性を求めましょう．

$$\varepsilon = -\frac{\dfrac{\Delta q}{q}}{\dfrac{\Delta p}{p}} = -\frac{1}{-0.5} = 2$$

その値は 2 となります．これは，サンマの価格が 1% 変化したときに，その需要量が 2% 変化することを意味します．この値は，匹や円という単位に依存しない量であり，変化率の比を表しています．

需要の価格弾力性が大きいほど，価格に対して敏感に需要量が反応します．それが 1 のときは価格の変化率と需要量の変化率は等しいので，需要は**単位弾力的**といいます．この 1 を基準として，それが 1 より小さいとき需要は**非弾力的**，1 より大きいとき需要は**弾力的**といいます．

> **問い2** サンマの需要関数(3)式において，価格が 10 円から 5 円に下落したときの需要の価格弾力性を求めてください．

> **答え2** 問い 1 より $\varepsilon = -(\Delta q/q)/(\Delta p/p) = -1/(-0.5) = 2$ となります．

需要の価格弾力性と需要曲線の傾きは関係があります．しかし，異なった概念であることに注意が必要です[1]．

1) 曲線においてこの傾きの Δp と Δq は，十分小さな値であると考えてください．

$$\text{需要の価格弾力性} = -\frac{\Delta q}{\Delta p}\frac{p}{q} \qquad \text{需要曲線の傾き} = \frac{\Delta p}{\Delta q}$$

需要の価格弾力性は変化率の比であり，一方，傾きは変化の比という大き

63

な違いがあります．

D 供給の価格弾力性

需要の価格弾力性の次は，供給の価格弾力性を学びましょう．完全競争市場において価格 p が与えられると，企業の利潤最大化の結果として企業の供給量が定まります．市場価格 p から企業の供給量 q を対応付けた関数が供給関数 S でした．市場価格に等しい供給量を設定するアイスクリーム屋の供給関数 S を考えましょう．

$$S : \mathbb{R}_+ \to \mathbb{R}_+, \quad q = S(p) = p \tag{4}$$

図6 線形の供給曲線

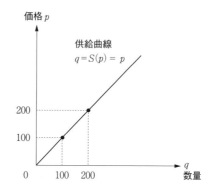

この供給曲線は図6に描かれています．需要と同様に，価格変化に対する供給量の変化の様子を調べるには弾力性の概念を用います．**供給の価格弾力性**とは，価格が1%変化したときに供給量が何%変化するかを意味します．

供給の価格弾力性

価格 p と供給量 $S(p)$ に対して，供給の価格弾力性 ε は次のように定義される．

$$\varepsilon = \frac{\frac{\Delta S(p)}{S(p)}}{\frac{\Delta p}{p}} = \frac{\Delta S(p)}{\Delta p} \frac{p}{S(p)}$$

供給曲線は通常右上がりで傾きは正です．よって，需要の価格弾力性と異なり，供給の価格弾力性にはマイナスの符号は付きません．

例 3 アイスクリームの市場価格が100円から200円に上昇したときの供給関数(4)式を有しているアイスクリーム屋の供給の価格弾力性を求めてください．

解答3 $e = \dfrac{\Delta S(p)}{\Delta p} \dfrac{p}{S(p)} = \dfrac{200-100}{200-100} \dfrac{100}{100} = 1$

第5章　分数関数と無理関数

問い3 例3とは逆に，市場価格が200円から100円に下落したときの供給の価格弾力性を求めてください．

答え3 $e = (100-200)/(100-200)\cdot200/200 = (-1)/(-1)\cdot1/1 = 1$

5.2 無理関数

　2乗すると2になる正の数 $\sqrt{2}$ は，整数の比で表すことのできない無理数でした．このルートの中が変数となる関数を扱います．

A　基本的な無理関数

　第1章で学んだルート2は $\sqrt{2} = 1.414213562\cdots$ と続きます．その小数第3位以下を四捨五入すると1.41になります．確かめてみると $(1.41)^2 = 1.9881$ となり，2にほぼ等しいことがわかります．この「ほぼ等しい」という**近似の関係**を記号 $\simeq$ を用いて $\sqrt{2} \simeq 1.41$ と表します．この記号は様々な種類があり，$\approx$ や高校で学んだ記号 $\fallingdotseq$ と少し形は違いますが，意味は同じです．

　一般に $\sqrt{2x}$ や $-3\sqrt{4x+5}$ のような根号の中に文字を含む式を**無理式**といいます．無理式で表される関数である**無理関数**を学びましょう．まずは一番簡単な，基本的な無理関数 $y=\sqrt{x}$ を考えます．2乗した数は正か0ですから，この無理関数の定義域は，特別に定義域を制限しない限り根号の中を負にしない非負の実数 $\mathbb{R}_+$ になります．

$$f:\mathbb{R}_+ \to \mathbb{R}_+, \quad f(x) = \sqrt{x} \tag{5}$$

ここでは終域も非負の実数の集合にしておきます．表2は，関数(5)式の対応関係を示しています（無理数は小数第3位以下を四捨五入）．

表2　無理関数の対応

x	0	1	2	3	4	5
$y = \sqrt{x}$	0	1	1.41	1.73	2	2.24

　この対応関係から，この関数は**増加関数**であることがわかります．そして，そのグラフは図7のようになります．このグラフをよく見ると，**上に凸**になっている，つまりこの関数は**凹関数**であることがわかりますね．

　増加関数なのでそのグラフは右上がりですが，その傾きは段々と緩やかになっていくことが見て取れます．図7より，x が0から1単位ずつ増えるとき，y の増加は $\varDelta y = 1, 0.41\cdots, 0.32\cdots, 0.27\cdots$ と段々と減っていることが観察できます．原点Oから点Aへ直線を引きその直線の傾き（$\varDelta y/\varDelta x$）

65

を求めると1になります．次に，点Aと点Bを結ぶ直線の傾きは約0.41になります．これはあくまでも曲線上の2点を結んだ直線の傾きです．それはよい近似であるにしてもその点の曲線の傾きとは異なります．このような滑らかな曲線の傾きは接線の傾きで表現することを，第10章で学びましょう．

図7 基本的な無理関数のグラフ

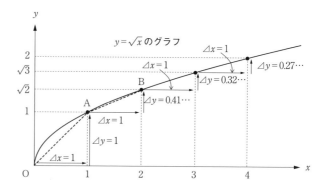

B 生産関数

経済学において，無理関数が用いられる典型的な例を紹介します．アイスクリーム屋が労働を用いてアイスクリームを生産するとしましょう．簡単化のため，その生産に用いられる他の生産要素は十分にあり，考慮する必要がないとします．労働は英語でlaborなので記号 L を用います．労働者を1日 L 人雇用したときに生産できる1日当たりのアイスクリームの量が Y 個だとしましょう．このとき，投入される労働量に対して，効率的に生産される生産物の量を対応させる関数を**生産関数**といいます．生産関数を記号 F で表すときに，その生産関数が下の数式で表現されるとしましょう．

$$Y = F(L) = 100\sqrt{L} \quad (L \geq 0) \qquad (6)$$

なぜ無理関数が生産関数に用いられるのか，ピンとこない人がいるかもしれません．経済学では，生産関数について様々な性質を想定します．例えば，生産量は正である，生産関数は生産要素投入量の増加関数である，（後で述べる）限界生産物逓減の法則を満たしている，などです．このような性質を満たす最も簡単な関数が無理関数です．生産関数は経済学では頻繁に登場しますので，無理関数の性質に習熟しておくことは重要です．

(6)式の生産関数は無理関数(5)式の値を100倍した関数ですから，そのグラフは図7のグラフを上方に100倍した形になります．よって，労働を投入すればするほどアイスクリームをたくさん作ることができます．しかし，その傾きは段々と緩やかになっていきます．表2を元にして，一番下の行に労働の増加に伴う生産物の増加を表す行を新たに付け加えましょう．そうすると表3になります（この場合も無理数は四捨五入しています）．

表3 生産関数と限界生産物

L	0	1	2	3	4	5
$Y = 100\sqrt{L}$	0	100	141	173	200	224
$\dfrac{\Delta Y}{\Delta L}$		100	41	32	27	24

労働投入量が $L = 3$ のときに，労働を1単位追加したときの生産量の増加は，$\Delta Y = F(3) - F(2) = 173 - 141 = 32$ 個となります．この場合は，労働の増加 ΔL は1単位です．生産量の増加 ΔY は，前の生産量との差を測ればよいのです．このように労働が1単位変化したときの生産量の変化を，**労働の限界生産物**といいます．あるいは**限界生産力**とも呼ばれます．英語で労働をlabor，限界生産物をmarginal productivityといいます．この場合は，**労働の限界生産物**ですので，marginal productivity of labor，略して MPL と書きます．

$$労働の限界生産物\ MPL = \frac{生産量の変化}{労働投入量の変化} = \frac{\Delta Y}{\Delta L}$$

英語のmarginalは「縁の」あるいは「余白の」という意味です．ページの欄外を意味するマージン（margin）です．現在の地点から外へはみ出したもの，つまり増加したものと捉えるとよいでしょう．生産物が増加するには，それをもたらす投入量も増加しなければなりません．ですから，**限界**（marginal）という形容詞が付くと，ある物が増加してその結果，他のものがどのくらい増加したかということを考えることになります．この限界という概念は，経済学の分野の至る所に出てきます．ぜひとも覚えておいてください．

図や表3から明らかなように，この労働の限界生産物は，労働投入量が増えるにつれて減少します．このことを**限界生産物逓減の法則**といいます．この法則は，労働投入量を増やすと，労働を1単位増加したときの生産物の増加量は減少していくことを意味します．

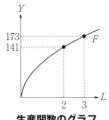
生産関数のグラフ

この法則は日常生活でも観察することができます．例えば，学校のテストの点数を上げようとしたときに，勉強すればするほど点数は上がります．しかし，長時間勉強すると予想得点は満点に近くなり，頭も疲れてきますので，同じ勉強時間を追加した場合でも，アップする得点は段々減っていきます．「逓減」とはちょっと聞き慣れない言葉かもしれませんが，要は労働投入量が増加するに従って生産関数のグラフの傾きは減少していくことを表しています．

例 4 生産関数(6)式を有しているアイスクリーム屋の利潤最大化問題を定式化してください．ここで労働市場で成立している賃金率 w とアイスクリーム価格 p は与えられているとします．

解答4 この場合，アイスクリーム屋は，労働量 L を選択して下の利潤 $\pi(L)$ を最大化します．

$$\max_L \ \pi(L) = pF(L) - wL = 100p\sqrt{L} - wL$$

━━━

練習問題 5

1 サンマの需要関数(3)式において，価格が 10 円から 20 円に上昇したときの需要の価格弾力性を求めてください．

2 市場価格 p に対して供給関数が $S(p) = ap\,(a > 0)$ であるとき，価格が p_1 円から p_2 円に変化したときの供給の価格弾力性を求めてください．

ECONOMIC MATHEMATICS

関数の生成と逆関数

さらに新しい関数を作る方法を学び，経済モデルの理解に役立てます．また，制約が付いた最大化問題を考えます．

6.1 新しい関数を作る

数は和，差，積，商の演算によって新しい数を作ることができます．同様に，関数も演算によって新しい関数を生成することができます．

A 費用関数

第4章の例では，店舗の賃貸料のように，アイスクリームが売れても売れなくてもかかる費用は無視しました．ここではそのような費用も明示的に取り扱いましょう．

生産量に依存しないこのような費用を**固定費用**といいます．アイスクリーム屋には10円の固定費用がかかるとしましょう（実際には店舗の賃貸料などはもっと高額であると考えられますが，ここでは単純化のため，小さな数を仮定します）．固定費用は，生産量とは無関係ですが，「関係なし」も一種の関係と捉えて生産量の関数と考えます．その関数を**固定費用関数**といいます．固定費用関数は独立変数に依存しないので，一定の値を取る定数関数になります．その記号は，固定された (fixed) 費用 (cost) なので FC を用いましょう．アイスクリーム屋の例では，生産量 x に対して下の式で表されます．

$$FC : \mathbb{R}_+ \to \mathbb{R}_+, \quad FC(x) = 10$$

この関数の定義域は 0 以上の数です．アイスクリーム屋は，アイスクリームがまったく売れなくても ($x = 0$) 固定費用を支払う必要があります．その固定費用関数のグラフを**固定費用曲線**と呼びます．図1(a)に描かれているように，固定費用曲線は横軸に平行な直線となります．

69

図1 固定費用曲線と可変費用曲線

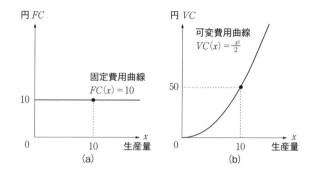

他方，アイスクリームの原料となる牛乳や卵，砂糖の代金，あるいは冷凍庫を動かす電力料金などの生産量に依存する費用を**可変費用**と呼びます．生産量からこのような可変費用への関数を**可変費用関数**といいます．英語で可変はvariableなので，その記号を VC とします．アイスクリーム屋の可変費用関数は，下の2次関数で表されているとしましょう．

$$VC : \mathbb{R}_+ \to \mathbb{R}_+, \quad VC(x) = \frac{x^2}{2}$$

可変費用関数のグラフを**可変費用曲線**といいます．この可変費用曲線は，図1(b)に描かれているような放物線の片側となります．

そして，固定費用と可変費用の和を**総費用**あるいは単に**費用**といいます．第4章で学んだ**費用関数**とは，生産量からこの費用への関数です．費用関数を総費用関数とも呼びます．総費用は，英語ではtotal costと表記しますので記号を使うとすれば TC ですが，ここでは第4章と同様に，簡潔に記号 C を用いることにしましょう．費用は生産量に依存するかしないかの二通りしかありません．よって，費用関数の値は下のように固定費用関数と可変費用関数のそれぞれの値の和として表現できます．

$$C : \mathbb{R}_+ \to \mathbb{R}_+, \quad C(x) = FC(x) + VC(x) = 10 + \frac{x^2}{2} \tag{1}$$

費用関数のグラフを**費用曲線**（総費用と呼ぶならば総費用曲線）と呼びます．アイスクリーム屋の費用曲線は図2に描かれています．

図2 費用曲線

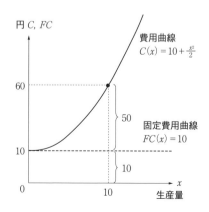

例えば，生産量が10個のときの費用は固定費用と可変費用を足して $10+10^2/2=60$ 円となります．図2のように費用曲線は，可変費用曲線を固定費用の額だけ上方にシフトさせた形となります．または，固定費用曲線と可変費用曲線を垂直方向に加えたものが（総）費用曲線となります．

B 関数の和

数はそれらを足して新しい数を作ることができますが，前項の費用関数の例のように，関数も和を用いて新しい関数を作ることができます．

既知の関数 f と g から関数の和 $f+g$ を定義しましょう．この $f+g$ は，ひとかたまりの関数記号と考えてください．各々の関数値の和 $f(x)+g(x)$ を求めればよいのですが，少し注意が必要です．2つの関数が同じ定義域をもっているとは限らないからです．関数の和の定義域は，元の2つの関数の定義域の共通部分になります．つまり，どちらの関数も定義されている点で，関数の和を考えることができます．

関数の和

与えられた関数 f と g に対して，その和 $f+g$ を次のように定義する．
$$(f+g)(x) = f(x)+g(x)$$
ただし，$f+g$ の定義域は，f と g の定義域の共通部分として定義する．

費用関数(1)式において元の関数の FC と VC の定義域は，どちらも非負の実数全体ですので，C の定義域も同じく非負の実数全体となります．

第3章で学んだように，定義域とは一種の集合でしたね．定義域の共通部分という用語が出てきましたが，集合の復習を兼ねてそれを解説しましょう．2つの集合の**共通部分**とは，両方の集合に属しているすべての要素からなる集合をいいます．共通部分のことを**交わり**ということもあります．集合 A と B の共通部分を記号 $A \cap B$ で表します．内包的記法を用いると次のようになります．
$$A \cap B = \{x | x \in A \quad \text{かつ} \quad x \in B\}$$
集合間の関係はベン図で表すと便利ですね．共通部分は図の灰色の部分で表示されています．

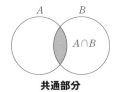

共通部分

1) この関数を利潤関数と呼びたくなります．しかし，この呼び名は他の経済学の概念に用いられています．正確を期すために，ここではこの種の関数を利潤関数とは呼ばないことにします．

C 関数の差と積

企業の目的は利潤の最大化でした．利潤は収入から費用を差し引いた額でしたね．アイスクリームの市場価格が100円のときには，収入関数 R は $R(x)=100x$ で表されます．ここでは第4章と同様に，固定費用を0として考えましょう．このとき，企業の利潤の関数は以下のようになります[1]．

$$\pi: \mathbb{R}_+ \to \mathbb{R}, \quad \pi(x) = R(x) - C(x) = 100x - \frac{x^2}{2} \tag{2}$$

既知の関数の値の差を取ることによって新しい関数が生まれました．このように，与えられた関数 f と g から**関数の差** $f-g$ を考えることができます．同様に，**関数の積** fg を定義することも可能です．

関数の差と積

与えられた関数 f と g に対して，差 $\boldsymbol{f-g}$ と積 $\boldsymbol{fg}$ を次のように定義する．
$$(\boldsymbol{f-g})(\boldsymbol{x}) = \boldsymbol{f(x) - g(x)}$$
$$(\boldsymbol{fg})(\boldsymbol{x}) = \boldsymbol{f(x)g(x)}$$
ただし，$\boldsymbol{f-g}$ と $\boldsymbol{fg}$ の定義域は，$\boldsymbol{f}$ と $\boldsymbol{g}$ の定義域の共通部分として定義する．

例 1 利潤の関数 (2) 式のグラフを描いてください．

解答1 収入関数 $R(x) = 100x$ のグラフは直線，そして費用関数 $C(x) = x^2/2$ のグラフは放物線になります．そして，2つの関数のグラフを図3 (a) に描くと，x が 0 から 200 までは R のグラフが上に位置しています．よって，関数の差は正の値を取ります．第4章では平方完成を用いて，生産量が $x^* = 100$ のときに最大利潤は $\pi^* = 5000$ となることを学びましたね．関数の差のグラフは，図3 (b) に現れているような上に凸な曲線になります．

図3 費用曲線，収入曲線，および利潤のグラフ

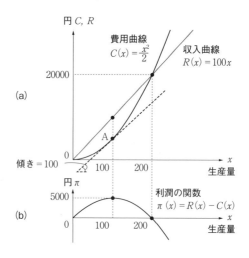

この最大利潤は，図3 (a) において収入曲線と費用曲線の距離が一番大きくなる点で達成されています．このとき，費用曲線上の点 A における接線を引くならば，この接線は収入曲線と平行であることがわかります．つまり，利潤の最大点では2直線は傾きが等しくなっていることがわかります．

第6章　関数の生成と逆関数

　　関数の積 fg において，関数 f が定数関数であれば，関数 g の値を定数倍したことになります．定数は英語でconstantですので記号 c を用いて表し，**関数の定数倍** cf を定義しましょう．この場合も cf をひとかたまりと考えてください．

関数の定数倍

　　与えられた定数 c と関数 f に対して，関数の定数倍 cf を次のように定義する．

$$(cf)(x) = c \cdot f(x)$$

ただし，cf の定義域は f の定義域とする．

D　関数の商

　　このアイスクリーム屋にお客さんが全然来ないと店舗や設備がムダになります．かといって，長い行列ができるくらいお客さんが多すぎると店が忙しくなり接客が大変になります．お店にとってどのくらいの生産量が効率的でしょうか？

　　生産量 1 単位当たりの費用を表す**平均費用**が生産の効率性を測る基本的な尺度です．第 5 章で限界概念の重要性を指摘しましたが，この「平均」も経済学の至る所に出てくる重要な概念です．ある生産量からその平均費用を指定する関数を**平均費用関数**といいます．平均費用関数のグラフは**平均費用曲線**と呼ばれます．平均は英語でaverageといいますので，平均費用関数の記号は AC を用いることにします．

$$AC(x) = \frac{C(x)}{x} \quad (x > 0)$$

この定義域は，0 で割ることはできないので，正の実数全体となります．

　　費用関数と生産量の商から関数を作成したように，関数の商 f/g を定義しましょう．

関数の商

　　与えられた関数 f と g に対して，その商 f/g を次のように定義する．

$$\left(\frac{f}{g}\right)(x) = \frac{f(x)}{g(x)}$$

ただし，f/g の定義域は，f と g の定義域の共通部分から $g(x) = 0$ である x を除いた集合となる．

　　関数の商の定義域は，元の関数の定義域の共通部分から分母が 0 になる点を除いた集合になります．上で学んだ関数と同様に，商の記号 f/g はひ

とかたまりです．これまで用いてきた数値例を元に平均費用関数を表現すると，次のようになります．

$$AC(x) = \frac{C(x)}{x} = \frac{x}{2} + \frac{10}{x} \quad (x > 0) \tag{3}$$

例 2 平均費用関数(3)のグラフを描いてください．

解答2 (3)式の最右辺から関数の和と判断します．第6.1 B 項で学んだように，関数値を垂直に足し合わせます．まず，x が限りなく0に近ければ，$x/2$ の値は0に近づく一方，$10/x$ の値は限りなく大きくなります．つまり，x が十分0に近ければ，関数 AC のグラフは分数関数のグラフに近くなります．次に，x が大きくなれば，$10/x$ は限りなく0に近づきます．よって，1次関数の値がこの関数の値の大部分を占めることになります．結局，平均費用曲線は，図4に描かれるような下に凸な形状をもちます．

図4 平均費用曲線
＊第10章の問4（p.148）で微分を使って正確な x^e を求めます．

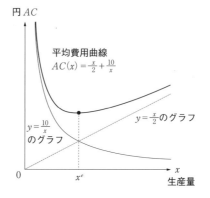

この平均費用曲線の漸近線の方程式は，元の関数の $y = x/2$ と $y = 10/x$ であることが，図4からわかるでしょう．この曲線の最下点 x^e が生産量1単位当たりの費用を節約できる最も効率的な点になります．双曲線を描くときに漸近線を学びましたが，このように曲線に関しても漸近線を考えます．漸近線は曲線の形状を理解する重要な概念です．

6.2 逆関数とそのグラフ

関数は対応ですが，その逆も関数として考えることができます．まずは図から逆関数のイメージをもつようにしてください．

A 逆関数

関数は，ある集合の元からもう1つの集合の元への対応関係でした．ある学生の氏名からその学生の学籍番号への対応がその例でしたね．この対応から，「逆に」ある学籍番号からその学生の氏名をたどることが可能です．

図5 関数とその逆関数

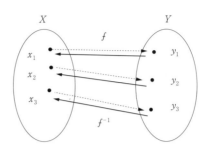

図5の右方向への点線の矢印のように，ある関数 f は，定義域 X の元 x から終域 Y の元 y を対応させているとします．このとき，その反対の対応，つまり y から x への対応——もしあれば——を自然と考えることができるでしょう．そのような関数を f の **逆関数** といいます．図5には逆関数は元の関数とは反対に，左方向への実線の矢印として描かれています．逆に戻すので逆関数です．

関数 f の逆関数は，f^{-1} という記号で書き表します．逆関数は英語で inverse function というので，この f^{-1} は，エフ・インバースと呼びます．この記号は，数 x の逆数 $1/x = x^{-1}$ と似ていますね．逆関数が存在するのならば，図5からわかるようにその逆関数の定義域は Y（元の関数の終域）であり，終域は X（元の関数の定義域）となります．

逆関数

関数 $f : X \to Y$ について終域の各 y に定義域の x がただ1つ対応しているとき，$y = f(x)$ を満たす y から x への関数を考えることができる．その関数を f の **逆関数** という．逆関数 f^{-1} は下の関係を満たす Y から X への関数である．

$$x = f^{-1}(y) \Leftrightarrow y = f(x)$$

まずは簡単な関数の逆関数を求めて，そのイメージをつかみましょう．

例 3 関数 $y = x+1$ の逆関数を求めてください．次に元の関数と逆関数のグラフを描いてください．

解答3 元の関数は，ある x に対してある y が対応しています．例えば，$x = 2$ に $y = 3$ が対応しています．逆関数では，その $y = 3$ に $x = 2$ を付与させるルールを考

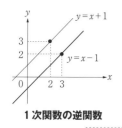

1次関数の逆関数

えます．そのために与えられた式から x イコールの式に変形して，ある y からそれに対応する x を導きます．

$$y = x+1 \quad \Leftrightarrow \quad x = y-1$$

逆関数は $x = y-1$ ですが，同じ座標平面上に2つのグラフを描くために，変数 x と y の記号を交換します．すると，$y = x-1$ になります．それらのグラフは図に描かれています．

独立変数は x にするという数学の慣習より，記号の取り替えを行いました．しかし，記号の交換は本質的ではありません．この場合の逆関数では，その独立変数から1を差し引くという関数形が重要です．

逆関数と元の関数との関係は以下のようになります．

$$y = f^{-1}(x) \quad \Leftrightarrow \quad x = f(y)$$

この場合は，逆関数が与えられていたならば，同様に x イコールの式に変形すると元の関数が求められることを意味しています．また，図5において左への矢印（逆関数）からまた右への矢印（元の関数）に戻る操作から類推できるように，「逆関数」の逆関数は，元の関数になることも理解できるでしょう．なお，例3の逆関数は $y = 1/(x+1)$ ではないように，逆関数は元の関数の逆数ではありません．

問い1 次の関数の逆関数を求めてください．① $y = 2x+1$ ② 恒等写像 $y = x$ ③ 分数関数 $y = 1/x$ $(x \neq 0)$

答え1 ① $x = y/2 - 1/2$ ② $x = y$ ③ $x = 1/y$ $(y \neq 0)$ 恒等写像と第5章で学んだ分数関数の逆関数は元の関数と同じ形になっています．なぜでしょう？

例3と問い1①から1次関数の逆関数の傾きは，元の関数の傾きの逆数になっていることがわかります（1の逆数は1です）．

関数には必ずその逆関数があるとは限らないことに注意してください．第5章で学んだ基本的な無理関数

$$f : \mathbb{R}_+ \to \mathbb{R}_+, \quad f(x) = \sqrt{x} \tag{4}$$

の逆関数はどのような関数でしょうか？ 単純な2次関数 $y = x^2$ でしょうか？ その答えは，定義域が非負の実数全体に制限された次の2次関数 g です．

$$g : \mathbb{R}_+ \to \mathbb{R}_+, \quad g(x) = x^2 \tag{5}$$

関数 f とその逆関数 g のグラフが各々図6(a)と(b)に描かれています．関数 f によって4から2に写されますが，反対に関数 g によって2から4に引き戻されています．この2次関数を例3と同様に x イコールの式にしてみましょう．

$$y = x^2 \quad (x \geq 0 \text{ に注意して平方根を取る})$$
$$\sqrt{y} = x$$
$$x = \sqrt{y}$$

この関数(5)式の逆関数は，最初の関数(4)式になりました．よって，関数 f の逆関数が g になります．

図6 定義域が制限された2次関数

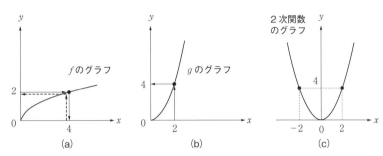

なぜ定義域の制限が必要なのでしょうか？ 図6(c)からわかるように，もし $x = -2$ もこの関数(5)式の独立変数ならば，$y = 4$ に対して $x = -2$ も対応していなければなりません．しかし，これは元の関数(4)式から見て，2に加えて -2 も指定する複数の従属変数を対応させることに他なりません．これは対応先がただ1つに定まるという関数の定義を満たしません．

図6(a)と(b)に描かれている関数と逆関数のグラフは，対称的な形状をしています．放物線は，無理関数のグラフで x 軸と y 軸を入れ替えた曲線になっています．それを確かめるために，図7に両方のグラフを描いてみましょう．両関数 f と g のグラフは**45°線に関して線対称**です．

この特徴は偶然ではありません．問い1 2 において，恒等写像 $f(x) = x$ の逆関数が自分自身だったのも，それが45°線そのものだからです．また，問い1 3 で分数関数も自分自身が逆関数になりましたが，それは第5章で学んだように，この分数関数が直線 $y = x$ に関して線対称だからです．関数と逆関数の幾何学的なこの関係を定理として述べておきましょう．

定理1

実数上で定義され，その値も実数である関数 f が逆関数 f^{-1} をもつならば，関数 f と逆関数 f^{-1} のグラフは45°線に関して線対称の関係にある．

図 7 関数とその逆関数のグラフの関係

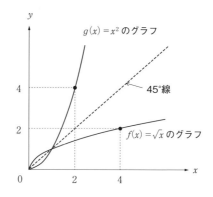

逆関数が存在しないケースもありましたが，ある関数が逆関数をもつための 1 つの条件を簡潔に述べておきましょう．図 5 にあるように，終域のある元 y には必ず対応する定義域の元があり（全射），かつ，それはただ 1 つであること（単射）です．言葉の定義から始めます．

全射，単射，全単射

ある関数 $f: X \to Y$ が**全射**であるとは，すべての $y \in Y$ に対して，$y = f(x)$ となる $x \in X$ が存在することである．関数 f は**単射**であるとは，すべての $x, x' \in X$ に対して $x \neq x' \Rightarrow f(x) \neq f(x')$ が成り立つことである．関数 f は**全単射**であるとは，f は全射かつ単射であることである．

図 5 よりこの定理 2 は自明に思えるかもしれませんが，一般の状況でも成り立ちます．

定理 2

ある関数が全単射であれば，その関数は逆関数をもつ．逆に，関数が逆関数をもてば，それは全単射である．

6.3 限界費用曲線と供給曲線

皆さんは勉強を何時間行うか，アルバイトで何時間働くか，といった時間の使い方に悩むこともしばしばでしょう．そのとき，現在の状態からもう少しその行為を続けて行う場合の費用について考えましょう．

A 限界費用

あるものをもう1単位増やしたときにかかる追加的な費用を**限界費用**といいます．試験勉強をしてテストの（予想）得点を上げようとすると疲れが出ますね．それは成績をさらに上げるための限界費用といえるでしょう．この概念は，前章で学んだ限界生産物と同様の限界概念の一種であり，量の決定に際して重要な概念です．限界費用は英語でmarginal costというので，略して MC という記号で表しましょう．生産量 x を1単位増やしたときの費用 C の増加である限界費用は下の式で表されます．

$$限界費用MC = \frac{費用の変化}{生産量の変化} = \frac{\Delta C}{\Delta x} \tag{6}$$

第6.1 C 項で学んだ利潤の関数(2)式を考えましょう．このときの最大利潤付近の限界費用等を表1にまとめました．

表1 費用と限界費用

x	Δx	C	ΔC	$MC=\frac{\Delta C}{\Delta x}$	R	π
80		3200			8000	4800
90	10	4050	850	85	9000	4950
100	10	5000	950	95	10000	5000
110	10	6050	1050	105	11000	4950

この表1の数値を確認しましょう．例えば，生産量 $x = 100$ のときは，90からの増加は $\Delta x = 10$ です．そのときの費用は，$C(100) = 100^2/2 = 5000$ になります．その増加量は $C(90) = 4050$ から測って $\Delta C = 5000 - 4050 = 950$ です．よって，限界費用は(6)式より，$\Delta C/\Delta x = 950/10 = 95$ となります．なお，このときの収入は生産物価格100より $R = 100 \cdot 100 = 10000$ です．これから費用を差し引くと，利潤は $\pi = 10000 - 5000 = 5000$ となります．

利潤が最大化される生産量では，市場価格100と限界費用95が非常に近くなっています．一般に，完全競争市場で操業している企業は，ある生産量で利潤が最大になっていれば，その生産量の限界費用は市場価格と等しくなります．この例では，生産量が10単位刻みなので少しズレが生じます．しかし，生産量の単位が微小であれば，両者は完全に一致することを将来学ぶでしょう．

なぜ利潤を最大化する生産量での限界費用と価格が等しいかは以下のように説明できます．生産量が100から110に増えると，収入が1000増えます．しかし，$x = 110$ のときの限界費用が105なので，生産量を10単位増やすと費用の増加量は(6)式より $\Delta C = MC \cdot \Delta x = 105 \cdot 10 = 1050$ となります．費用の増加の方が大きいので利潤は減って4950になり，最大利潤よりも減少してしまいます．

よって，限界費用と市場価格がほぼ一致している生産量から離れると，利潤が減少することがわかりました．

この利潤最大化条件は，例1の図3からも理解できます．収入曲線と費用曲線の距離が一番大きくなる点で利潤が最大化されていました．費用曲線上の点Aにおける接線の傾きは収入曲線の傾きと等しくなっていました．後者の傾きは価格100です．それは，費用曲線上の点Aの傾きである限界費用に等しいことを意味しています．

B 限界費用関数の逆関数

表1にあるように，企業の生産量とその限界費用を関連付けることができます．企業の生産量からその限界費用を指定する関数を**限界費用関数**といいます．この関数も MC と表示することにしましょう．限界費用関数のグラフを**限界費用曲線**といいます．表1では，（少しズレがありますが）限界費用は市場価格と等しくなっていました．正確な限界費用曲線を描くと図8(a)になります．生産量 x_1 に限界費用 $MC(x_1) = x_1$ を対応させています．

図8 限界費用曲線と供給曲線

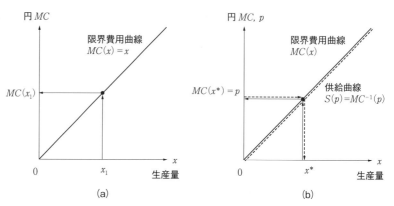

ところで，完全競争市場ではどんな経済主体も価格に影響を及ぼすことができません．価格受容者としての企業は，市場で成立している価格に対して利潤を最大にする生産量を選択します．そのとき企業は，前項で分析したように生産量の関数である限界費用と市場価格が等しくなる生産量を選択します．

完全競争市場での企業の最適な生産量

市場価格 p に対して限界費用関数 MC をもつ企業の最適な生産量 x^* は次の条件を満たす．

$$MC(x^*) = p \tag{7}$$

この利潤最大化条件を図8(b)の縦軸に記入しましょう．このとき，市場で決まる価格 p に対してその値と等しい限界費用 $MC(x^*)$ が縦軸に配置

されています．改めて，縦軸に置かれた市場価格から出発してみましょう．市場である価格 p がつくときに，その金額と限界費用 $MC(x^*)$ が等しくなっています．その限界費用を成立させる生産量が x^* です．このとき利潤最大化条件(7)式が成り立っています．つまり，市場価格 p に対して，利潤を最大化する企業は生産量 x^* を選択するのです．

2) 厳密には参入のための条件を考慮しないといけません．しかし，この場合は固定費用は0なのでその条件は考えなくてもかまいません．

これは供給関数 S の価格から生産量への対応と同じですね．この事実は，供給関数は限界費用関数 MC の逆関数であることを意味しています[2]．よって，逆関数の記号を用いると両者は次のようになります．

$$S = MC^{-1}$$

このとき，$S(p) = x^*$ です．図8(b)では，前節で学んだような変数の交換を行っていないことに注意してください．この供給曲線は，限界費用曲線を縦軸の価格から見たものになります．

6.4 合成関数

ここでは2つの関数を続けて当てはめて新しい関数を作ります．

A 関数の合成

最初にサッカー選手の集合 X，国の集合 Y，都市の集合 Z を考えましょう．

$$X = \{カズ, 本田, 香川,...\}, \quad Y = \{日本, イタリア, ドイツ,...\}$$
$$Z = \{東京, ローマ, ベルリン,...\}$$

あるサッカー選手に対して彼が活躍している国を指定する，サッカー選手の集合 X から国の集合 Y への関数 s を考えることができます（2017年5月現在の所属）．今度は，ある国に対してその国の首都を指定する，国の集合 Y から都市の集合 Z への関数 c を同様に考えます．記号 s と c はサッカーsoccerと首都capitalの頭文字からきています．

このとき，サッカー選手から彼らが活躍している国の首都への対応を自然と作ることができるでしょう．つまり，2つの関数を連続して適用する対応です．例えば，その関数を f とすると，

$$f(カズ) = 東京$$

という対応です．このような関数 f を関数 s と c の**合成関数**といいます．合成関数を作ることは，関数を**合成する**と呼ばれます．

われわれが普段行っている計算も合成関数として見ることができます．2次関数

$$(x+1)^2$$

を考えましょう．ある変数 x に1を加えて $x+1$ に写しています．そして，次にそれを2乗しています．つまり，

$$x \mapsto x+1 \mapsto (x+1)^2$$

という2段階の計算を経ていると考えられます．

ここで縦棒付きの矢印 $\mapsto$ は，関数の独立変数と従属変数の対応を示すときに用いられる記号です．最初の関数の従属変数を y，次の関数のそれを z とすれば，$x \mapsto y \mapsto z$ となります．図9にあるように，変数を関連付ける関数を順番に f と g とすれば，

$$x \mapsto f(x) = y \mapsto g(y) = z$$

となります．結局，$y = f(x)$ と $z = g(y)$ から下の式になります．

$$z = g(f(x))$$

図9 合成関数

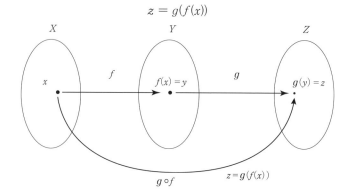

> **合成関数**
>
> 関数 $f: X \to Y$ と $g: Y \to Z$ に関して，各 $x \in X$ に対して，関数 f と次に g をこの順に適用して得られる $g(f(x))$ を関連付けることができる．この関数を関数 f と g の**合成関数**という．この合成関数を $g \circ f$ と表記する．
>
> $$g \circ f : X \to Z, \quad (g \circ f)(x) = g(f(x))$$

この $g \circ f$ はひとかたまりと考えてください．この読み方には定番はありません．英語では"g compose f"ですが，筆者は「ジー・マル・エフ」と読んでいます．関数 f から次の関数 g へと適用する順序に注意が必要です．関数 f の終域と g の定義域が等しくないと $g \circ f$ は定義できません．

6.5 制約があるときの最適化問題

第4章で学んだ最大化問題から発展して，制約の付いた最適化問題を学びましょう．

A 制約があるときの最大・最小

経済の問題を定式化するに当たっては，個々の経済主体の状況に見合っ

た制約を明示的に設けて経済分析を行う必要があります.

　ある実数の集合 $X \subset \mathbb{R}$ を定義域とした**目的関数** $f : X \to \mathbb{R}$ を考えます. 独立変数 x に関して目的関数値 $f(x)$ を最大 (あるいは最小) にする問題に, さらに経済学的な意味をもつ制約を課しましょう. **制約条件**は, 変数 x に関する条件 $P(x)$ を用いて次のように記述します.

$$\text{subject to } P(x)$$

英語のsubject toとは「〜を条件として」という意味です. 略してs.t. と書く場合もあります. 独立変数 x はこの条件に従って選ぼうということです. このような問題は, **制約付き最適化問題**と呼ばれます. 制約の付け方には, 等式で表された条件や不等式で表された条件など様々な方法があります. 制約付き最小化問題は, 制約付き最大化問題の max を min に置き換えた問題ですので, 制約付き最大化問題のみを示しておきます.

制約付き最大化問題

$$\left. \begin{array}{l} \displaystyle\max_{x \in X} \boldsymbol{f(x)} \\ \textbf{subject to } \boldsymbol{P(x)} \end{array} \right\} \xrightarrow{\text{省略すると}} \begin{array}{l} \displaystyle\max_{x} \boldsymbol{f(x)} \\ \textbf{s.t. } \boldsymbol{P(x)} \end{array}$$

B　費用最小化問題

　これまで取り上げてきたアイスクリーム屋の費用関数 $C(x) = x^2/2$ を再検討しましょう. アイスクリーム屋が雇用する労働者がサボったり, 購入した原材料をムダにすれば, 費用は際限なく膨れ上がります. 実は, 費用関数はある生産量を生産するために必要な費用の中で最小の費用を表しています. つまり, 最も効率的な生産方法を選んだ場合の費用です. したがって費用関数の中には「最適化」の概念が入っています. では費用関数はどのように導出できるのでしょうか?

　最も簡単な例を用いて考えましょう. 第5章で学んだ, 1種類の生産要素である労働を投入して生産を行う生産関数 F を考えます. 投入される労働量を L としたときに, 生産関数はこのように表現されているとします.

$$x = F(L) = \sqrt{2L} \quad (L \geq 0) \tag{8}$$

ここでは記号を合わせるため, 生産量を Y ではなく x にしています.

　皆さんはアルバイトではただ働きはしませんね? このアイスクリーム屋も被雇用者に対して賃金を支払います. 労働量1単位当たりの賃金である賃金率を w 円としましょう. 賃金を英語でwageというので頭文字の w を用いています. この w は時給でも月給でもどちらでもかまいません. ただ, 労働量1単位につき w 円を支出します. つまり, 労働費用は wL 円です. 利潤を最大化する企業はこの労働費用を最小化します. その最小化問題の制約は, 生産関数で表現される(8)式です. 一般に生産要素が1種

類の企業の制約付き費用最小化問題は以下のようになります.

費用最小化問題（生産要素1種類）

$$\min_{L \geq 0} wL$$
$$\text{s.t. } F(L) = x$$

生産関数(8)式の制約が付いた問題を解きましょう. 生産関数の式を2乗すると $x^2 = 2L$ になります. よって, 以下のように書き換えることができます.

$$\min_{L \geq 0} wL$$
$$\text{s.t. } 2L = x^2$$

この制約式の $L = x^2/2$ を目的関数に代入すると, 次の式が得られます.

$$\min_{L \geq 0} \frac{wx^2}{2}$$

独立変数 L が目的関数の中に含まれていません. よって, min はもはや不要です. これは x の生産を効率的に行うときに $wx^2/2$ 円の費用が必要になることを意味します. そして, それは x の関数として費用関数となります.

$$C(x) = \frac{wx^2}{2} \tag{9}$$

つまり, 今まで学んできた費用関数 $x^2/2$ は賃金率が $w = 1$ 円のケースを問題にしていたのです（これは非現実的と思われるかもしれませんが, 一種の数値例と捉えてください）. これは単純な例でしたので複雑な計算をせずにすみましたが, 生産要素が2種類になるともっと工夫が必要になります.

C　供給関数

改めて, 賃金率 w を明示的に取り入れた費用関数(9)式で, アイスクリーム屋の利潤最大化問題を取り上げましょう. 価格が p であるときに, このアイスクリーム屋の**利潤最大化問題**は以下の通りです.

$$\max_{x \geq 0} \pi(x) = px - \frac{wx^2}{2}$$

この最大化問題の解は, アイスクリームの価格 p と賃金率 w で表現された企業の最適な供給量となります. 目的関数を平方完成しましょう.

$$\pi(x) = -\frac{w}{2}\left(x - \frac{p}{w}\right)^2 + \frac{p^2}{2w} \tag{10}$$

よって, 企業の最適な供給量は $x^* = p/w$ になります. この生産物価格と生産要素価格から, 最適な生産量への関数を新たに**供給関数**とします. その関数記号を小文字の s とすると, 以下のようになります.

$$x^* = s(p, w) = \frac{p}{w}$$

ここでも賃金率を1にすると，以前取り上げた供給関数に等しくなります．

D 効用関数

ここでは消費者の選択問題を考えます．ある一種類の財の消費量 x について消費者の選好が，消費者の満足度を示す数値である効用で表されているとしましょう．この財の消費量からその効用への関数を**効用関数**といいます．ここでは，その効用関数 u が下の式で与えられているとします．

$$u(x) = -\frac{x^2}{2} + x \quad (0 \leq x \leq 1) \tag{11}$$

効用を英語でutilityといいますので，記号 u を用いています．この効用関数は増加関数です．つまり，この財を消費すればするほど消費者の満足度が高まるグッズ（goods）になっています．

E 限界効用

効用関数(11)式のグラフは，図10に描かれているように上に凸の右上がりの曲線になります．このような効用関数のグラフを**効用曲線**と呼びます．

図10 効用関数のグラフ

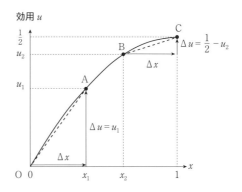

消費量の決定に際して，これから紹介する限界効用はとても重要です．この概念は，以前学んだ限界生産物や限界費用と並ぶ重要な限界概念です．ある財の消費量を1単位増やしたときの効用の増加を**限界効用**といいます．アイスクリームを食べれば嬉しいですよね．それをさらに1個食べたときの嬉しさの増加分が限界効用です．限界効用は英語でmarginal utilityというので，記号 MU で表します．財の量の増加で効用の増加を除して限界効用が求まります．

$$\text{限界効用}\,MU = \frac{\text{効用の増加}}{\text{財の量の増加}} = \frac{\Delta u}{\Delta x} \tag{12}$$

消費している財の量によってどのように限界効用が異なるかを，図10で考

えてみましょう．アイスクリームをまったく食べていないとき（原点O）から，アイスクリームの量を x_1 まで増やしたとしましょう．そのときの効用の増加分は $\Delta u = u_1$ になります．よって，このときの限界効用は $\Delta u / \Delta x = u_1 / x_1$ となります．この値は線分OAの傾きになります．

　ある程度のアイスクリームを食べている状況（点B）からさらにもっと食べたとしましょう．満足度は上がりますが，まったく食べていないときと比べれば満足度の増加は小さくなります．図10の2つあるアイスクリームの量の増加 Δx は，同じ量にしてあります．それに対する効用の増加は $\Delta u = 1/2 - u_2$ となり，明らかに当初の効用の増加 u_1 よりも小さくなっています．言い換えると，線分BCの傾き $\Delta u / \Delta x = (1/2 - u_2)/(1 - x_2)$ は，線分OAの傾きよりも小さくなっています．

　このような効用曲線の形状をもっていると，財の消費量が少ないときの方が限界効用が大きくなることがわかります．この特徴を**限界効用逓減の法則**といいます．それは，ある消費量における限界効用は，消費が増えれば増えるほど小さくなることを意味します．夏の暑い日に最初のアイスクリーム1個はとても美味しく感じます．さらにアイスクリームを食べ続けるともちろん満足度は上がりますが，最初の1個と比べるとその美味しさの感激は小さくなることを意味しています．

　消費量 x からその限界効用を指定する関数を**限界効用関数**といいます．この関数も MU とすれば，限界効用逓減の法則は，x に関して MU は減少関数となることを意味します．

F　消費者余剰と需要関数

　ここでは簡単化のために，この効用 $u(x)$ は金銭的に測ることが可能な場合を想定します．つまり，財を x 単位消費するには $u(x)$ 円まで支払ってもよいと消費者は考えているとしましょう．実際の支払額がこの金額よりも1円でも高ければ，その財の量を消費しません．しかし，支払額がこの金額よりも1円でも低ければ，その財の量を喜んで購入します．このような金額を**支払意欲**といいます．

　この消費者は，財を購入するために使える m 円の所得があるとします．このお金を表す記号はmoneyからきています．この金額はこれから考える支出額に比べて十分に大きいとしましょう．効用は金銭的に測れるので，財を x 単位消費して所得 m 円をもっている消費者の総効用は，(11)式から下のようになります．

$$u(x) + m = -\frac{x^2}{2} + x + m \quad (0 \le x \le 1) \tag{13}$$

この式は所得のみ1次式になっています．このように一部の変数に関してのみ1次式になっている関数は，**準線形**といいます．効用関数が準線形なので**準線形効用関数**と呼ばれます．

財の価格 p は競争的な市場で定まっています．消費者は，財を x 単位消費する見返りに売り手に px 円を支払います．準線形効用関数(13)式から支出額 px を差し引いた額が，市場取引を行い消費した後の満足度 $U(x)$ となります．

$$U(x) = -\frac{x^2}{2} + x + m - px \quad (0 \leq x \leq 1)$$

支払ってもよいと考えている金額から実際に支払った金額を差し引いた額は，**消費者余剰**と呼ばれます．余剰は余りを意味します．財を消費したときの効用から購入に要した費用を差し引いた満足度の「余り」を，消費者余剰は意味します．この関数 U は，消費者余剰と所得の和となります．

消費者は，この関数 U を最大にする財の購入量 x を選びます．平方完成を用いると消費者のこの財への需要量が求まります．

$$U(x) = -\frac{1}{2}(x - (1-p))^2 + \frac{1}{2}(1-p)^2 + m$$

よって，$x^* = 1 - p$ のとき，U は最大化されます．この財の購入量は，市場価格が与えられたときの需要量になります．よって，需要関数は $D(p) = 1 - p$ となります．供給関数と同様に，第3章で紹介した需要関数も経済主体の最適な行動の結果として導出されることがわかりましたね．

6.6 連立方程式と接線

第2章で学んだ方程式から，さらに連立方程式を学びましょう．

A 連立方程式

皆さんも1回は解いたことがあるでしょう，昔懐かしい鶴亀算を解いてみましょう．

例 4　鶴と亀が合わせて20匹います．足の数は合計52本です．鶴と亀はそれぞれ何匹いるでしょうか．

解答4　鶴が x 匹（羽）いて，亀は y 匹いるとします．題意より

$$x + y = 20 \tag{14}$$

となります．鶴は2本足であり，亀は4本足なので，

$$2x + 4y = 52 \tag{15}$$

となります．上の(14)式を y イコールの式に直して，(15)式に代入すると，

$$2x + 4(20 - x) = 52 \quad \Leftrightarrow \quad -2x + 80 = 52 \quad \Leftrightarrow \quad x = 14$$

となります．$y = 20 - 14 = 6$ なので，鶴は14匹，亀は6匹います．

87

例4の(14)式と(15)式のような，解が同時に満たす複数の方程式の組を**連立方程式**あるいは**方程式系**といいます．しばしば構成する方程式に括弧を付けて連立方程式であることを示します．この連立方程式の変数が x と y のように，変数が2個であることを2変数または**2元**とも呼びます．そして，各変数の次数は1次なので，それを合わせて詳しく**連立2元1次方程式**という場合があります．連立1次方程式は**線形方程式系**とも呼ばれます．

連立方程式中のどんな方程式も満たす変数を連立方程式の**解**といいます．例4の $(x, y) = (14, 6)$ のように，変数の組が方程式の解となります．連立方程式の解を求めることを連立方程式を**解く**といいます．

B 方程式の図形

これまである数は，数直線上の点と同一視できました．また，平面上の点を数の2つ組と見なして，関数のグラフを図形として把握することを学びました．同様に，方程式やその解も図形として捉えることが可能です．

例4の(14)式，(15)式とも x と y を変数とする1次式です．よって，xy 平面上の直線として表すことができます．第3章の直線の方程式の求め方を思い出して，この2つの式を変形して直線 ℓ, m の方程式としましょう．

$$\ell : y = -x + 20, \quad m : y = -\frac{1}{2}x + 13$$

この2つの直線が図11に描かれています．

図11 鶴亀算の方程式の図形

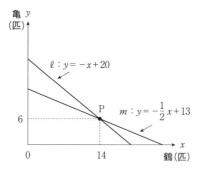

そして，2直線の交点Pの座標 $(x, y) = (14, 6)$ は，例4の答えである鶴が14匹，亀が6匹に一致しています．つまり，連立方程式の解は，各方程式の図形の交点として表すことができるのです．

C 2次関数のグラフと x 軸

第2章において2次方程式を学びました．詳しくいうと，1元2次方程式ですね．一般の2次方程式

$$ax^2 + bx + c = 0 \quad (a \neq 0) \tag{16}$$

を図形的に考えてみましょう．それには2次関数のグラフで学んだ知識が有用です．同じ係数をもった2次関数
$$y = ax^2 + bx + c \tag{17}$$
を図形的に考えると，ちょうど $y = 0$ のときに(17)式は(16)式に等しくなります．この直線 $y = 0$ は x 軸に対応しています．つまり，関数値が0を取ることは，幾何学的には(17)式のグラフが x 軸と交わることです．この点は一般の方程式についても成り立つことがわかります．

定理3（関数と方程式）

関数 $y = f(x)$ のグラフと x 軸との交点の x 座標は，方程式 $f(x) = 0$ の実数解である．

放物線と x 軸との交点は図12(a)(b)(c)の3つのパターンになります．
$$y = x^2 - 8x + 15 \tag{18}$$
$$y = x^2 - 8x + 16 \tag{19}$$
$$y = x^2 - 8x + 17 \tag{20}$$

図12 2次関数のグラフと x 軸の交点

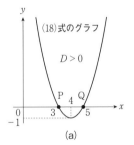
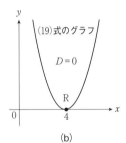
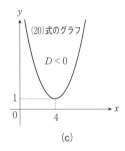

(a)　　　　　　　　(b)　　　　　　　　(c)

図12(a)はPとQの2点が x 軸との交点になっています．それは，方程式(18)が2つの異なる実数解をもつことを意味します．また，図12(b)はRの1点が x 軸との交点となっています．特に，この点は x 軸と接している**接点**になっています．最後に，図12(c)は x 軸との交点はありません．

2次方程式の解の個数の判別には，判別式が重要な役割をもっていたことを思い出してください．方程式(16)の判別式は $D = b^2 - 4ac$ でしたね．この判別式と解の関係より，図12のような2次関数のグラフと x 軸との交点の様子が明らかになります．

> **判別式と2次関数のグラフ**
>
> 2次関数 $y = ax^2+bx+c \ (a \neq 0)$ と判別式 $D = b^2-4ac$ について,その関数のグラフと x 軸との関係は以下のようになる.
>
> $D > 0 \iff$ 異なる2点で交わる
> $D = 0 \iff$ 1点で接する
> $D < 0 \iff$ 共有点をもたない

放物線が x 軸と接するときに判別式を用いましたが,一般の直線でもこの方法は通用します.つまり,判別式を用いて傾斜をもった直線と放物線の接点を探し出すことができます.同様に,図形の連立方程式から変数 y を消去します.次に x だけの方程式の判別式を計算します.その値が0になる x が接点の x 座標になります.

D 効用曲線と接線

前項で紹介した手法を使って,第6.5 E 項で学んだ限界効用 (12) 式から発展して,効用曲線上の点の正確な限界効用を求めましょう.効用関数 (11) 式をもつ消費者は,価格が p のときに,需要量を $x^* = D(p) = 1-p$ に設定します.第3章で学んだように供給関数が $S(p) = p$ ならば,均衡価格は $p^* = 1/2$ になります.このときの需要量は $D(1/2) = 1/2$ となり,またその効用は $u(1/2) = -(1/2)^2/2+(1/2) = 3/8$ となります.均衡価格での需要量と効用の組は,図における点 D$(1/2, 3/8)$ になります.

この効用曲線上の点Dを通る接線を求めましょう.図における効用曲線上の点Dを通る接線は,この点の近くで効用曲線をこの直線で近似できます(第5章).つまり,この接線の傾きを求めることは,点Dの限界効用を求めることです.第6.5 E 項の限界効用 $\Delta u/\Delta x$ は x が1単位増えたときの効用の増加ですが,ここで求めたい限界効用は x がほんの少し増えたときの効用の増加になります.この「ほんの少し」のことを**微小**といいます.

直線は点Dを通るので点 $(1/2, 3/8)$ を通り,傾きが a(未知数)の直線の方程式になります.以下の連立方程式の解が点Dの座標になります.

$$\begin{cases} y = -\dfrac{x^2}{2}+x \\ y = a\left(x-\dfrac{1}{2}\right)+\dfrac{3}{8} \end{cases}$$

これから y を消去して,整理すると以下の2次方程式を得ます.

$$4x^2+8(a-1)x-4a+3 = 0$$

この方程式の判別式は $D = (8(a-1))^2-4\cdot 4\cdot(-4a+3) = 16(2a-1)^2$ となります.よって,$D = 0$ から $a = 1/2$ となり,接線の方程式は,

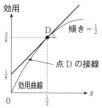

効用曲線上の最適な消費点と接線

$$y = \frac{1}{2}\left(x - \frac{1}{2}\right) + \frac{3}{8} = \frac{1}{2}x + \frac{1}{8}$$

となります．このように判別式を用いて接線を求めることができました．しかし，連立方程式を立てて判別式を求め，それを0と置くのは手間がかかります．後に微分を用いるとすぐに接線が求められるでしょう．

直線の傾きは1/2となったので，点Dの限界効用は1/2です．均衡価格 $p = 1/2$ と等しいですね！　これは偶然ではありません．このとき効用は金銭的に測れると仮定されていました．限界効用が価格を上回れば（$MU > p$），財を増やしたときの満足度がその費用（価格）を上回るので，消費量を増やした方が効用が高まります．反対に，$MU < p$ のときは費用の方が大きいので，財の購入量を減らした方が有利です．よって，上記の設定では以下が成り立ちます．

財が1種類のときの最適な消費量

市場価格 p に対して，消費者の最適な消費量 x^* は次の条件を満たす．
$$MU(x^*) = p$$

この法則は，「完全競争市場での企業の最適な生産量」にある企業の利潤最大化が，価格＝限界費用においてなされることと対照的ですね．財の数が2種類以上のときはこの法則に微修正が求められますが，消費者の最適な行動に関して限界効用が重要な役割を果たしていることがわかるでしょう．

練 習 問 題 6

1　(3)式の平均費用曲線の最低点 x^e は，$y = x/2$ と $y = 10/x$ のグラフの交点の x 座標であることを因数分解 $(A+B)^2 = (A-B)^2 + 4AB$ を用いて証明して，x^e を求めてください．

2　表1の生産量 $x = 90$ のときの限界費用と利潤を確かめてください．

3　表1の生産量を100から90に減らすと利潤が減少することを示してください．

4　$f(x) = x+1$ と $g(y) = y^2$ に対して，以下を求めてください．　①$g \circ f$　　②$f \circ g$

ECONOMIC MATHEMATICS

数列とその極限

銀行にお金を預けると毎年利子がもらえます．毎年の貯金残高の動きを数学的には数列として捉えることができます．

7.1 数列とは何か

数の列を**数列**といいます．例えば，最も簡単な数列として
$$1, 2, 3, 4 \tag{1}$$
のような1以上4以下の数を一列に並べたものがあります．

A 数列の一般項

数列の記法とその和を考えます．次のように
$$1, 1, 1, 1, \cdots \tag{2}$$
と，1が限りなく並んでいるものも数列の仲間です．

数列を作っている各数は**項**と呼ばれます．例えば，(1)の数列には1番目の項が1であり，2番目の項が2であるように，順番が付いています．第1項を**初項**といいます．それ以降は，**第2項**，**第3項**…と呼んでいきます．

数例(1)のように，途中で終わる数列は**有限数列**と呼びます．有限数列の最後の項を**末項**といいます．末項は英語でlast termといいますので，記号 l で標記します．項の数を**項数**といいます．よって，数例(1)の項数は4であり，末項は4です．一方，数例(2)のように，項が限りなく続く数列を**無限数列**といいます．無限数列には末項が存在しません．

数列の各項に付けられる順番を $n = 1, 2, 3, \cdots$ とします．**添え字**あるいは**添数**（てんすう）と呼ばれるこの番号を用いて数列の各項は
$$a_1, a_2, a_3, a_4, \cdots, a_{n-1}, a_n, a_{n+1}, \cdots$$
のように書き表されます．この第 n 項の記号は番号を表す英語のnumberからきています．また，指数は英語でindexなので，i を用いることもよくあります．たくさん記号を使いすぎると記号が足りなくなります．そのため数学では記号に下の添え字を用います．ここでは記号 a の右下に数字1を付けて a_1 としています．この a_n は数列の**第 n 項**です．

数列の第 n 項を n の式として表したものをその**一般項**といいます．例えば，$a_n = n$ や $b_n = 1$ などと書きます．数列は書き表すと長いので，一般項を用いて $\{a_n\}$ と書き表します．簡潔に数列 a_n と書くこともあります．

また，項数を指定して無限数列ならば $\{a_n\}_{n=1}^{\infty}$ と書くこともあります.

例 1 次の数列の初項から第6項までを求めてください.
① $a_n = 2n-1$ ② $b_n = n^2$ ③ $c_n = 2^n$

解答1 各々の数列は下記のようになります. ① $1, 3, 5, 7, 9, 11, \cdots$
② $1, 4, 9, 16, 25, 36, \cdots$ ③ $2, 4, 8, 16, 32, 64, \cdots$

①は奇数の数列です. ②は添字を2乗した数の数列であり，前者よりも大きくなっています. ③は2を添字で累乗した数列であり，さらに大きくなっています.

例 2 次の数列の一般項を求めてください.
$$2, 4, 6, 8, 10, \cdots \tag{3}$$
$$1, -\frac{1}{2}, \frac{1}{3}, -\frac{1}{4}, \frac{1}{5}, \cdots \tag{4}$$

解答2 数列(3)は2以上の偶数の数列であると推察できます. よって，一般項は $a_n = 2n$ です. 数列(4)はマイナスの符号が偶数番目に登場しています. これは $(-1)^{n+1}$ と表現するとうまくいきます. 分母は自然数列になっています. よって，一般項は $b_n = (-1)^{n+1}/n$ です.

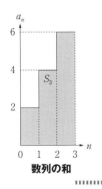
数列の和

B 数列の和

数列があると，すべての項を足し合わせてみたくなりますよね. 数列(1)の和は10です. 和を英語ではsummationといいますので，数列の和には記号 S を用いましょう. 数列の第 n 項までの和を S_n とすると次のようになります.
$$S_n = a_1 + a_2 + \cdots + a_n$$

例 3 例2の数列の第1，2，3項までの和をそれぞれ求めてください.

解答3 $S_1 = 2,\ S_2 = 2+4 = 6,\ S_3 = 2+4+6 = 12$
$S_1' = 1,\ S_2' = 1-\dfrac{1}{2} = \dfrac{1}{2} = 0.5,\ S_3' = 1-\dfrac{1}{2}+\dfrac{1}{3} = \dfrac{5}{6} = 0.833\cdots$

7.2 等差数列

自然数列は1ずつ増加しています.
$$0, 1, 2, 3, 4, \cdots, n-1, n, n+1, \cdots$$

隣り合う項の差が必ず1のような差が等しい数列を**等差数列**と呼びます．

A 等差数列の一般項

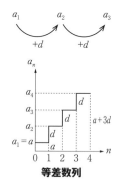

等差数列

この共通の隣り合う項の差を**公差**（common difference）といいます．この自然数列は公差が1です．公差の記号をdとしましょう．自然数列は初項が0ですが，初項に公差1を加えると第2項が求められます．第3項は第2項にまた公差を加えると得られます．このように等差数列は初項と公差によってすべてを知ることができます．初項aと公差dの等差数列$\{a_n\}$は，

$$a_1 = a,\ a_2 = a+d,\ a_3 = a+2d, \cdots$$

と続いていきます．よって，容易に以下の公式を導くことができます．

等差数列の一般項

初項 a と公差 d の等差数列 $\{a_n\}$ の一般項は次の通りである．
$$a_n = a+(n-1)d$$

問い1 第3項が10，第5項が16の等差数列の一般項を求めてください．

答え1 公式より，$a_3 = 10$ と $a_5 = 16$ から，両者は $a+2d = 10$ と $a+4d = 16$ の連立方程式となります．その解は $a = 4$ と $d = 3$ なので，$a_n = 4+(n-1)\cdot 3 = 3n+1$ です．

B 利子率と単利

等差数列の応用として，銀行預金の増え方を数列で表現してみましょう．銀行は預けたお金の額や預け入れた期間に応じて預金者に報酬を提供します．その報酬を**利子**（interest）あるいは利息といい，最初に預けたお金を**元本**あるいは元金といいます．

もちろん，預金するときに利子は多くもらえた方がいいですよね！　その預金の望ましさは**利子率**（interest rate）で表現します．それは

$$\text{利子率} = \frac{\text{利子}}{\text{元本}}$$

で表されます．つまり，1000円を年利子率10%で預けたら，翌年には利子を $1000 \times 0.1 = 100$ 円もらえます．この利子に元本を含めた

$$1000 + 1000 \times 0.1 = 1000 + 100 = 1000(1+0.1) = 1100 \tag{5}$$

円が**元利合計**となります．よって，次の関係が成り立ちます．

第7章 数列とその極限

元利合計

元本 a を年利 r で 1 年間預金したときの元利合計は次の通りである.

$$a(1+r)$$

年利率を年利あるいは金利ともいいます. 2年以上お金を継続して預ける場合には利子の付き方に注意が必要です. 最初に預けた元本に利子が付く預金方法を**単利法**といいます. 2年目は, 1年目の元利合計に2年目の利子100円を加えた額になります.

$$1100 + 1000 \times 0.1 = 1100 + 100 = 1200$$

同様に3年目の元利合計は, $1200 + 100 = 1300$ 円となります. この利殖方法では毎年元利合計が100円ずつ増えていきます.

$$1100, 1200, 1300, \cdots$$

よって, この単利法で運用した毎年の元利合計は等差数列になります.

例 4

元本 a を年利子率 $r \times 100\%$ の単利法で預けた場合の, 毎年の元利合計の数列の一般項 a_n を求めてください.

解答4

1年目の元利合計は $a + ar = a(1+r)$ であり, 2年後の元利合計は $a + 2ar = a(1+2r)$ となります. よって, この数列は初項 $a(1+r)$, 公差 ar の等差数列になります. 一般項の公式より $a_n = a(1+r) + (n-1)ar = a(1 + r + (n-1)r) = a(1+rn)$ となります.

単利法の元利合計

元本 a を年利 r の単利法で預けたとき, n 年後の元利合計 a_n は次の通りである.

$$a_n = a(1+rn)$$

C 等差数列の和

等差数列の和を求めましょう. 先ほどの数列 (1) の和を S としましょう. この数列を逆向きに並べると $4, 3, 2, 1$ となります. この2つの数列を縦に並べて加えると, 次のように5が4個並んで簡単に計算できますね！

$$
\begin{aligned}
S &= 1+2+3+4 \\
+) \ S &= 4+3+2+1 \\
\hline
2S &= 5+5+5+5
\end{aligned}
$$

結局, この数列の和は, 初項と末項を加えた値に項数を乗じた値の半分になります.

95

$$S = \frac{1}{2}(5 \times 4) = 10$$

数列(1)の初項の1に末項の4を加えた値が5であり，それに項数4個分を加えて2で割っています．この計算方法は，図1のように数列の項数が偶数でも一般の等差数列でも成り立ちます．

図1 等差数列の和

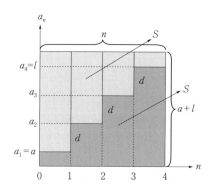

等差数列の和

初項 a，公差 d，末項 l，項数 n の等差数列の和 S_n は次の通りである．
$$S_n = \frac{1}{2}n(a+l), \quad S_n = \frac{1}{2}n(2a+(n-1)d)$$

問い2 上の等差数列の和の公式の前者から後者を導いてください．

答え2 公式 $S_n = n(a+l)/2$ の末項 l は第 n 項であるので，$l = a+(n-1)d$ になります．よって，$S_n = n(a+a+(n-1)d)/2 = n(2a+(n-1)d)/2$ になります．

問い3 例1①の奇数列の第7項目までの和を求めてください．

答え3 2番目の公式から，$S_7 = 7 \cdot (2 \cdot 1 + (7-1) \cdot 2)/2 = 7 \cdot 14/2 = 49$ となります．

7.3 等比数列

次に，例1③の一般項が $c_n = 2^n$ である数列を考えましょう．
$$2, 4, 8, 16, 32, \cdots$$
この数列の特徴は，初項2に次々に2を掛けて生まれる数列であることです．言い換えると，隣り合う2つの項の比は一定の2です．このような隣

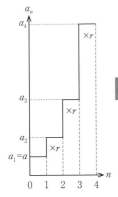

り合う数列の比が一定の数列を**等比数列**といいます．この一定の比を**公比**（common ratio）といいます．

A 等比数列の一般項

ある等比数列の公比を r とするとき，$a_{n+1} = a_n r$ の関係が成り立ちます．初項 a，公比 r の等比数列 $\{a_n\}$ の各項は以下のようになります．

$$a_1 = a, a_2 = a_1 r = ar, a_3 = a_2 r = ar^2, \cdots$$

よって，等比数列の一般項は次のようになることがわかるでしょう．

等比数列の一般項

初項 a，公比 r の等比数列 $\{a_n\}$ の一般項は次の通りである．
$$a_n = ar^{n-1}$$

問い 4 初項 3，公比 2 の等比数列の一般項とその第 5 項を求めてください．

答え 4 一般項は $a_n = 3 \cdot 2^{n-1}$ になります．第 5 項は $a_5 = 3 \cdot 2^{5-1} = 3 \cdot 16 = 48$ です．

B 等比数列の和

等比数列の和を求めましょう．等差数列と同様に 2 つの和を考えます．初項 3，公比 2，項数 4 の等比数列の和 S を考えましょう．

$$S = 3 + 3 \cdot 2 + 3 \cdot 2^2 + 3 \cdot 2^3 \tag{6}$$

この両辺に公比である 2 を掛けます．

$$2S = 3 \cdot 2 + 3 \cdot 2^2 + 3 \cdot 2^3 + 3 \cdot 2^4 \tag{7}$$

この 2 式から (6) − (7) を求めると，うまい具合に項が消えます．

$$S - 2S = 3 - 3 \cdot 2^4$$
$$S = \frac{3 - 3 \cdot 2^4}{1 - 2} = \frac{-45}{-1} = 45$$

この 2 行目の式の分母は「1 − 公比」です．分子は「初項 − 最後の項の次」です．図 2 のように中間項が相殺され，他の公比でも成り立ちます．

図2 等比数列の和

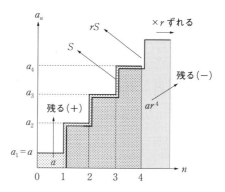

> **等比数列の和**
>
> 初項 a, 公比 r の等比数列の第 n 項までの和 S_n は次の通りである.
>
> $$S_n = \frac{a(1-r^n)}{1-r} \quad (r \neq 1)$$
>
> $$S_n = na \quad (r = 1)$$

公比が1のときは初項が n 個続いているので, $S_n = na$ は明らかですね. また, 公比が1よりも大きいときは分母がマイナスになるので, 公式の分母と分子にマイナスを掛けて $S_n = (a(r^n-1))/(r-1)$ $(r \neq 1)$ を用いた方が計算しやすいでしょう.

問い5　① 初項3, 公比2, 項数4の等比数列の和を, 等比数列の和の公式を使って求めてください.

② 初項1, 公比2, 項数 n の等比数列の和を, 等比数列の和の公式の分母と分子にマイナスを掛けた公式を使って求めてください.

答え5　① 等比数列の和の公式から $S = 3 \cdot (1-2^4)/(1-2) = 3 \cdot (-15)/(-1) = 45$ となります. ② 分母が $r-1$ の公式より, $S_n = 1 \cdot (2^n-1)/(2-1) = 2^n - 1$ となります.

C 複利

第7.2 B では単利を紹介しました. ここではもう1つの利子の付け方である複利を学びます.

前年の元本と利子の両方に次の年の利子が付く預金方法を**複利法**といいます. 1000円を年利子率10%で預けると翌年の元利合計は $1000(1+0.1) = 1000 \times 1.1 = 1100$ 円です. ここまでは単利法の元利合計と同じです. 1年目の元利合計に利子が付くので2年目の元利合計は,

$$1100 + 1100 \times 0.1 = 1100 + 110 = 1210$$

となり, 単利法よりも少しだけ (1210−1200 = 10円) お得になりました.

同様に，3年目の利子は $1210 \times 0.1 = 121$ 円となります．3年目の元利合計は $1210 + 121 = 1331$ 円となります．今度は31円お得になりました．

この複利法では毎年の元利合計が次のように増えていきます．

$$1100, 1210, 1331, \cdots$$

このように $1+0.1$ を掛けて生み出される複利法の元利合計の数列は等比数列になることがわかります．

例 5 元本 a 円を年利 r の複利で預けたときの n 年目の元利合計を求めて下さい．

解答5
1年目 $\quad a(1+r)$
2年目 $\quad a(1+r) + a(1+r) \times r = a(1+r)^2$
3年目 $\quad a(1+r)^2 + a(1+r)^2 \times r = a(1+r)^3$
$\vdots$
n 年目 $\quad a(1+r)^{n-1} + a(1+r)^{n-1} \times r = a(1+r)^n$

よって，これは初項 $a(1+r)$，公比 $(1+r)$ の等比数列です．

複利法の元利合計

元本 a，年利 r の複利法による n 年後の元利合計 a_n は次である．
$$a_n = a(1+r)^n$$

問い6 10万円を年利3％の複利法で預けたとき10年後の元利合計はいくらになりますか？ 近似値として $1.03^{10} = 1.34$ を利用してください．また，単利法と比べてどのくらい有利でしょうか．

答え6 公式より，複利法による元利合計は $a_{10} = 100000(1+0.03)^{10} = 1000000 \cdot 1.03^{10} = 1000000 \cdot 1.34 = 134000$ 円となります．単利法による元利合計は $b_{10} = 100000(1+0.03 \times 10) = 1000000 \cdot 1.3 = 130000$ 円ですので，複利法は4000円お得です．

例5で見たように複利法の元利合計 $a_n = a(1+r)^n$ は，単利法の元利合計 $a(1+nr)$ よりも 2 年目以降は大きくなることがわかります．以上の例ではその違いはたいしたことはありません．しかし，年数が経つにつれ，そして利子率 r が大きくなるにつれ，複利法は単利法を資産額で大きく凌駕します．例えば，1000円を年利5％で各方法で預けた元利合計の違いは，表1に示されているように年を経るに従い大きくなっていることがわかります．このように将来の時間を $n = 0, 1, 2, \cdots$ と測ることを**離散的**といいます．

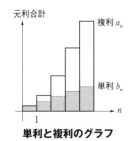

単利と複利のグラフ

表1 複利と単利の元利合計(円)

	複利法	単利法	差額
5 年後	1276	1250	26
10 年後	1629	1500	129
20 年後	2653	2000	653
30 年後	4322	2500	1822

7.4 割引現在価値

普通預金は，ペイオフ（預金保護）によって1000万円までの元本を保証されています．今年，1万円を初めて預金すると来年は確実にそれに利子を加えた金額が手に入ります．つまり，預金者は今年の1万円は来年の「1＋利子」万円の価値に少なくとも等しいと考えていることになります．では，反対に来年の金額を今年の価値に計算し直すとどうなるでしょうか？　それは前に学んだ元本から元利合計を計算したことの反対を行えばいいのです．このような変換を行って将来のお金を現在のお金で評価した額を**割引現在価値**といいます．

例えば，(5)式の例では，今1000円をもっていて10％の利子率で預け入れしたとすると，来年は1100円もらえることを学びました．これは今年の1000円と来年の1100円は同じ貨幣価値をもつことを意味します．この反対の計算を行って，来年の1100円は今年の1000円に等しいと式で表すにはどうすればよいのでしょうか？　それは利子率と元利合計の公式を思い出して，下の2番目の式のようにすればよいでしょう．

$$1000 + 1000 \times 0.1 = 1000(1+0.1) = 1100$$

$$\frac{1100}{1+0.1} = \frac{1100}{1.1} = 1000$$

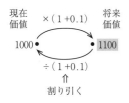

将来価値を「1＋利子率」で割った値が割引現在価値です．それは1よりも大きいので，現在価値は将来価値よりも小さくなります．その差だけ**割り引いた**のです．割引現在価値は英語でdiscounted present valueといいます．現在価値のことを記号でPVと書くことがあります．説明の簡便のため利子率で割り引きましたが，現在価値を求めるときに用いる利率を**割引率**といいます．これから割引率は一定と考えます．

> **割引現在価値**
>
> 1年先の a 円を割引率 r で割り引いたときの割引現在価値は下記である．
>
> $$\frac{a}{1+r}$$

問い7　来年の1000円の割引現在価値を割引率10％，0.1％で求めてください．

| 答え7 | 公式より，割引率10%では $1000/(1+0.1) = 1000/1.1 = 909.09\cdots$ より909円．割引率0.1%では $1000/(1+0.001) = 1000/1.001 = 999.00\cdots$ より999円となります．

割引率が低ければ，将来のお金の現在価値は高くなることがわかりました．これは，割引率が低いほど，将来のお金の価値が高いことを意味しています．

7.5 複数の足し算 Σ

シグマ記号の要は複数の足し算です．計算方法に慣れましょう．

A 複数の足し算の公式

皆さんはExcelなどの表計算ソフトで計算をしたことがあるでしょう．数値を加えるボタンにシグマ記号が使用されています．複数の足し算を具体的な数では $1+2+3$ のように簡単に表せます．記号では $x_1+x_2+x_3$ と表せます．このような数列の和を**級数**ともいいます．

このような複数の足し算に用いる記号がシグマ記号 Σ です．英語で和を表すsummationの頭文字Sに対応するギリシャ文字の大文字が Σ です．この記号を用いると上の例は

$$\sum_{i=1}^{3} x_i \qquad (8)$$

となります．これは**シグマ i イコール1から3まで x_i** と読みます．この意味は，ある数 x_1, x_2, x_3 にある添え字 $1, 2, 3$ を記号 i で置き換えて x_i とし，その i に沿って Σ の下にある1から上の3まで加えることです．

上の例のように $x_1 = 1, x_2 = 2, x_3 = 3$ であれば下記になります．

$$\sum_{i=1}^{3} x_i = x_1 + x_2 + x_3 = 1+2+3$$

このようにシグマ記号は複数の足し算を簡潔に表すための記法です．

この合計を表す記号の性質を見てみましょう．項数が n の数列 $\{x_i\}$ の和は次のようになります．

$$\sum_{i=1}^{n} x_i = x_1 + x_2 + \cdots + x_n \qquad (9)$$

| 例 6 | $\sum_{i=1}^{n} 1$ を計算してください．

| 解答6 | (9)式に $x_1 = x_2 = x_3 = \cdots = x_n = 1$ を代入すると，

$$\sum_{i=1}^{n} x_i = \sum_{i=1}^{n} 1 = 1+1+1+\cdots+1 = n$$

となります. よって, $\sum_{i=1}^{n}1 = n$ です.

問い8 ある定数 c に対して $\sum_{i=1}^{n}c$ を計算してください.

答え8 例6と同様に $\sum_{i=1}^{n}c = c+c+c+\cdots+c = nc$ となります.

第2章で学んだ積と和の**分配法則**を思い出して, 次の例を見てみましょう.

$$4\cdot1+4\cdot2+4\cdot3 = 4\cdot(1+2+3)$$

この積の複数の和に対する分配法則をシグマ記号で表すと

$$\sum_{i=1}^{3}4x_i = 4x_1+4x_2+4x_3 = 4(x_1+x_2+x_3) = 4\sum_{i=1}^{3}x_i$$

となります. また, $y_1 = 4,\ y_2 = 5,\ y_3 = 6$ に対して, 和 x_i+y_i を考えたときに次の式が成り立ちます.

$$(1+4)+(2+5)+(3+6) = (1+2+3)+(3+4+5)$$

左辺は x_i と y_i のペアの和であり, 右辺は x_i 同士の和と y_i 同士の和を最初に計算しています. これをシグマ記号で表すと次のようになります.

$$\sum_{i=1}^{3}(x_i+y_i) = \sum_{i=1}^{3}x_i+\sum_{i=1}^{3}y_i$$

和の**結合法則**や**交換法則**から複数の和の順番の変更が可能になります.

結局, 定数倍は前に出て, 和の和は各変数について和を取ればよいのです. 記号に惑わされずに地道に公式を適用していくのが基本です.

Σの性質

c が定数のとき, 次の式が成り立つ.

$$\boxed{1}\ \sum_{i=1}^{n}c = nc \quad \left(\sum_{i=1}^{n}1 = n\right)$$

$$\boxed{2}\ \sum_{i=1}^{n}cx_i = c\sum_{i=1}^{n}x_i$$

$$\boxed{3}\ \sum_{i=1}^{n}(x_i+y_i) = \sum_{i=1}^{n}x_i+\sum_{i=1}^{n}y_i$$

B キャッシュフローの割引現在価値

ここではシグマ記号の応用として, 第7.4節で学んだ割引現在価値を取り上げます. 就職すれば毎年得られる給料のような, 各年のお金の流れである**キャッシュフロー**(**流列**)を現在の価値として表現してみましょう.

簡単にするために1円の所得, 毎年の所得を1円と考えます. 来年の1

円は，割引率 r を用いると $1/(1+r)$ 円の現在価値になります．では，2年後に手に入る1円の現在における価値はいくらでしょうか？　割引率が将来も不変ならば，来年から見て再来年の価値は $1/(1+r)$ 円となります．それを今年の価値に直すには，もう一度 $1/(1+r)$ を掛けます．つまり，2年後の1円の割引現在価値は次の通りです．

$$\frac{1}{(1+r)} \times \frac{1}{(1+r)} = \frac{1}{(1+r)^2}$$

同様に，n 年後の1円の割引現在価値は

$$\frac{1}{(1+r)^n}$$

となります．よって，毎年1円が n 年間手に入るキャッシュフローの割引現在価値 PV は，シグマ記号を用いて

$$PV = \frac{1}{1+r} + \frac{1}{(1+r)^2} + \cdots + \frac{1}{(1+r)^n} = \sum_{i=1}^{n} \frac{1}{(1+r)^i} \tag{10}$$

となります．これは初項と公比が $1/(1+r)$ の等比数列の和です．

例 7 キャッシュフロー(10)式を簡単な形にしてください．

解答7 初項と公比が $1/(1+r)$ の等比数列の第 n 項までの和になります．

$$PV = \sum_{i=1}^{n} \frac{1}{(1+r)^i} = \frac{\frac{1}{1+r} \cdot \left(1 - \left(\frac{1}{1+r}\right)^n\right)}{1 - \frac{1}{1+r}} = \frac{1}{r}\left(1 - \frac{1}{(1+r)^n}\right) \tag{11}$$

　この(11)式は一見複雑な形をしていますが，直感的な解釈が可能です．分母の n が増大すれば $(1+r)^n$ は大きくなりますから，1円がもらえる期間が長くなればなるほどその現在価値の合計は高まります．

　次に，毎年 x 円のキャッシュフローを生み出す場合の割引現在価値を求めましょう．それは(10)式に x を乗じた値になります．

$$PV = \frac{x}{1+r} + \frac{x}{(1+r)^2} + \cdots + \frac{x}{(1+r)^n} = \sum_{i=1}^{n} \frac{x}{(1+r)^i} \tag{12}$$

1円のケースがわかれば，後は求めたい一定の金額を掛ければいいのです．

7.6 数列の極限

　この節では無限に続く数列を考えます．究極的な形を見てみます．

A 無限等比数列

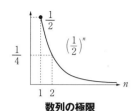
数列の極限

初項 1/2,公比 1/2 の無限等比数 $(1/2)^n$ を考えましょう。

$$\frac{1}{2}, \frac{1}{4}, \frac{1}{8}, \frac{1}{16}, \cdots \tag{13}$$

添数が大きくなるにつれて,分数全体では段々小さくなります．ゼロに近づきますが,まったくの 0 ではないことを見て取れるでしょう．

B 収束

このように数列がある値に近づくことを**収束**するといいます．数列 (13) は n の果てには 0 に収束します．数列 $\{a_n\}$ については,n を限りなく大きくすると α に限りなく近づくとき,その α を数列 $\{a_n\}$ の**極限値**といいます．ここで記号 α はアルファといい,アルファベットの a に対応するギリシャ文字の最初の記号です．これを**極限**ともいいます．数列が α に収束することを

$$\lim_{n\to\infty} a_n = \alpha$$

と書きます．記号 lim は極限の英語 limit からきています．読み方は「リミット・エヌ・無限大…」でよいでしょう．または簡潔に

$$a_n \to \alpha \quad (n\to\infty)$$

と記したりします．上の例では

$$\lim_{n\to\infty}\left(\frac{1}{2}\right)^n = 0$$

となります．本章の最初に紹介した 1 が限りなく並んでいる数例 (2) の極限は 1 です．最初から 1 から動かないのですから極限も 1 となります．

C 数列の極限の分類

例えば,$b_n = n$ は,n が大きくなるにつれてどんどん大きくなり,一定の値に近づくことはありません．数列が収束しないとき,数列は**発散**するといいます．この b_n のように,n が限りなく大きくなるにつれて b_n も限りなく大きくなるとき,数列 $\{b_n\}$ は**正の無限大に発散**するといい,次のように書きます．

$$\lim_{n\to\infty} b_n = \infty$$

正確を期して ∞ を $+\infty$ と書くこともあります．また,例えば $c_n = -n$ のように,n が限りなく大きくなるにつれてどんどん小さくなるときに,数列 $\{c_n\}$ は**負の無限大に発散**するといい,次のように書きます．

第7章　数列とその極限

$$\lim_{n \to \infty} c_n = -\infty$$

リミット記号を用いない $c_n \to -\infty$ $(n \to \infty)$ の記法も使います.

さらに，初項 1，公比 -1 の無限等比数列

$$1, -1, 1, -1, \cdots$$

のように 2 つの値を繰り返して，収束もしなければ正や負の無限大へも向かわない数列もあります．無限大に発散しない数列は**振動**するといいます.

例 8
次の数例は収束するか，発散するか，調べてください.
1 $1/n^2$　　2 $2n-1$　　3 $-2n$　　4 $(-2)^n$

解答8
1 $\lim\limits_{n \to \infty} 1/n^2 = 0$　　2 $\lim\limits_{n \to \infty} 2n-1 = \infty$　　3 $\lim\limits_{n \to \infty} -2n = -\infty$
4 $-2, 4, -8, \cdots$ となり発散します.

一般に無限数列 $\{a_n\}$ の極限は次のように分類されます.

数列の極限の分類

$$
\begin{cases}
収束 \quad 極限値\ \boldsymbol{\alpha} \quad \lim\limits_{n \to \infty} \boldsymbol{a_n} = \boldsymbol{\alpha} \\[2mm]
発散 \begin{cases}
正の無限大に発散 \quad \lim\limits_{n \to \infty} \boldsymbol{a_n} = \boldsymbol{\infty} \\[1mm]
負の無限大に発散 \quad \lim\limits_{n \to \infty} \boldsymbol{a_n} = \boldsymbol{-\infty} \\[1mm]
振動
\end{cases}
\end{cases}
$$

正や負の無限大に発散する場合，∞ や $-\infty$ を極限値とはいわないことに注意してください．数列の極限の性質をここでまとめておきましょう.

数列の極限の性質

数列 $\{\boldsymbol{a_n}\}$ と $\{\boldsymbol{b_n}\}$ が収束して，$\lim\limits_{n \to \infty} \boldsymbol{a_n} = \boldsymbol{\alpha}$ と $\lim\limits_{n \to \infty} \boldsymbol{b_n} = \boldsymbol{\beta}$ であるとすると，次の性質が成り立つ．ただし，$\boldsymbol{k}$ と $\boldsymbol{l}$ は定数であるとする.

1 $\lim\limits_{n \to \infty} \boldsymbol{k a_n} = \boldsymbol{k\alpha}$

2 $\lim\limits_{n \to \infty} (\boldsymbol{a_n + b_n}) = \boldsymbol{\alpha + \beta}$

3 $\lim\limits_{n \to \infty} (\boldsymbol{a_n - b_n}) = \boldsymbol{\alpha - \beta}$

4 $\lim\limits_{n \to \infty} (\boldsymbol{k a_n + l b_n}) = \boldsymbol{k\alpha + l\beta}$

5 $\lim\limits_{n \to \infty} \boldsymbol{a_n b_n} = \boldsymbol{\alpha\beta}$

6 $\lim\limits_{n \to \infty} \dfrac{\boldsymbol{a_n}}{\boldsymbol{b_n}} = \dfrac{\boldsymbol{\alpha}}{\boldsymbol{\beta}}$ $(\boldsymbol{\beta \neq 0})$

ここに出てくる記号ベータ β は，アルファベットの b に対応するギリシャ文字です．ここに述べられていることは，数列が収束するときには定数

105

倍や和はその演算の中での極限をとって計算すればよいということです. n が入っている項が収束するかどうかを見極めて, 全体の極限を見ればよいことがわかります. 一見あたり前に見えるかもしれませんが, この極限に関する性質はとても重要です.

例 9 数列 $a_n = (5-(1/2)^n)/3$ の極限を求めてください.

解答9 数列 $(1/2)^n$ の極限は 0 です. 定数 5 や 3 の極限もその数そのものです. 数列の極限の性質 3 と 4 を用いて,

$$\lim_{n\to\infty} a_n = \lim_{n\to\infty} \frac{5-\left(\frac{1}{2}\right)^n}{3} = \lim_{n\to\infty}\left(\frac{5}{3}-\frac{1}{3}\left(\frac{1}{2}\right)^n\right) = \lim_{n\to\infty}\frac{5}{3} - \lim_{n\to\infty}\frac{1}{3}\left(\frac{1}{2}\right)^n$$

$$= \frac{5}{3} - \frac{1}{3}\lim_{n\to\infty}\left(\frac{1}{2}\right)^n = \frac{5}{3} - \frac{1}{3}\cdot 0 = \frac{5}{3}$$

問い9 一般項が次の式で表される数列の極限を調べてください.
① $(n+1)/n$　　② $(2n+1)/(n+1)$

答え9 ① $\lim_{n\to\infty}(1+1/n) = 1+0 = 1$　　② $\lim_{n\to\infty}(2+1/n)(1+1/n) = (2+0)/(1+0) = 2$

D 無限等比数列の極限

数列(13)は 0 に収束しました. 公比の絶対値が 1 よりも小さければ何乗かするとどんどん小さくなります. 無限等比数列 $\{r^n\}$ が n が限りなく大きくなったときにどうなるかは, 次のような無限等比数列の極限になります.

数列 $\{r^n\}$ の極限の分類

$$r > 1 \implies \lim_{n\to\infty} r^n = \infty$$

$$r = 1 \implies \lim_{n\to\infty} r^n = 1$$

$$|r| < 1 \implies \lim_{n\to\infty} r^n = 0$$

$$r \leq -1 \implies \{r^n\} \text{ は振動する}$$

問い10 一般項が次の式で表される数列の極限を調べてください.
① $\left(\frac{3}{5}\right)^n$　　② $(-4)^n$　　③ $\dfrac{(\sqrt{7})^n}{2^n}$　　④ $2^n/(3^n+1)$

答え10　① $\lim_{n\to\infty}(3/5)^n = 0$　② 振動します．　③ $\sqrt{7}\simeq 2.6$ から $\sqrt{7}/2 > 1$ より正の無限大に発散します．　④ $(2/3)^n/(1+1/3^n) \to 0/(1+0) = 0\ (n\to\infty)$

E　等比数列の和の極限

等比数列の極限がわかったので，次は和を考えてみます．ことわざで「塵も積もれば山となる」といいますが本当でしょうか？　数列(13)の和は次のとおりです．

$$S_n = \frac{1}{2}\cdot\frac{1-\frac{1}{2^n}}{1-\frac{1}{2}} = 1-\frac{1}{2^n}$$

n をどんどん大きくしたとき，$1/2^n$ は 0 に近づきます．よって，その和は 1 に近づくでしょう．この等比数列の和の収束のイメージは，図3のように辺の長さが1の正方形の内側部分を敷き詰めていき，極限では正方形全体になることです．等比数列の和の極限の公式を書いておきましょう．

図3　辺の長さ1の正方形

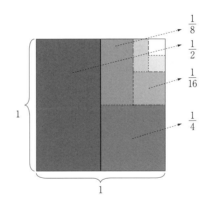

無限等比数列の和の極限

初項 a，公比 r の等比数列の第 n 項までの和 S_n の極限 S は次の通りである．

$$S = \lim_{n\to\infty}S_n = \frac{a}{1-r} \quad\text{ただし}\ |r|<1$$

F　キャッシュフローの和

無限等比数列の和をキャッシュフローに応用します．退職まで n 年間給与が支払われるのではなく，無限に支払われると仮想的に考えてみます．

| 例 10 | 例7において毎年1円のキャッシュフローが無限に生まれるときの，その割引現在価値の和を求めてください． |

| 解答10 | 公比は正数で $1/(1+r) < 1$ なので，公式より |

$$\lim_{n \to \infty} PV = \frac{\dfrac{1}{1+r}}{1 - \dfrac{1}{1+r}} = \frac{1}{r} \tag{14}$$

n	PV
2	1.86
10	7.72
50	18.26
100	19.85
200	20.00
∞	20

キャッシュフローの極限

　　無限に生きる人が一生1円をもらい続けるならば，その割引現在価値の和は割引率の逆数になります．現実にはありえませんが，(11)式と(14)式を比べると，後者はとても簡潔に表現できていてきれいですね！

　　具体的に計算すると，表のように割引率5％で2年間だと1.86，100年間だと19.85のキャッシュフローの割引現在価値の和が生まれます．$n \to \infty$ だとそれは20ですから，遠い未来だと無限と見なしてもいいようですね．

　　毎年 x 円が得られる場合には(14)式の公式に x を乗じた形になるのは，以前学んだ通りです．

永久年金公式

　　毎年 x 円を永遠に得られるキャッシュフローの割引現在価値の和は割引率 r を用いて以下になる．

$$PV = \frac{x}{r}$$

7.7 利子とネイピア数

　　ネイピア数 e を紹介します．複利計算の他にも多用される重要な数です．

A 連続複利とネイピア数

　　1円を利子率6％で預けた場合の1年後の元利合計は次の通りです．

$$1 + 0.06 = 1.06$$

では，1年ではなく半年複利ではどうでしょうか？　半年間，年利6％の半分3％で運用し，それをまた半年間預けた元利合計はこれになります．

$$(1+0.03) \cdot (1+0.03) = (1+0.03)^2$$

実際に計算してみると $(1+0.03)^2 = 1.0609$ となり，ちょっぴり有利になりました．さらに1年を3分の1にするとさらにお得になります．

$$(1+0.02) \cdot (1+0.02) \cdot (1+0.02) = (1+0.02)^3 = 1.06121$$

第7章 数列とその極限

　このように，どんどん期間を分割していって複利で預けるとどうなるでしょうか？　このような期間を分割して利子を付けていった極限として求められる利子率を**瞬間利子率**あるいは**連続利子率**といいます．

　元本1円，年利 r を半年に分割して $r/2$ の利子率で複利の利子を2期間付けるとします．同様に $1/3, 1/4, \cdots$ と利子率を分割していくと次の数列が生まれます．

$$\left(1+\frac{r}{2}\right)^2, \left(1+\frac{r}{3}\right)^3, \left(1+\frac{r}{2}\right)^4, \cdots$$

分割を極限にまで細かくすると，一瞬一瞬に利子が付く状況になります．

　1円に対して年利 r の利息を k 回に分割して支払う元利合計は次のようになります．

$$\left(1+\frac{r}{k}\right)^k \tag{15}$$

　この k が無限に大きくなるとどうなるでしょうか？　最初に簡単化のために $r=1$（年利100％）とした式を考えます．

$$\lim_{k\to\infty}\left(1+\frac{1}{k}\right)^k$$

k	$1+\frac{1}{k}$	$\left(1+\frac{1}{k}\right)^k$
1	2	2.0000
10	1.1	2.5937
100	1.01	2.7048
1000	1.001	2.7169
10000	1.0001	2.7181

ネイピア数の極限

この k が限りなく大きくなったとき，$(1+1/k)^k$ は表のようにある値に収束します．それは小数点以下の数が無限に続く $2.7182818284590\cdots$ という数です．この数は**無理数**，つまり循環しない無限小数であることが知られています．この数は**自然対数の底**とか**ネイピア数**と呼ばれている，数学で最も重要な定数です[1]．そのため専用の記号 e が用いられています．

ネイピア数

$$e = \lim_{k\to\infty}\left(1+\frac{1}{k}\right)^k$$

---

[1] この名称はイギリスの数学者ネイピア（John Napier）からきています．記号に e を用いるのは，数学者オイラー（Leonhard Euler）の業績を記念して彼の姓の頭文字を取ったからです．

　ここでネイピア数を用いて，1から r に戻して計算してみます．

$$\begin{aligned}
\lim_{k\to\infty}\left(1+\frac{r}{k}\right)^k &= \lim_{k\to\infty}\left(1+\frac{r}{k}\right)^{\frac{k}{r}\times r} \quad \left(x=\frac{k}{r} \text{ と置く}\right)\\
&= \left(\lim_{x\to\infty}\left(1+\frac{1}{x}\right)^x\right)^r \quad \text{（ネイピア数の定義を使う）}\\
&= (e)^r = e^r
\end{aligned}$$

この導出において $1/x = r/k$ であること，および $k\to\infty$ のとき，$x\to\infty$ であることに注意してください．また，数列の極限の性質を使っています．

　結局，複利 r でどんどん利子を短期間で増やして，一瞬一瞬利子が付く極限の元利合計は e^r 円になるのです．時間が1年，2年のような離散的ではなく，普通の時間が流れるように連続して利子がつくさまを表します．

　1年間（$n=1$）だけの瞬間利子率の元利合計から複数年（n）になると，下のように(15)式が年数 n だけ掛け合わされた値になります．

109

$$\underbrace{\left(1+\frac{r}{k}\right)^k \times \left(1+\frac{r}{k}\right)^k \times \cdots \times \left(1+\frac{r}{k}\right)^k}_{n}$$

同様に極限を取ると下記になります.

$$\underbrace{\frac{e^r \times e^r \times \cdots \times e^r}{n}} = (e^r)^n = e^{rn}$$

さらに1円の預け入れから一般の金額 M にした場合はどうでしょうか？キャッシュフローで学んだように単に預金額を掛けた値になります.

連続複利

> M 円を年利 r の連続複利で n 年間支払うときの元利合計は次の通りである.
>
> $$\lim_{k \to \infty} M\left(1+\frac{r}{k}\right)^{kn} = Me^{rn}$$

ネイピア数 e と円周率 π の関係について述べておきます. それらの他に重要な定数，**虚数単位**を紹介します. それは記号 i で表わされる，2乗して -1 になる一つの数です. i は実数ではありません. 数学でもっとも基本的な数は0と1であり，基本的な関数は＋であり，基本的な関係は＝です. これらにはオイラーの公式によって次のような関係があります.

オイラーの公式

$$e^{i\pi}+1=0$$

|||||||||||||||||||||||||||||||||||||||||||||||||||||||||||||||||||||||||||||||||||||||||||||||||

練 習 問 題 7

① 一般項が $a_n = pn+q$（p, q は定数）である等差数列の初項と公差を求めてください.

② 初項3，公比2の等比数列の一般項とその第5項を求めてください. また，その第 n 項までの和を求めてください.

③ $\sum_{i=1}^{3}(i+1) = \sum_{j=2}^{4} j$ を示してください.

④ 数列 x_1, x_2, x_3 と y_1, y_2 の積 $x_i y_j$ の和を考えたときに，$\sum_{i=1}^{3}\sum_{j=1}^{2} x_i y_j = \sum_{j=1}^{2}\sum_{i=1}^{3} x_i y_j$ を示してください.

⑤ 1年目に1円，2年目に1円が得られるキャッシュフローの割引率 r での割引現在価値を求めてください. また(11)式に当てはめて計算してください.

⑥ 例10より，初任給1円から毎年昇給するとしましょう. 昇給率 g は一定で複利と同じ方式で昇給します. n 年間勤めた後の給料のキャッシュフローの割引現在価値の和は，$(1-((1+g)/(1+r))^n)/(r-g)$ になることを示してください. ただし，$r > g$ とします.

⑦ ⑥の続きです. 給与が1円から昇給率 g で無限に上昇していく場合の割引現在価値の和は，$1/(r-g)$ になることを示してください.

110

ECONOMIC MATHEMATICS

8 指数・対数関数

第1章で簡単な指数法則を学びました．それを拡張して指数関数と対数
関数を学びます．

8.1 指数法則と累乗根

指数は大きな数を表すのに便利です．指数法則の適用範囲を広げて，そ
の有用性をさらに高めましょう．

A 指数法則

下のように，a^n という形をした数または式を a の**累乗**といいます．
$$2^3 = 2 \times 2 \times 2$$
この肩に乗った n をその**指数**と呼びます．あるいは，古い言葉で冪ともい
います．また，土台の a を**底**といいます．a^1 は a です．a^2 は a の**平方**，a^3
は a の**立方**とも呼びます．面積を表す平方メートル m^2 の平方ですね．

この指数法則が 0 や負の数でも成り立つことを確かめましょう．これ以
降は a は 0 ではないとします．
$$a^n a^0 = a^{n+0} = a^n$$
ですから，両辺を a^n で割ると $a^0 = 1$ とわかります．

または図のように，下の行の右の a^2 から a で割っていくと指数が 1 ず
つ減り，$a^0 = a \div a = 1$ になります．

さらに，$a^0 = 1$ を用いて
$$a^n a^{-n} = a^{n-n} = a^0 = 1$$
から両辺を a^n で割ると次の法則が導かれます．

$$a^{-n} = \frac{1}{a^n}$$

これで指数が 0 や負の数でも累乗が定義できました．

$$
\begin{array}{ccc}
0 & 1 & 2 \\
1 & a^1 & a^2
\end{array}
$$
$$\div a \quad \div a$$
$$\boldsymbol{a^0 = 1}$$

問い1 次の式を簡単にしてください．
① $a^4 \times (a^2)^3$　② 2^0　③ 2^{-2}　④ $(-3)^{-2}$

答え1 ① $a^4 \times a^6 = a^{10}$　② 1　③ $\frac{1}{2^2} = \frac{1}{4}$　④ $\frac{1}{(-3)^2} = \frac{1}{9}$

111

また上の法則を用いて

$$\frac{a^m}{a^n} = a^m \times \frac{1}{a^n} = a^m \times a^{-n} = a^{m-n}$$

となりますから，次の法則も導かれるでしょう．

$$\frac{a^m}{a^n} = a^{m-n}$$

以上を次の公式にまとめることができます．

指数法則のまとめ

$a \neq 0$, $b \neq 0$ であり，m と n が整数ならば次の法則が成り立つ[1]．

$\boxed{1}$ $a^m a^n = a^{m+n}$

$\boxed{2}$ $(a^m)^n = a^{mn}$

$\boxed{3}$ $(ab)^m = a^m b^m$

$\boxed{4}$ $a^0 = 1$

$\boxed{5}$ $a^{-m} = \dfrac{1}{a^m}$

$\boxed{6}$ $\dfrac{a^m}{a^n} = a^{m-n}$

$\boxed{7}$ $\left(\dfrac{a}{b}\right)^m = \dfrac{a^m}{b^m}$

1）第8.1 C 項の分析より，この指数法則は任意の実数 m, n で成り立ちます．

この中で公式 $\boxed{1}$ $a^m a^n = a^{m+n}$ が n が負の整数であるときにも成り立つことは，下からわかります．

$$a^3 a^{-2} = a^3 \times \frac{1}{a^2} = \frac{a^3}{a^2} = a = a^{3-2} = a$$

問い2 次を計算して指数法則を確かめてください．

$\boxed{1}$ $(a^3)^{-2}$ $\quad$ $\boxed{2}$ $(ab)^{-2}$ $\quad$ $\boxed{3}$ $\left(\frac{a}{b}\right)^2$

答え2 $\boxed{1}$ $\dfrac{1}{(a^3)^2} = \dfrac{1}{a^6} = a^{-6} = a^{3\times(-2)}$ $\quad$ $\boxed{2}$ $(ab)^{-2} = \dfrac{1}{(ab)^2} = \dfrac{1}{a^2 b^2} = a^{-2}b^{-2}$

$\boxed{3}$ $(ab^{-1})^2 = a^2(b^{-1})^2 = a^2 b^{-2} = \dfrac{a^2}{b^2}$

これらの公式は覚えるだけではなく，文字や数について自由に計算できるようにしてください．

B 累乗根

ここでは平方根 $\sqrt{2}$ の計算を一般化することを試みます．それは指数計

算の一種の「反対」の計算になります．指数計算では指数 n が与えられていて $y = x^n$ となる y を求めましたが，反対に y が与えられていて x を見つける計算です．この応用として資産の平均収益率の計算を後で考えます．

ある正の整数 n に対して n 乗すると a になる数，すなわち，

$$x^n = a$$

となる数 x を a の **n 乗根**といいます．**累乗根**とも呼ばれます．冪乗という言葉も用いられます．特に 2 乗根を**平方根**，3 乗根を**立方根**ともいいます．

例 1 ① $\sqrt{3}$ は 3 の 2 乗根です．② $-\sqrt{3}$ も 3 の 2 乗根です．③ -3 の 2 乗根は存在しません．④ -3 は -27 の 3 乗根です．また，-3 以外に -27 の 3 乗根は存在しません．

解答 1 ① $(\sqrt{3})^2 = 3$ から．② $(-\sqrt{3})^2 = 3$ から．③ 実数の範囲では 2 乗すると非負の数になるから．④ $(-3)^3 = -27$ から直ちにわかります．

例 1 から n 乗根の取り扱いは少々複雑になることがわかります．ここでは 3 乗根を理解するために 3 次関数 $y = x^3$ を考えましょう．

表 1 基本的な 3 次関数の対応

x	-3	-2	-1	0	1	2	3
$y=x^3$	-27	-8	-1	0	1	8	27

表 1 にある 3 次関数の対応からわかるように，x の値が大きくなると y の値は大きくなっていきます．また，反対に小さくなると関数値も小さくなります．その結果，図 1 (a) のグラフのように，どんな y に対してもある x が**ただ 1 つ**存在します．

図 1 2 次関数と 3 次関数のグラフ

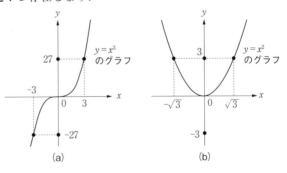

例えば，3 には 27，-3 には -27 がただ 1 つ対応しています．第 6 章で学んだ関数の性質から見ると，実数全体で定義された 3 次関数は，実数全体から実数全体への関数として全単射になっています．

一方で，2 次関数のグラフは図 1 (b) に表れているように，関数値の 3 に対して $\sqrt{3}$ と $-\sqrt{3}$ の 2 つが対応しています．さらに，$y = -3$ には対応する x がありません．

累乗根を求める作業は，このような $y = x^n$ のグラフの y 軸の数から x

軸の数を見つける作業です．しかし，n が 2 か 3 かで大きく取り扱いが異なるので，注意しなければなりません．一般に 3 乗根のように n が奇数であれば問題はなく，ただ 1 つの 3 乗根が見つかります．しかし，それが偶数であるならば（もしあれば）累乗根は正と負の 2 つの数が存在します．

次に記法を説明しましょう．例えば a の 3 乗根を以下のように書きます．

$$\sqrt[3]{a}$$

今まで通り $\sqrt[2]{a}$ は $\sqrt{a}$ と書くことにします．

上に述べたように $x^2 = 3$ を満たす x は $\sqrt{3}$ と $-\sqrt{3}$ です．これは少し事情を複雑にしますので，a が正のときに

$$\sqrt[n]{a}$$

は

$$x^n = a \quad かつ \quad x > 0$$

を満たす x のことと約束します．このとき $\sqrt[n]{a} > 0$ です．また a が 0 の場合は $\sqrt[n]{0} = 0$ とします．

問い3 次を求めてください．
① $\sqrt[3]{125}$　　② $\sqrt[5]{243}$　　③ $\sqrt[3]{0.008}$

答え3 ① $\sqrt[3]{125} = \sqrt[3]{5^3} = 5$　　② $\sqrt[5]{243} = \sqrt[5]{3^5} = 3$　　③ $\sqrt[3]{0.008} = \sqrt[3]{0.2^3} = 0.2$

累乗根の性質をまとめておきます．

累乗根の性質

$a > 0$，$b > 0$ であり，m, n, p が整数ならば次の性質が成り立つ．

$$\sqrt[n]{a}\,\sqrt[n]{b} = \sqrt[n]{ab} \qquad \frac{\sqrt[n]{a}}{\sqrt[n]{b}} = \sqrt[n]{\frac{a}{b}} \qquad \left(\sqrt[n]{a}\right)^m = \sqrt[n]{a^m}$$

$$\sqrt[m]{\sqrt[n]{a}} = \sqrt[mn]{a} \qquad \sqrt[n]{a^m} = \sqrt[np]{a^{mp}}$$

定義によって

$$\sqrt[3]{2} \times \sqrt[3]{2} \times \sqrt[3]{2} = 2$$

になります．したがって，$\left(\sqrt[3]{2}\right)^3 = 2$ です．もし指数法則が成り立っているならば，

$$\left(\sqrt[3]{2}\right)^3 = \left(2^{\frac{1}{3}}\right)^3 = 2^{\frac{1}{3} \times 3} = 2^1 = 2$$

としたくなりますね？　つまり，累乗根を $\sqrt[3]{2} = 2^{\frac{1}{3}}$ のように指数部分が逆数となるように定義します．

C　指数の拡張

前項で学んだ累乗根の概念を利用して，指数が有理数のときにも指数法

第8章 指数・対数関数

則が成立するように拡張します．つまり，

$$a^{\frac{3}{2}}$$

は $\sqrt[2]{a^3}$ と定義します．このように，指数が有理数までに指数法則を拡張することができます．

正の有理数の指数

ある正数を a と置く．このとき m, n は正の整数とすると，以下の式が成り立つ．

$$a^{\frac{m}{n}} = \sqrt[n]{a^m}$$

例 2

次を計算して下さい．

① $125^{\frac{1}{3}}$ ② $\sqrt[3]{x}$ ③ $8^{\frac{2}{3}}$

解答2

① $125^{\frac{1}{3}} = \sqrt[3]{5^3} = 5$ ② $\sqrt[3]{x} = x^{\frac{1}{3}}$ ③ $8^{\frac{2}{3}} = \sqrt[3]{8^2} = \sqrt[3]{2^6} = 2^{\frac{6}{3}} = 2^2 = 4$

負の有理数は，その値の逆数にして正の有理数の指数に変換します．

負の有理数の指数

ある正数 a に対して r は負の有理数とすると，以下の式が成り立つ．

$$a^r = \frac{1}{a^{-r}}$$

さらに $2^\pi = 2^{3.1419\cdots}$ のような指数が無理数でも累乗を考えることができます．これはどのように定義するのでしょうか？　たとえば，π に収束する下のような数列 a_n を考えましょう．

$$3, 3.1, 3.14, 3.141, \ldots$$

つまり，$\displaystyle\lim_{n \to \infty} a_n = \pi$ です．そして，以下のように定義します．

$$2^\pi = \lim_{n \to \infty} 2^{a_n}$$

このようにして，指数部分も任意の数を取ることができるようになりました．つまり第8.1 A 項の「指数法則のまとめ」は，任意の実数 m, n について成り立ちます．本章の後半では，指数が独立変数となる関数を勉強します．

D 幾何平均

期間によって利子率が違う預金の利子率の平均はどうなるでしょうか？

115

そのような問題を考えます.

| 例 3 | 投資金額1000円が翌2年目には2000円になりましたが，2年目の終わりには1000円になりました．1年目と2年目の収益率と通期の収益率の平均を求めてください. |

| 解答3 | 1年目の収益率は $(2000-1000)/1000 \times 100 = 100(\%)$，2年目の収益率は $(1000-2000)/2000 \times 100 = -50(\%)$ になります．よって，「普通」の収益率の平均は，$(100+(-50))/2 = 25(\%)$ となります. |

このように普通の平均で考えるとおかしくなります．どのように考えればよいのでしょうか？ 複利の考え方で利子率のならし方を再検討します.

1円で最初の1年目は20%，次の2年目は30%の利子率の預金を考えましょう．もし単利ならば平均利子率はどうなるのでしょうか？ この2年間同じ利子率で預けた場合の利子率 r を求めれば，平均が求められるでしょう．よって，第7.2 B 項の単利の公式より

$$1+2r = 1+0.2+0.3$$

を満たす $r = (0.2+0.3)/2 = 0.25$ がこの単利の平均利子率になります．これは通常の平均に対応します．このような平均の取り方を**算術平均**といいます．いつもの平均の取り方は単利の場合に使うことができるのです.

今度は複利の概念で考えましょう．この異なった利子率で運用した元利合計と同じになる1年複利の資産を，2期間運用したとします．その収益率を r' とすると次の式が成り立ちます.

$$(1+r')^2 = (1+0.2)(1+0.3)$$

これを r' について解くと

$$r' = \sqrt{(1+0.2)(1+0.3)} - 1 = \sqrt{1.56} - 1 \simeq 0.249$$

になります．このときわずかですが，単利法の利子率の方が複利法の利子率よりも大きくなっています．単利と違って複利は前の期に生まれた利子にも利子が付きます．前の期の投資収益を再投資しているので，平均利子率は小さくなります．このような平均の取り方を**幾何平均**といいます.

平均利子率

n 期間の利子率が $r_1, r_2, ..., r_n$ のときの平均利子率 r_g は次の式で表される.

$$r_g = ((1+r_1)(1+r_2)\cdots(1+r_n))^{\frac{1}{n}} - 1$$

算術平均も幾何平均もそれほど大きな違いはありません．しかし，マイナスの収益率が出てくるケースではまるで違う値になります.

第8章 指数・対数関数

| 例 4 | 例3の投資における収益率の幾何平均を求めてください. |

| 解答4 | 幾何平均の公式より, 幾何平均収益率は 0% になります. |

$$((1+1)(1+(-0.5)))^{\frac{1}{2}}-1 = \sqrt{2\cdot0.5}-1 = 0$$

8.2 指数関数

経済成長などの経済分析で大変よく使われる指数関数を学びましょう.

A 標準的な指数関数

複利計算を思い出しましょう. 1円を年利 r の複利で預けた n 年後の元利合計は $(1+r)^n$ になります. n 年後の元利合計はいくらになるというような関数は興味がありますね! 定数 a に対して関数

$$f(x) = a^x$$

底 指数

を考えます. この関数を a を**底**とする**指数関数**（exponential function）といいます. 指数部分に複雑な数式が出てくるときは, $\exp_a x$ と標記することがあります.

$$f(x) = a^x = \exp_a x \tag{1}$$

今まで学んだ関数 $y = x^2$ や $y = \sqrt{x}$ は, 底が変数で指数が定数の関数です. 指数関数は底が定数で指数が変数の関数です. 通常の仮定の下では直感的に指数関数とは**爆発的に増大する**関数です. それは今までに習った累乗関数をはるかに超えます. 明らかに, どんな指数関数でも

$$f(0) = a^0 = 1, \qquad f(1) = a^1 = a$$

が成り立つことがわかります.

例えば, $a = 2$ で考えてみましょう.

$$f(x) = 2^x$$

表2に関数の値が記されているように, x が大きくなると y の値は急激に大きくなっていきます.

表2 指数関数 $y = 2^x$ の
対応

x	-3	-2	-1	0	1	2	3
$y=2^x$	$\dfrac{1}{8}$	$\dfrac{1}{4}$	$\dfrac{1}{2}$	1	2	4	8

そのグラフは図2のようになります.

117

図 2 指数関数 $y = 2^x$

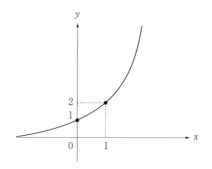

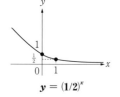
$y = (1/2)^x$

底を 1/2 に変えると指数関数 $f(x) = (1/2)^x$ のグラフは図のようになります．このように，関数 $y = 2^x$ と $y = (1/2)^x$ のグラフは，y 軸に関して線対称の図形になります．これらのグラフより，$a > 0$ のとき以下の性質がわかります．

$$f \text{ は} \begin{cases} \text{増加関数} & a > 1 \\ \text{定数関数} & a = 1 \\ \text{減少関数} & a < 1 \end{cases}$$

底が 1 であることを境に，指数関数は増加あるいは減少関数になります．どちらも x 軸が漸近線になっていることがわかります．底が 1 では定数関数になりますし，a が負だと符号を考えるのが面倒なので，底は次の制限を置くこととします．

$$a > 0, \quad a \neq 1$$

経済の応用に際しては底は1より大きい場面がほとんどです．また，$y = (1/2)^x = 1/2^x$ と変形できるように分数関数との合成と見なせば，$a > 1$ のみを学んでも問題はありません．

指数関数の値は常に正なので指数関数の終域を正の数とします．すると自然な指数関数の定義域と終域（値域）は以下になります．

$$f: \mathbb{R} \to \mathbb{R}_{++}, \quad f(x) = a^x \quad (a > 0, a \neq 1) \tag{2}$$

このように終域を設定すると指数関数は全単射になります．グラフは点 $(0, 1)$ と点 $(1, a)$ を通り，x 軸が漸近線となります．

B 成長率と自然指数関数

第 8 章で学んだ連続複利とネイピア数を思い出してください．元本 1 円に一瞬一瞬に利子が付いて利子率 r の複利で運用すると，1 年後の元利合計は e^r となります．これが t 年間続くと

$$(e^r)^t = e^{rt} \tag{3}$$

円となります．このような底がネイピア数である指数関数 $y = e^x$ を**自然指数関数**（natural exponential function）といいます．この(3)式は一瞬一瞬に利子が付いたときの t 時点の元利合計を表す関数です．

関数 $y = f(t) = e^{rt}$ に対して預け入れ期間が少し伸びたとき（Δt）の元利合計の増加率（変化率）を求めてみましょう．時刻 t_0 における**増加率**は

$$\frac{f(t_0+\Delta t)-f(t_0)}{f(t_0)}$$

です．そして，指数法則を使うと

$$増加率 = \frac{e^{r(t_0+\Delta t)}-e^{rt_0}}{e^{rt_0}} = \frac{e^{rt_0}(e^{r\Delta t}-1)}{e^{rt_0}} = e^{r\Delta t}-1$$

となります．増加率 $e^{r\Delta t}-1$ には預け入れ時刻 t_0 が含まれていません．つまり，どんな預け入れ時点であっても預入期間が同じであれば，増加率は同じです．その意味で(3)式は増加率が一定の関数になります．よって，このような指数関数は増加率一定の関数であることがわかりました．指数関数 $y=e^x$ のグラフは図3のようになります．

図3 指数関数 $y=e^x$ のグラフ

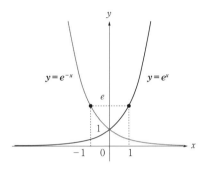

一般に A 円を**瞬間利子率**あるいは**連続利子率** r で預けたときの t 年後の元利合計 y は

$$y = Ae^{rt}$$

になります．

GDP成長率の記事を新聞やニュースで見かけたことがありますか？成長率とは増加率のことです．この利子率を経済成長率 r と見なすと上の式は，初年度のGDPは A であり一定の成長率 r で成長する t 年後GDPを表しています．

C 連続利子率の割引現在価値

関数 $y=e^{-x}$ のグラフを描いてみましょう．この関数は $y=e^{-x}=1/e^x$ と表すことができます．よって，関数 $y=e^x$ の逆数がこの関数の値になりますので，図3のグレーの曲線になります．そして，これらの関数のグラフは y 軸に関して線対称の図形になります．

ここで t 年後の1円を連続割引率 r で割り引いた**割引現在価値**を求めてみましょう．離散的なケースでは，利子率 r で預けたとき1年後の元利合計は $1+r$ になりますが，1年後の1円の価値を現在の価値に割り戻すとその逆数 $1/(1+r)$ になります．つまり成長の場合の逆数を取ると割引のケースになります．

よって，同様のことを連続的な割引で考えると，連続利子率で増やしたときの価値 e^{rt} の逆数が割引のケースになることがわかります．この考え

方より，t年後の1円を連続割引率rで割り引いた割引現在価値は$1/e^{rt} = e^{-rt}$になります．離散的な場合と同様に，e^{-rt}を**割引因子**と呼びます．

> **連続利子率での現在価値と将来価値**
>
> 連続利子率rでの現在価値Aとt年後の将来価値Vの関係は次の通りになる．
> $$V = Ae^{rt}, \quad A = Ve^{-rt}$$

図3の関数$y = e^{-x}$のグラフの漸近線はx軸です．よって，とても遠い将来の価値は，$t = 1, 2, ...$となるにつれ，それが大きくてもその割引現在価値は0になります．
$$\lim_{t \to \infty} Ve^{-rt} = 0$$

8.3 対数関数

指数関数の逆関数である対数関数を学びます．対数関数は**とてもゆっくりと増加**します．そのため大きな数を小さな数で表すことに用いられます．
$$100 \times 1000 = 100000$$
この式は0の数を数えれば2+3＝5となるように，大きな数をその0の数で表示する際に対数は用いられます．まずは対数の計算を学びましょう．

A 対数法則

指数法則や指数関数を学びましたが，その「逆」の計算や関数が**対数**や**対数関数**です．(2)式の逆を考えます．ある数xに対して
$$a^y = x \tag{4}$$
を満たすyを，底をaとするxの**対数**といいます．つまり，aを何乗するとxになるかを問うています．対数のことを英語でlogarithmといいますので，この(4)式のyを記号で
$$y = \log_a x$$

対数 = $\log_{底}$ 真数

と書きます．このlogはログと読みます．対数関数$\log_a x$のaを**底**といい，xを**真数**といいます．

対数関数と指数関数は逆関数の関係ですから，次が成り立ちます．
$$y = \log_a x \quad \Leftrightarrow \quad x = \exp_a y \tag{5}$$
(2)式より底は$a > 0, a \neq 1$です．また，指数関数の値域は$y > 0$なので対数関数の定義域も$x > 0$になります．その値域は実数全体です．さらに$a^0 = 1$と$a^1 = a$から下が成り立ちます．
$$\log_a 1 = 0 \qquad \log_a a = 1$$

逆関数の関係

第8章　指数・対数関数

例　5　$\log_5 125$ を求めてみましょう．

解答5　$\log_5 125$ を y と置き (5) 式より
$$y = \log_5 125 \iff 125 = 5^y$$
となります．ここで 125 をよく見ると
$$125 = 5^3$$
ですので
$$y = 3 \quad \text{すなわち} \quad \log_5 125 = 3$$

指数法則を用いて計算を行ったように，対数の計算を行いましょう．

問い4　次を計算して下さい．　① $\log_3 3$　　② $\log_3 9$　　③ $\log_{10} 10^a$　　④ $\log_9 3$
⑤ $\log_2 \frac{1}{2}$　　⑥ $\log_{10} 0.01$

答え4　① $a^1 = a$ から $\log_3 3 = 1$　　② $y = \log_3 9 = \log_3 3^2$ なので $3^y = 3^2$ より $y = 2$
③ $10^y = 10^a$ より $y = a$　　④ $9^y = 3 \Leftrightarrow (3^2)^y = 3 \Leftrightarrow 3^{2y} = 3 \Leftrightarrow 2y = 1 \Leftrightarrow y = 1/2$
⑤ $\log_2 \frac{1}{2} = \log_2 2^{-1} = -1$　　⑥ $\log_{10} 0.01 = \log_{10} 10^{-2} = -2$

指数法則に対応する対数法則を下に示しておきます．

対数法則

$$\boxed{1}\ \log_a xy = \log_a x + \log_a y$$

$$\boxed{2}\ \log_a \frac{x}{y} = \log_a x - \log_a y$$

$$\boxed{3}\ \log_a x^y = y \log_a x$$

掛け算は足し算に，割り算は引き算に，指数は掛け算になります．

例　6　対数法則を指数法則を用いて証明してください．

解答6　① 右辺を $\log_a x = M$，$\log_a y = N$ と置きます．対数の定義より $a^M = x$ と $a^N = y$ です．指数法則のまとめ ① の $a^m a^n = a^{m+n}$ を用いると
$$xy = a^M a^N = a^{M+N}$$
対数の定義より $\log_a xy = M + N = \log_a x + \log_a y$ になります．
② 上の証明と同様に，指数法則のまとめ ⑥ の $a^m / a^n = a^{m-n}$ を用いると
$$\frac{x}{y} = \frac{a^M}{a^N} = a^{M-N}$$
対数の定義より $\log_a x/y = M - N = \log_a x - \log_a y$ になります．

対数
積 ⟶ 和
商 ⟶ 差
指数 ⟶ 積
対数：積 → 和

121

$\boxed{3}$ 同様に，指数法則，まとめ $\boxed{2}$ の $(a^m)^n = a^{mn}$ を用いると
$$x^y = (a^M)^y = a^{My}$$
対数の定義より $\log_a x^y = My = y\log_a x$ になります.

対数計算は指数計算の対応する公式を当てはめると計算ができます.

問い5	$\boxed{1}$ $\log_6 2 + \log_6 3$ $\quad$ $\boxed{2}$ $\log_2 6 - \log_2 3$ $\quad$ $\boxed{3}$ $\log_2 \sqrt{2}$

答え5	$\boxed{1}$ $\log_6 2 + \log_6 3 = \log_6 (2 \times 3) = \log_6 6 = 1$ $\quad$ $\boxed{2}$ $\log_2 6 - \log_2 3 = \log_2 \frac{6}{3} = \log_2 2 = 1$

$\boxed{3}$ $\log_2 \sqrt{2} = \log_2 2^{\frac{1}{2}} = \frac{1}{2}\log_2 2 = \frac{1}{2} \cdot 1 = \frac{1}{2}$

経済学ではネイピア数が底の場合が重要です．これを**自然対数**（natural logarithm）といいます．記法として底を省略した $\log x$ や $\ln x$ と書くことがあります．同様に，底が e のときの指数関数(1)式も exp と表示します.

$$\exp x = \exp_e x \qquad \log x = \log_e x$$

また底が10の対数は**常用対数**と呼ばれ，実際の計算でよく用いられます.

対数には色々な底があり得るのですが，状況に応じて自然対数の底や10に置き換えて計算します．そのため底を変換する公式があります.

底の変換公式

$$\log_a x = \frac{\log_b x}{\log_b a}$$

この公式は，底を a から b に変換するために頻繁に用いられます.

例 7	$\log_8 4$ を簡単にしてください.

解答7	底の変換公式より

$$\log_8 4 = \frac{\log_2 4}{\log_2 8} = \frac{\log_2 2^2}{\log_2 2^3} = \frac{2\log_2 2}{3\log_2 2} = \frac{2}{3}$$

底 $a \to b$

$\log_a \boxed{x} = \dfrac{\log_b \boxed{x}}{\log_b \boxed{a}}$

底の変換公式を証明しましょう．$y = \log_a x$ とすると，対数の定義により $a^y = x$ です．ここで $b\,(b > 0, b \neq 1)$ を底とする両辺の対数を取ると

$$\log_b a^y = \log_b x \Leftrightarrow y\log_b a = \log_b x \Leftrightarrow \log_a x \log_b a = \log_b x$$
$$\Leftrightarrow \log_a x = \frac{\log_b x}{\log_b a}$$

122

となります．この公式を変形すると，別の底の変換公式が得られます．

$$\log_a x = \log_a b \cdot \log_b x, \qquad \log_a x = \frac{1}{\log_x a} \tag{6}$$

B 対数関数

最初に述べた対数関数の性質を見ていきます．対数関数(4)式の底の範囲や定義域と値域の議論より，対数関数は下記のようになります．

$$g : \mathbb{R}_{++} \to \mathbb{R}, \quad g(x) = \log_a x \quad (a > 0, a \neq 1) \tag{7}$$

関数とその逆関数の関係から次が成り立ちます．

$$\log_a a^x = x, \quad a^{\log_a x} = x$$

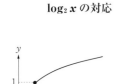

最初の式は対数法則より明らかですが，次の式は戸惑う人が多いようです．a を何乗かしたら x になる数で a を累乗すると，x そのものになります．

表3に底が2の関数の値が記されているように，x が大きくなると y の値は大きくなっていきます．

表3 対数関数 $y = \log_2 x$ の対応

x	$\frac{1}{4}$	$\frac{1}{2}$	1	2	4	8	16
$y = \log_2 x$	-2	-1	0	1	2	3	4

しかし，表2の指数関数に比べて緩慢な増加であることが見て取れるでしょうか？ 底が2の対数関数のグラフは図に描かれています．このように底が a の対数関数のグラフは点 $(1, 0)$ と点 $(a, 1)$ を通り，y 軸が漸近線となります．この性質は，関数と逆関数のグラフは45°線に関して線対称になるので，同じ底の指数関数の性質からわかります．同様に，指数関数の性質から対数関数も底が $a > 1$ ならば**増加関数**，$a < 1$ ならば**減少関数**になります．

$y = \log_2 x$

グラフの対称性を確かめるために，底がネイピア数の自然対数関数 $y = \log x$ と自然指数関数 $y = e^x$ のグラフを同じ図上に描くと図4になります．

図4 $y = \log x$ と $y = e^x$ のグラフ

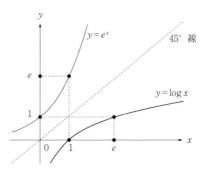

例 8 関数 $y = \log(x+1)$ のグラフを描いてください．

解答8 定義域に注意します．対数関数の独立変数は正でなければならないので，$x+1>0$ から $x>-1$ が定義域となります．また，漸近線は左に1だけシフトして $x=-1$ がその方程式となります．図5がそのグラフです．

図5 $y=\log(x+1)$ のグラフ

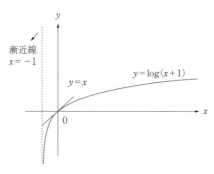

C　72の法則

対数を応用して，預金がある金額に増えるには何年かかるのか，調べてみましょう．

$$(1+\text{年利})^{\text{年数}} = \frac{\text{元利合計}}{\text{元金}}$$

複利の公式から対数の底を $1+\text{年利}$ とすると，年数イコールの式になります．

$$\text{年数} = \log_{(1+\text{年利})} \frac{\text{元利合計}}{\text{元金}}$$

例9 10万円を複利の年利が1％の預金に預けたときに，元利合計が11万円になるには何年かかるでしょうか？

解答9 元金は10万円，元利合計が11万円であり，金利が1％ですから，

$$\text{年数} = \log_{(1+0.01)} \frac{110000}{100000} = \log_{1.01} 1.1$$

となります．底の1.01は明らかに中途半端な数です．底の変換公式を利用して自然対数の底に替えます．

$$\text{年数} = \log_{1.01} 1.1 = \frac{\log 1.1}{\log 1.01} \tag{8}$$

分数はExcelのLN関数などを用いて $\log 1.1 \simeq 0.09531$ と $\log 1.01 \simeq 0.00995$ の近似値から求めることができます．結局，

$$\text{年数} = \frac{\log 1.1}{\log 1.01} \simeq \frac{0.09531}{0.00995} \simeq 9.579$$

となります．よって，約10年間かかることになります．

上の10万円が11万円になる預金の例をよく見ると，絶対的な金額は重要ではないことがわかります．元金と目標とする元利合計の比率が年数を求

第8章 指数・対数関数

める上でカギとなります．つまり，預金が100万円ならば目標金額110万円への増加率10%で年数が決まります．

　増加率は様々設定できますが，元金が2倍になるには何年かかるかは興味がありますよね？　その年数は公式として次のように表現できます．

元利合計が2倍になる年数

複利の年利が r であるとき，預けた金額が2倍になる年数は下の式になる．

$$\text{年数} \simeq \frac{\log 2}{\log (1+r)}$$

　この公式は(8)式から求められます．増加率は10%なので分子の真数は1.1でしたが，今度は2倍なので2になります．また，利子率が1%なので分母の真数は1.01でしたが，一般には $1+r$ になります．

例 10　年利が0.5%の預金に預けたときに，元利合計が2倍になるには何年かかるでしょうか？　$\log 2 \simeq 0.6932$ と $\log 1.005 \simeq 0.005$ で近似してください．

解答10　公式より $\frac{\log 2}{\log (1+0.005)} = \frac{\log 2}{\log 1.005} \simeq \frac{0.6932}{0.005} = 138.64$ になります．低金利では資産が2倍になるまで，一生をかけても足りない年数が必要になります．

　預金が2倍になる年数を対数で計算するのは少々大変です．それを簡便に知るための便利な近似式である**72の法則**があります．

72の法則

預けた金額がある年利で2倍になる年数は以下の式で近似できる．

$$\text{年数} = \frac{72}{\text{年利}}$$

　年利はパーセント表示です．例10を72の法則で計算してみましょう．

$$\text{年数} = \frac{72}{0.5} = 144$$

144年ですから139年とそう大きくは変わりません．

問い6　次の利子率で元利合計が2倍になる年数を72の法則で求めてください．
① 2%　　② 3%　　③ 8%　　④ 12%

答え6　① $72/2 = 36$　　② $72/3 = 24$　　③ $72/8 = 9$　　④ $72/12 = 6$

　この法則を導出しましょう．複利の年利が $r \times 100$% であるとき預けた

125

金額が2倍になる年数は，公式より$\log 2/\log(1+r)$でした．金利が十分に小さければ$\log(1+r)$とrはほぼ同じと見なすことができます．これは，例8の図5に描かれているように，$y=\log(x+1)$のグラフは$x=0$付近において$y=x$で近似できることからきています（第10章の微分で学びます）．よって，下記が成り立ちます．

$$\text{年数} = \frac{\log 2}{\log(1+r)} \simeq \frac{\log 2}{r}$$

72の法則では利子率をパーセントで表示したいので，分母と分子に100を掛けます．

$$\text{年数} \simeq \frac{100\log 2}{r(\text{パーセント表示})}$$

$\log 2$はおよそ0.693なので分子は69.3です．しかし，このままだと計算が面倒なので，その値に十分近い72を分子にすると72の法則が出てきます．

練習問題 8

1. 1年目の収益率2％，2年目の収益率5％，3年目の収益率−2％の資産の平均収益率を$1.05^{1/3} \simeq 1.0164$の近似を用いて求めてください．

2. $y=e^x$と$y=e^{-x}$のグラフはy軸に関して対称であることを示してください．

3. 次の計算を行ってください．　$\log_4 8 + \log_4 32$

4. 次の計算を行ってください．　$\dfrac{1}{2}\log_3 9 - \log_3 12 + 2\log_3 6$

5. 次を簡単にしてください．　$\log_2 3 \cdot \log_3 16$

6. 底の変換公式から(6)式を証明してください．

7. 金利が0.1％で10万円が11万円になるには何年かかるのでしょうか？　ただし，$\log 1.1 = 0.09531$, $\log 1.001 = 0.001$とします．

9 微分とは何か

いよいよ微分を学ぶときがきました．微分とは関数のグラフの傾きを求めることです．そのためには極限の操作が必要になります．

9.1 関数の極限

直線の傾きは容易に求められますが，曲線の場合にはまずは関数の極限を学ぶ必要があります．

A 関数の極限の定義

図1にある関数 f のグラフ上の点 $A(a, f(a))$ における接線の傾きを考えましょう．

図1 曲線上の点の接線の傾き

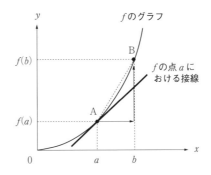

まずは曲線上に取られた，例えば点Aから点Bへの直線の傾きを考えます．

$$\frac{f(b)-f(a)}{b-a} \tag{1}$$

この式はAからBに移動したときの縦の変化と横の変化の割合です．これを**平均変化率**あるいは**変化の割合**と呼びます．その直線を点Bから段々と点Aに近づけることによって求められた傾きが，点Aでの微分になります．まず，関数の上で動く点の極限を新たに学びましょう．また，B点をA点に近づければ(1)式の分母が0にならない方法を工夫します．

数列は添数 n に従って動きましたが，関数の場合は x がある点 a に近づいていきます．図2 (a)のグラフでは x が a に近づくとその a での値 $f(a)$ に近づきますが，(b)の関数 g のグラフでは点 a でその値が飛んでいます．

図 2 連続関数と不連続関数

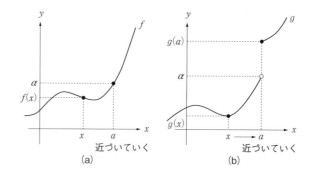

(a)　　　　(b)

関数の極限

関数 f の変数 x が a 以外の値を取りながら，a に限りなく近づくと $f(x)$ が α に限りなく近づくとき，x が a に近づくときの $f(x)$ の極限は α であるという．

この極限 α を**極限値**ともいいます．数列と同様に，このように x が a に近づくときの $f(x)$ の**極限**が α である場合，記号で

$$\lim_{x \to a} f(x) = \alpha \quad \text{あるいは} \quad f(x) \to \alpha \quad (x \to a)$$

と書きます．図 2 (a) では $\lim_{x \to a} f(x) = \alpha$ となっています．

例 1　極限 $\lim_{x \to 4} \sqrt{x}$ を求めてみましょう．

解答 1　x が 4 に近づくとき $\sqrt{x}$ は 2 に近づくから $\lim_{x \to 4} \sqrt{x} = 2$ となります．

関数の極限に関して以下に 3 つの注意を述べておきます．

① x が a に等しくないので a で関数が定義されていなくてもよい．
② x が a に近づくときに一定の値に近づかなければ極限は存在しない．
③ a の両側から x へ近づいた値が一致する必要がある．

「近づく」という表現は曖昧ですが，距離の概念によってきちんと定義されています．もっと上級の数学を学ぶときに疑問は解決されるでしょう．

$y = \dfrac{x^2 - 5x + 4}{x - 4}$

例 2　極限 $\lim_{x \to 4} \dfrac{x^2 - 5x + 4}{x - 4}$ を求めましょう．

解答 2　x が 4 のとき分母は 0 になるのでこの点では関数値は定義できませんが，関数の極限に関する注意①にある通りこの極限は求めることができます．つまり $x \neq 4$ なので分母は 0 にはなりません．分子は因数分解ができます．

$$\frac{x^2 - 5x + 4}{x - 4} = \frac{(x-1)(x-4)}{x-4} = x - 1$$

よって極限は，

$$\lim_{x \to 4} \frac{x^2 - 5x + 4}{x - 4} = \lim_{x \to 4}(x-1) = 3$$

となります．この関数のグラフは図のようになります．

B 様々な関数の極限

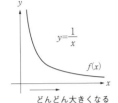

独立変数 x が限りなく大きくなる場合の極限 $\lim_{x \to \infty} 1/x$ を求めてみましょう．x が限りなく大きくなると $1/x$ は段々と小さくなるから

$$\lim_{x \to \infty} \frac{1}{x} = 0$$

となります．

反対に独立変数 x が限りなく小さくなる場合には $x \to -\infty$ と書きます．数列と同様，正の無限大 ∞ あるいは負の無限大 $-\infty$ に発散する場合もあります．図のグラフをもつ関数の極限を考えてみましょう．x が a に限りなく近づいていくと $f(x)$ は限りなく大きな値を取っていくので，$\lim_{x \to a} f(x) = \infty$ となります．

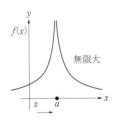

一番下の図に描かれている双曲線の 0 に近づいていったときの極限を考えましょう．この場合は極限が存在せずかつ正や負の無限大にも発散もしません．というのは，プラスの方から近づけば ∞ へ，マイナスの方から近づけば $-\infty$ へ発散するからです．

関数の極限に関する注意 2 より極限がある場合は一定の値に近づき，無限大に発散する場合は段々大きくなるか小さくなるかでした．また，関数の極限に関する注意 3 より，近づき方は任意の方向からでないといけませんでした．

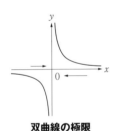

双曲線の極限

この例から，右側からか左側からかという近づけ方の方向性を定義したくなります．そこで以下のように定義しましょう．すなわち，

x が a より大きい方から a に近づくことを，　$x \to a+$
x が a より小さい方から a に近づくことを，　$x \to a-$

と書きます．数列の場合は添え字 n が大きくなるだけでしたが，関数では右と左からが可能です．それぞれの極限を**右極限**および**左極限**といい

$$\lim_{x \to a+} f(x) \quad \text{および} \quad \lim_{x \to a-} f(x)$$

と書き表します．これらを**片側極限**と総称します．図 2 (b) の場合は $\lim_{x \to a-} g(x) = \alpha$ と $\lim_{x \to a+} g(x) = g(a)$ となります．

問い1 極限 $\lim_{x \to 0+} 1/x$ と $\lim_{x \to 0-} 1/x$ を求めてください．

> **答え 1** $\lim_{x\to 0+} 1/x = \infty,\ \lim_{x\to 0-} 1/x = -\infty$

無限に関する注意を述べましょう．極限 $\lim_{x\to a} f(x) = \infty$ は $f(x)$ は限りなく増加する**状態**を表現しています．つまり，∞ は実数ではありません．また，関数や数列がある実数に収束する場合は，その極限や極限値といいますが，無限大に発散する場合はそれを極限値とはいいません．定理 1 より，両側からちゃんと収束してくれるとそれが極限値になります．

定理 1 （関数の極限と左右の極限）

$$\lim_{x\to a} f(x) = \alpha \quad\Leftrightarrow\quad \lim_{x\to a+} f(x) = \alpha \ \text{かつ} \ \lim_{x\to a-} f(x) = \alpha$$

図 2 (b) の場合は $\lim_{x\to a-} g(x) \neq \lim_{x\to a+} g(x)$ なので，極限は存在しません．関数の極限値の性質を述べておきます．第 7.6 **C** 項で学んだ数列の極限と同様の主張であることがわかります．

定理 2 （関数の極限値の性質）

関数 f, g の極限 $\lim_{x\to a} f(x) = \alpha$, $\lim_{x\to a} g(x) = \beta$ が存在するとします．このとき下記が成り立つ．

$$\lim_{x\to a}(f(x) + g(x)) = \alpha + \beta$$

$$\lim_{x\to a}(f(x) - g(x)) = \alpha - \beta$$

$$\lim_{x\to a}(f(x)g(x)) = \alpha\beta$$

ある定数 c について $\quad \lim_{x\to a}(cf(x)) = c\alpha$

$\beta \neq 0$ ならば $\quad \displaystyle\lim_{x\to a}\frac{f(x)}{g(x)} = \frac{\alpha}{\beta}$

関数の極限が存在すれば，関数の四則演算を行うことができることがわかります．この定理 2 は微分を定義する上でとても重要な性質です．

9.2 連続性と最大値

関数の重要な概念である連続性を学びましょう．

A 連続関数

図 2 (a) の関数 f のようにグラフがつながっているとき，定義域にある

a に対して $\lim_{x \to a} f(x) = f(a)$ が成り立っていました．一方，(b) のグラフにジャンプがある関数 g はそうではありませんでした．直感的にそのグラフがつながっている関数を**連続関数**といいます．

連続性

関数 f においてその定義域のある値 a に対して，
$$\lim_{x \to a} f(x) = f(a)$$
が成り立つとき，関数 f は a において**連続**であるという．

すべての定義域で連続な関数を**連続関数**といいます．連続関数の極限を求めるには例 1 で見たように $\sqrt{x}$ に $x = 4$ を単に代入すればいいわけです．

図 2 (b) の関数 g は点 a で連続ではありません．このような関数をその点で**不連続**であるといいます．点 a で連続であるということは

    ① 点 a が関数の定義域にある．

    ② $\lim_{x \to a} f(x)$ が存在する．

    ③ $\lim_{x \to a} f(x)$ と $f(a)$ が等しい．

の 3 つの条件が成立することを意味します．連続性は関数の極限により定義されました．よって，極限の性質と似た特徴を連続性は有しています．

定理 3（関数の連続性の性質）

関数 f, g がそれらの定義域の点 a で連続であるならば，下記が成り立つ．

    $f + g$ は a で連続である．

    $f - g$ は a で連続である．

    fg は a で連続である．

    ある定数 c について　cf は a で連続である．

    $g(a) \neq 0$ ならば　$\dfrac{f}{g}$ は a で連続である．

われわれにお馴染みの関数はすべて連続関数になります．今まで 1 次関数，2 次関数，3 次関数を学びましたが，多項式で表される関数を**多項式関数**といいます．2 つの多項式の商で表される関数を**有理関数**といいます．

定理 4

多項式関数，無理関数，絶対値関数，指数関数，対数関数，定数関数，有理関数は連続関数である．

B　最大値の定理

　関数の定義域が区間であるときの連続性を考えましょう．定理1より，極限値が存在すれば左からも右からも近づけて同じ値に落ち着く必要があります．しかし，区間 $[0,1]$ の 0 には左側がありません．この場合，右極限が存在すれば連続と見なしてもかまわないでしょう．ある関数 f が点 a において**右連続**あるいは**左連続**であるとは，各々次が成り立つことです．

$$\lim_{x \to a+} f(x) = f(a) \quad \text{あるいは} \quad \lim_{x \to a-} f(x) = f(a)$$

これらを**片側連続**と総称します．一方からの連続性を定めると閉区間で定義された関数でも連続性を定義できます．関数 f は**閉区間 $[a, b]$ 上で連続**であるとは，次の3条件を満たすことです．

　　　　①f は (a, b) 上で連続，②a で右連続，③b で左連続である．

ここで関数の連続性に根ざした経済の最適化問題において，解の存在を保証する重要な定理を紹介します．第4章の定理1の一般化がこの**最大値の定理**あるいは**最大値・最小値の定理**となります．

定理5　（最大値の定理）

　　関数が有界閉区間上で連続ならば，その区間内で最大値および最小値をもつ．

　前の定理4よりわれわれにお馴染みの関数が有界閉区間で定義されていれば，この定理5よりその最大値や最小値が存在することがわかりました．次の問題は，その最大値や最小値をどうやって見つけるかです．

9.3 物体の落下と微分

　微分は物体の動きを記述するために開発されました．リンゴが木から落ちるところを見て万有引力の法則を発見したといわれるニュートンは，その創始者の1人です．木からリンゴが落ちたとすると，最初はゆっくりですが地面に近づくにつれてスピードが速くなっていくことが経験的にわかります．リンゴの落下のスピードはどのように測ればいいでしょうか？

　ある2点間の距離とそこを通る時間を計って**平均の速さ**を求めます．正確には**瞬間の速さ**を求めるため2点間の距離をできるだけ縮めることが必要です．微分はこのように極限を用います．

A　2次関数の接線の傾き

図3　2次関数の形状

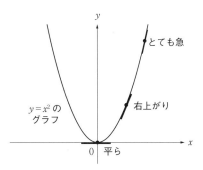

図3の関数 $y=x^2$ のグラフの3点を取ってみると傾きが変化しています．この3点では，平らな所は傾き0，右の2点では傾きは正ですが，右端はとても急なので傾きの大きさは一番大きくなります．

最初に図4の点A$(1,1)$における接線の傾きを求めてみましょう．点Aの接線は図形的には図の太線になります．そこで点B$(2,4)$をとって，点Aから点Bへ直線を引きその傾きを求めてみましょう．

図4　2次関数の割線

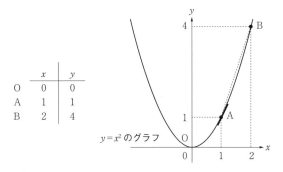

直線ABの方が傾きは急ですから，

直線ABの傾き　＞　点Aでの接線の傾き

が成立しています．傾きは縦の変化を横の変化で割った値ですから，

$$\text{ABの傾き} = \frac{4-1}{2-1} = \frac{3}{1} = 3$$

となります．次に，ABの中間の点C$(3/2, 9/4)$を取って直線ACの傾きを求めます（図5）．

図5　2次関数の割線を拡大

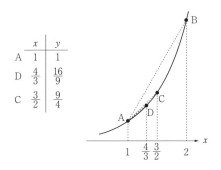

そうすると，その値は下になります．

$$\text{AC の傾き} = \frac{\dfrac{9}{4}-1}{\dfrac{3}{2}-1} = \frac{\dfrac{5}{4}}{\dfrac{1}{2}} = \frac{5}{2} = 2+\frac{1}{2}$$

図5のように，次は点D$(4/3, 16/9)$を取って直線ADを考えると，それは点Aでの接線に近づくことがわかります．ですから直線ADの傾きは，直線ABや直線ACに比べてより接線の傾きに近いことがわかります．

$$\text{AD の傾き} = \frac{\dfrac{16}{9}-1}{\dfrac{4}{3}-1} = \frac{\dfrac{7}{9}}{\dfrac{1}{3}} = \frac{7}{3} = 2+\frac{1}{3}$$

こうして，傾きの値の数列

$$3, \ \frac{5}{2}, \ \frac{7}{3}$$

ができ上がりました．わかりやすくするために数列を書き換えると

$$3, \ 2+\frac{1}{2}, \ 2+\frac{1}{3}$$

になります．これは段々2に近づきそうです．具体的な数を計算するのはもう面倒なので，ある小さな数を表す文字 $h > 0$ を用いて，点Aと点H
$$(1+h, (1+h)^2)$$
を結ぶ直線の傾きを求めましょう．直線AHの傾きを求めると，次になります．

$$\text{AH の傾き} = \frac{(1+h)^2-1}{(1+h)-1} = \frac{1+2h+h^2-1}{1+h-1} = \frac{2h+h^2}{h} = 2+h$$

この h が0に限りなく近づいたときの極限が点Aでの微分です．

$$3, \ 2+\frac{1}{2}, \ 2+\frac{1}{3}, \ ..., \ 2+h, \ ...$$

と段々 h を小さくしていった果てが，点Aでの接線の傾きになります．

$$\lim_{h\to 0}\text{AH の傾き} = \lim_{h\to 0}\frac{(1+h)^2-1}{(1+h)-1} = \lim_{h\to 0}(2+h)$$
$$= \lim_{h\to 0}2 + \lim_{h\to 0}h = 2 + \lim_{h\to 0}h = 2+0 = 2$$

3番目のイコールは，$2+h$ 全体で h を0に近づけることと2と h を別々に0に近づけることが等しいことを表しています．簡便な書き方では

$$\text{AH の傾き} = \frac{(1+h)^2-1}{(1+h)-1} = 2+h \to 2 \qquad (h \to 0)$$

となります．今の例では点Aへ右から近づけました．念のため，左から近づけてみましょう（図6）．

$$\text{AOの傾き} = \frac{0-1}{0-1} = \frac{-1}{-1} = 1$$

$$\text{APの傾き} = \frac{\left(\frac{1}{2}\right)^2 - 1}{\frac{1}{2} - 1} = \frac{\frac{1}{4} - 1}{-\frac{1}{2}} = \frac{-\frac{3}{4}}{-\frac{1}{2}} = \frac{3}{2}$$

図6 2次関数の割線を左から近づける

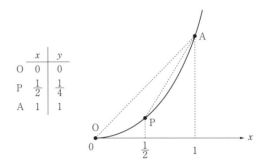

となって数列が

$$1,\ 1+\frac{1}{2},\ \cdots$$

と2に収束します．直線AHの傾きを求めたとき $h>0$ としましたが，左から近づけるとき $h<0$ になります．右からと左からの極限が一致しました．

B 2次関数の一般の点での接線の傾き

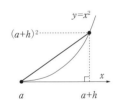

次は定義域にある数 a を固定して，その点での接線の傾きを求めましょう．そうすると，(a, a^2) と $(a+h, (a+h)^2)$ を結ぶ直線の傾きは

$$\frac{(a+h)^2 - a^2}{(a+h) - a}$$

です．その極限は下記となります．

$$\frac{(a+h)^2 - a^2}{(a+h) - a} = \frac{a^2 + 2ah + h^2 - a^2}{h} = \frac{2ah + h^2}{h} = 2a + h \to 2a \quad (h \to 0)$$

前項の点Aでは $a=1$ の微分は2でした．この極限 $2a$ に $a=1$ を代入して2としてもいいのです．このように，ある点 a から $2a$ を見つけだすことを一般に「微分する」といいます．

9.4 微分の定義

ここまでの例はわかりましたか？　いよいよ微分の定義に入りましょう．

A 微分係数

　関数 f を1つ固定して，定義域と終域は実数全体 $\mathbb{R}$ とします．a から b まで変化するときの関数の平均変化率(1)式を思い出しましょう．平均変化率の b をどんどん a に近づけた極限が微分係数となります．x と y の変化を $\Delta x = b-a$, $\Delta y = f(b)-f(a)$ と置くと，平均変化率が次に等しくなります．

$$\frac{\Delta y}{\Delta x} \tag{2}$$

さらに Δx を変形して $b = a + \Delta x$ となります．したがって，平均変化率は

$$\frac{\Delta y}{\Delta x} = \frac{f(b)-f(a)}{b-a} = \frac{f(a+\Delta x)-f(a)}{\Delta x}$$

に書き換えられます．この Δx を限りなく小さくした極限が微分になります．極限は存在しないケースもありますので，まずはその存在を確かめてから微分が定義されます．これから $X \subset \mathbb{R}$, $Y \subset \mathbb{R}$ とします．

微分係数

　関数 $\boldsymbol{f : X \to Y}$ のある点 $\boldsymbol{a \in X}$ に対して，極限
$$\lim_{\boldsymbol{h \to 0}} \frac{\boldsymbol{f(a+h)-f(a)}}{\boldsymbol{h}}$$
が存在するとき，$\boldsymbol{f}$ は点 $\boldsymbol{a}$ で**微分可能**であるという．そのとき，その極限を関数 $\boldsymbol{f}$ の点 $\boldsymbol{a}$ における**微分係数**という．

　英語では微分可能をdifferentiableといいますので，記号 d が用いられます．微分係数の表し方はいく通りかあって

$$f'(a), \quad \frac{df}{dx}(a), \quad Df(a)$$

などと表します．$f'(a)$ はラグランジュ，$\frac{df}{dx}(a)$ はライプニッツ，$Df(a)$ はコーシー流の記法と呼びます．それぞれ一長一短がありますから，場合によって使い分けるのがいいでしょう．傾きの定義で出てきた平均変化率(2)式はこのデルタが極限では d になると理解してもいいです．

例 3 　関数 $f(x) = x^2$ の $x = 3$ における微分係数を求めてください．

解答3 　$f'(3) = \lim_{h \to 0} \frac{(3+h)^2 - 3^2}{h} = \lim_{h \to 0} \frac{6h + h^2}{h} = \lim_{h \to 0}(6+h) = 6$

　この定義はある1点で考えました．関数 f の定義域 X のすべての点で微分可能なとき f は**微分可能**であるといいます．

136

第9章 微分とは何か

B 導関数

第9.3 B 項では2次関数のある点 a から微分係数を求めました．その微分係数を関数として見なすことができます．つまり，微分可能関数では各点 $x \in X$ に対してその微分係数を対応させることができます．

導関数

関数 $f : X \to Y$ が微分可能なとき，その定義域 X から実数 $\mathbb{R}$ への関数で，

$$x \mapsto f'(x)$$

という関数を考えることができる．このような関数を f の**導関数**という．

これは2次関数 x^2 に $2x$ を対応させることです．導関数を英語ではderivativeといいます．微分係数の表し方に対応して，導関数の表し方は次のようになります．

$$f', \quad \frac{df}{dx}, \quad Df$$

導関数を求めることを**微分する**といいます．

例 4 次を微分してください．
① $g(x) = x^3$ ② $h(x) = x$

解答4 ① $g'(x) = \lim_{h \to 0} \dfrac{(x+h)^3 - x^3}{h} = \lim_{h \to 0} \dfrac{3x^2 h + 3xh^2 + h^3}{h} = \lim_{h \to 0}(3x^2 + 3xh + h^2) = 3x^2$

② $h'(x) = \lim_{h \to 0} \dfrac{(x+h) - x}{h} = \lim_{h \to 0} 1 = 1$

いちいち関数記号を使うと記号が足りなくなるおそれがあります．$y = x^2$ の導関数 $y' = 2x$ と記述するように，導関数を表すときに従属変数に記号「$'$」（プライムと読みます）を用います．

例 5 関数 $y = \sqrt{x}$ の導関数を求めてください．

解答5 導関数の定義から次を求めます．

$$y' = (\sqrt{x})' = \lim_{h \to 0} \frac{\sqrt{x+h} - \sqrt{x}}{h}$$

平均変化率の部分を抜き出し，因数分解の公式で分子を有理化すると

$$\frac{\sqrt{x+h} - \sqrt{x}}{h} = \frac{\sqrt{x+h} - \sqrt{x}}{h} \times \frac{\sqrt{x+h} + \sqrt{x}}{\sqrt{x+h} + \sqrt{x}} = \frac{(\sqrt{x+h})^2 - (\sqrt{x})^2}{h(\sqrt{x+h} + \sqrt{x})}$$

$$= \frac{(x+h) - x}{h(\sqrt{x+h} + \sqrt{x})} = \frac{1}{\sqrt{x+h} + \sqrt{x}}$$

137

となります．ここで極限 $h \to 0$ を取ると分数は $1/2\sqrt{x}$ に収束します．よって
$$y' = (\sqrt{x})' = \frac{1}{2\sqrt{x}}$$
が求められました．極限を計算するのは面倒です．公式を学びましょう．

9.5 多項式関数の微分

これから様々な関数の微分を求める例題を取り上げていきます．公式を理解するだけではなく，素早く計算できるようにしましょう．

A べき乗法則

ある正の整数 n に対して $y = x^n$ の微分を考えましょう．それは

パスカルの三角形

$$(x+h)^0 = 1$$
$$(x+h)^1 = x+h$$
$$(x+h)^2 = x^2 + 2hx + h^2$$
$$(x+h)^3 = x^3 + 3hx^2 + 3h^2x + h^3$$
$$\vdots$$
$$(x+h)^n = x^n + nhx^{n-1} + \cdots + nh^{n-1}x + h^n$$

ということがわかります．この係数を見ていると，ある規則性があることがわかります．ある項の係数は左右の上の段の係数の和になっています．例えば，$3hx^2$ の係数 3 は x^2 の 1 と $2hx$ の 2 の和に等しくなっています．このような図形的な法則を**パスカルの三角形**といいます．

このパスカルの三角形の法則を用いると，$(x+h)^n$ の h の係数は nx^{n-1} です．そうすると，微分の定義にある分数である平均変化率は

$$\frac{f(x+h) - f(x)}{h} = \frac{(x+h)^n - x^n}{h} = \frac{nhx^{n-1} + (h^2 \text{等の他の項})}{h}$$
$$= nx^{n-1} + \frac{(h^2 \text{等の他の項})}{h}$$

となります．ここで分数

$$\frac{(h^2 \text{等の他の項})}{h}$$

によって表される他の項は h を必ず含みますから，h を 0 に近づけた極限は 0 です．よって，以下のように nx^{n-1} の項が残ります．

$$f'(x) = \lim_{h \to 0} \frac{f(x+h) - f(x)}{h} = \lim_{h \to 0} \frac{(x+h)^n - x^n}{h} = nx^{n-1}$$

> **べき乗法則**
>
> $f(x) = x^n$ の導関数は以下の式になる．n は自然数であるとする[1]．
> $$f'(x) = nx^{n-1}$$

[1) 第 10.4 B 項 (p.150) の分析より，この法則は任意の実数 n で成り立ちます．

べき乗法則の公式で注意してほしいのは，例えば
$$f(x) = 1$$
のような定数関数でも成り立っていることです．ここでは $x^0 = 1$ であるので，
$$(x^0)' = (1)' = 0 \cdot x^{0-1} = 0$$
です．微分の定義から明らかに定数関数の微分は常に 0 です．なぜならば，$f(x+h) - f(x) = 1 - 1 = 0$ より，分子が常に 0 になるからです．

例 6 以下を微分してください．
① x^8　② x^{12}　③ x^{99}

解答 6
① $(x^8)' = 8x^{8-1} = 8x^7$　② $(x^{12})' = 12x^{12-1} = 12x^{11}$
③ $(x^{99})' = 99x^{99-1} = 99x^{98}$

B 定数倍法則

第 6 章で学んだ関数の定数倍の微分を求めましょう．関数 f と定数 c に対して関数 cf の微分です．$g(x) = cf(x)$ と置いて微分の定義に従えば，

$$\begin{aligned} g'(x) &= \lim_{h \to 0} \frac{g(x+h) - g(x)}{h} = \lim_{h \to 0} \frac{cf(x+h) - cf(x)}{h} \\ &= \lim_{h \to 0} c \left(\frac{f(x+h) - f(x)}{h} \right) = \left(\lim_{h \to 0} c \right) \times \left(\lim_{h \to 0} \frac{f(x+h) - f(x)}{h} \right) \\ &= cf'(x) \end{aligned}$$

となります．つまり，定数倍は外に出して中身を微分するのです．

> **定数倍法則**
>
> $$(cf)'(x) = cf'(x)$$

例 7 以下を微分してください．
① $3x^8$　② $8x^{12}$　③ $12x^{99}$

| 解答7 | $\boxed{1}$ $(3x^8)' = 3(x^8)' = 3 \cdot 8x^{8-1} = 24x^7$ $\quad$ $\boxed{2}$ $(8x^{12})' = 8(x^{12})' = 8 \cdot 12x^{12-1} = 96x^{11}$ |

$\boxed{3}$ $(12x^{99})' = 12(x^{99})' = 12 \cdot 99x^{99-1} = 1188x^{98}$

C 和の法則

関数の和の微分を求めましょう．定数倍が lim の外に出たように関数の和の微分も外に出ます．

和の法則

$$(f+g)'(x) = f'(x) + g'(x)$$

標語的にいうならば**和の微分は微分の和**です（練習問題9 $\boxed{3}$）．

| 例 8 | 和の法則を関数 $x^2 + x^3$ で確かめてください． |

| 解答8 | $\begin{aligned}(f+g)'(x) &= \lim_{h \to 0} \frac{(x+h)^2 + (x+h)^3 - (x^2 + x^3)}{h}\\ &= \lim_{h \to 0} \frac{2xh + h^2 + 3x^2h + 3xh^2 + h^3}{h} = 2x + 3x^2 = f'(x) + g'(x)\end{aligned}$ |

D 多項式関数の微分の公式

べき乗法則，定数倍法則，および和の法則を何回も適用することにより，多項式関数の微分を求めることができます．

多項式関数の微分

関数 $f(x) = c_n x^n + c_{n-1} x^{n-1} + \cdots + c_2 x^2 + c_1 x + c_0$ の導関数は以下である．
$$f'(x) = nc_n x^{n-1} + (n-1)c_{n-1} x^{n-2} + \cdots + 2c_2 x^2 + c_1$$

これでわれわれにも馴染みのある多項式で表される関数を，自由に微分することができるようになりました．これで2次関数などの傾きは微分で求められます．

| 例 9 | 1次関数 $f(x) = ax + b$ を微分してください． |

| 解答9 | $f'(x) = (ax + b)' = (ax)' + (b)' = a(x)' + 0 = a \cdot 1 = a$ |

140

E 微分可能ではない関数

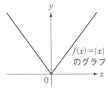

絶対値関数のグラフ

馴染みのある関数はすべて微分可能とは限りません．絶対値関数 $f(x)=|x|$ のグラフは $x=0$ で角をもっています（練習問題4③）．

この点で絶対値関数は微分不可能であることを示しましょう．$x=0$ で

$$\lim_{h \to 0}\frac{f(0+h)-f(0)}{h} = \lim_{h \to 0}\frac{|0+h|-|0|}{h} = \lim_{h \to 0}\frac{|h|}{h} \tag{3}$$

を考えます．このとき，最右辺の分数は

$$\frac{|h|}{h} = \begin{cases} 1 & (h>0) \\ -1 & (h<0) \end{cases}$$

となります．よって，

$$\lim_{h \to 0+}\frac{|h|}{h}=1 \quad かつ \quad \lim_{h \to 0-}\frac{|h|}{h}=-1$$

定理1により右極限と左極限が等しくないので，(3)式の極限は存在しません．つまり，絶対値関数のように尖ったグラフの点では関数は微分できないことがわかりました．一方，2次関数のグラフは滑らかです．微分可能な関数の図形的な特徴は，**滑らかな**グラフを持つことです．

練習問題 9

① 次の関数を微分してください．　① $3x^8+8x^{12}$　　② $12x^{99}+20$

② 費用関数 $C(Q)=Q^3-4Q^2+7Q+64$ を Q で微分してください．

③ 和の法則を微分の定義から証明してください．

10 微分の応用

前章で学んだ微分をさらに学んで経済学に応用します．今までの章で微分を用いずに求めた様々な概念がどのように微分で表現されるか味わってください．

10.1 微分と接線

まずは微分を用いて接線の方程式を求めましょう．

A 接線を引く

微分とは接線の傾きを求めることでした．具体的に接線の方程式を求めてみましょう．ある曲線上の点 P における曲線の**接線**とは，その点とその点以外の曲線上の点 Q を通る直線で，点 Q が点 P に限りなく近づくときに限りなく近づいていく直線のことをいいます．その点 P を**接点**といいます．その曲線が直線ならば接線は自分自身となります．

曲線と接線

図のような 2 点 (x_1, y_1) と (x_2, y_2) を通る直線 ℓ を考えたときに，その方程式は下記で表されたことを思い出してください．

$$y = \frac{y_2 - y_1}{x_2 - x_1}(x - x_1) + y_1 \tag{1}$$

この傾きの部分 $\Delta y/\Delta x = (y_2 - y_1)/(x_2 - x_1)$ を微分で求めることになります．

さっそく，図 1 のような微分可能関数 f の点 x_0 での接線を求めましょう．

直線の傾き

図 1 関数のグラフと接線

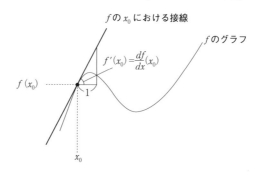

f の x_0 での微分係数は $f'(x_0)$ です．つまり，x_0 での傾きは $f'(x_0)$ です．点 $(x_0, f(x_0))$ を通りますから直線の方程式 (1) より，f の点 x_0 での接線は次になります．直線の傾き $\Delta y/\Delta x$ が微分になると dy/dx になりました．

> **接線の方程式**
>
> 微分可能関数 f の点 x_0 での接線の方程式は下記である.
> $$y = f'(x_0)(x - x_0) + f(x_0) \tag{2}$$

例 1 関数 $y = 1 - x^2$ のグラフの各点での接線の方程式を求めてそれを図示してください. ① $x_0 = 0$ ② $x_1 = 1$ ③ $x_2 = -1$

解答1 関数 $f(x) = 1 - x^2$ とすると $f'(x) = -2x$ であり, $f'(0) = 0$, $f'(1) = -2$, $f'(-1) = 2$ なので接線の方程式は以下になります.

① $y = 1$, ② $y = -2x + 2$, ③ $y = 2x + 2$

グラフとその接線は, 図2に描かれています.

図2 $y = 1 - x^2$ のグラフと接線

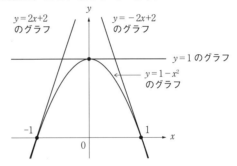

B 線形近似

接線の性質を利用してある点での値を接線を用いて近似することが可能です. ある点 x_0 から微小な変化 Δx により x まで変化したとします. つまり, $x = x_0 + \Delta x$ です. ここで $f(x_0)$ はよく知っているが $f(x)$ はあまりよくわからないとします. このとき微分係数 $f'(x_0)$ を用いてよくわからない点を近似します. $f(x_0)$ から出発して Δx だけ進んだときに y はどれだけ進むでしょうか? それは大体

$$f'(x_0)\Delta x$$

図3 線形近似

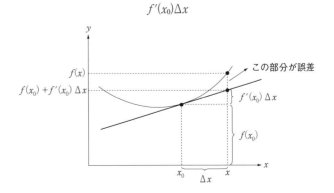

くらいだと考えられます．微分係数は x が微小に変化したときの y の変化量に他なりません．それに x の変化分を乗じた値がその変化だと考えてよいでしょう．よって，x が x_0 にごく近いときに以下が成り立ちます．
$$f(x) \simeq f(x_0) + f'(x_0)\Delta x$$

例 2 $(1.03)^2$ を微分を用いて近似しなさい．

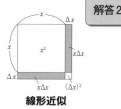

線形近似

解答 2 すぐ計算できますが微分で計算してみましょう．2 乗なので関数 $f(x) = x^2$ を想定して，$x_0 = 1$ で $\Delta x = 0.03$ です．$f'(x) = 2x$ ですから
$$f(x) \simeq f(x_0) + f'(x_0)\Delta x = x_0^2 + 2x_0\Delta x = 1^2 + 2 \cdot 1 \cdot 0.03 = 1.06$$
真の値は $(1.03)^2 = 1.0609$ ですからよい数字といえるのではないでしょうか．この近似は面積で表現すると図の右下の面積 $(\Delta x)^2$ を無視して $2x\Delta x$ の部分を計算することに対応しています．

10.2 微分の経済学への応用

微分の公式を用いて今まで学んだ経済概念を微分で表現してみましょう．

A 利潤最大化と限界費用

第 4 章で学んだアイスクリーム屋の例では利潤最大化問題を解いて，利潤が最大になる生産量 $x^* = 100$ を求めました．
$$\max_{x \in \mathbb{R}_+} \pi(x) = \max_{x \in \mathbb{R}_+} 100x - \frac{x^2}{2}$$
この利潤の関数 π を微分して，その関数のグラフの傾きを求めましょう．
$$\pi'(x) = \left(100x - \frac{x^2}{2}\right)' = 100 - \frac{1}{2} \cdot 2x^1 = 100 - x$$

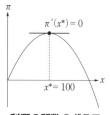

利潤の関数のグラフ

この微分係数が 0 になる，つまり，方程式 $\pi'(x) = 0$ の解が企業の最適な生産量 $x^* = 100$ に等しくなります．それは利潤の関数のグラフの頂上での接線の傾きが 0 になるからです．このように最大点を求めるために微分して 0 と置くことが経済学で頻繁に行われます．

費用関数 $C(x) = x^2/2$ を微分したものが**限界費用** $MC(x)$ です．
$$MC(x) = \frac{dC}{dx}(x) = \left(\frac{x^2}{2}\right)' = x$$

微分を用いると，限界費用は上式のように費用関数を生産量で微分したものになります．完全競争市場において限界費用 MC と価格 p が等しいときに企業の利潤が最大になります（第 6.3 B 項）．

> **企業の利潤最大化条件 1**
>
> $$MC = p$$

B 価格弾力性

次に需要の価格弾力性を微分で表現しましょう．第5章では価格の変化を Δp の Δ で表しました．微分を用いると極限を取りますから**微小に変化**した場合になります．そのときは微分の定義で用いたように dp に変わります．変化率も $\Delta p/p$ から dp/p になります．

このとき需要量 q と価格 p に対して需要の価格弾力性 ε は次の通りになります．

$$\varepsilon = -\frac{dq}{dp}\frac{p}{q}$$

需要曲線の傾き dq/dp は独立変数が縦軸になっていることに注意してください．

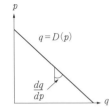

*需要曲線の独立変数は縦軸に取る

需要曲線と傾き

例 3 ある需要量 q が価格 p の関数として
$$q = -ap + 2.5b \quad (a \text{ と } b \text{ は正の定数})$$
で与えられています．$q = 2b$ のときの需要の価格弾力性を求めてください．

解答3 $dq/dp = (-ap + 2.5b)' = -a$ となります．$q = 2b$ のときの価格は，$2b = -ap + 2.5b$ を解いて，$p = 0.5b/a$ となります．よって，$\varepsilon = -dq/dp \cdot p/q = (-1) \cdot (-a) \cdot 0.5b/a \cdot 1/2b = 1/4 = 0.25$ となります．

C 効用最大化と限界効用

第6章で学んだ下記の効用関数 u の限界効用も微分で表現できます．

$$u(x) = -\frac{x^2}{2} + x \quad (0 \leq x \leq 1)$$

この u を消費量 x で微分したものが**限界効用** MU になります．

$$u'(x) = \left(-\frac{x^2}{2} + x\right)' = -x + 1$$

最適な消費は $x^* = 1/2$ でした．このときの限界効用は

$$u'\left(\frac{1}{2}\right) = -\frac{1}{2} + 1 = \frac{1}{2}$$

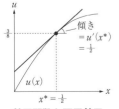

効用関数と限界効用

第6.6 D 項の判別式で求めた場合よりも計算が簡単になりました．微分を自在に使いこなせば，今まで求めた解を素早く求めることができます．

限界効用は微分を用いると効用関数を消費量で微分したものです．第6章で見たように，1財のケースで効用が金銭的に測れるケースでは限界効用 MU と価格 p が等しいときに消費者の効用の最大化が達成されます．

消費者の効用最大化条件（1財ケース）

$$MU = p$$

企業の利潤最大化条件を合わせて考えると，競争市場では市場価格（p）を通じて企業の限界費用と消費者の限界効用が等しくなっていることがわかります（$MU = MC$）．

10.3 積と商の微分

これから様々な微分の公式を求めます．

A 積の微分

関数 f と g の積 fg の微分を求めましょう．

例 4 関数 $f(x) = x^2$ と $g(x) = x^3$ の積 fg の微分は $f'g'$ に等しいでしょうか？

解答4 実際に fg を計算してみましょう．
$$(fg)(x) = f(x)g(x) = x^2 \cdot x^3 = x^{2+3} = x^5$$
です．よって，
$$(fg)'(x) = (x^5)' = 5x^4$$
となります．一方で
$$f'(x)g'(x) = 2x^1 \cdot 3x^2 = 6x^3$$
となりますから，$(fg)'$ とは違いますね．積の微分 $(fg)'(x)$ は下記になります．

積の微分

$$(fg)' = f'g + fg'$$

例 5 例4の積 fg の微分をこの公式で求めてください．

第 10 章　微分の応用

解答5
$$(fg)'(x) = f'(x)g(x) + f(x)g'(x) = (x^2)'x^3 + x^2(x^3)'$$
$$= 2x^1 \cdot x^3 + x^2 \cdot 3x^2 = 2x^4 + 3x^4 = 5x^4$$

となり，正しい解にたどり着けました（練習問題10②）．

問い1　$f(x) = x^n$ と $g(x) = x^m$ の積 fg で公式が正しいかどうか確かめてください．

答え1　まずは fg を求めて $(fg)(x) = f(x) \cdot g(x) = x^n \cdot x^m = x^{n+m}$. よって $(fg)'(x) = (n+m)x^{n+m-1}$ となります．公式から $f'(x)g(x) + f(x)g'(x) = nx^{n-1} \cdot x^m + x^n \cdot mx^{m-1} = nx^{n+m-1} + mx^{n+m-1} = (n+m)x^{n+m-1}$ となります．

B　商の微分

積の微分の次は商 f/g の微分の公式を導きましょう（練習問題10③）．

商の微分

$$\left(\frac{f}{g}\right)'(x) = \frac{f'(x)g(x) - f(x)g'(x)}{(g(x))^2} \quad (g(x) \neq 0)$$

分子にマイナスの符号があるので，公式を覚えるときに分子の最初の項に何がくるかが重要です．記憶の助けとして $g(x) = 1$ の場合を考えてみることです．$g' = 0$ ですから分子は f' になります．分母は 1 ですからこれは f の微分に正しくなりました．もっと簡潔に書くと以下の式になります．

$$\left(\frac{f}{g}\right)' = \frac{f'g - fg'}{g^2}$$

分子は「前微分・後ろそのまま引く前そのまま・後ろ微分」となります．

問い2　$1/x$ を微分してください．

答え2　$f(x) = 1$ は $f'(x) = 0$ より $(1/x)' = (f'g - fg')/g^2 = (0 \cdot x - 1 \cdot 1)/x^2 = -1/x^2$.

x^{-1} の微分は $-x^{-2}$ になりました．べき乗の法則が成り立っています．

問い3　$\dfrac{2x+3}{x+1}$ を微分してください．

答え3 $(f'g - fg')/g^2 = (2\cdot(x+1) - (2x+3)\cdot 1)/(x+1)^2 = -1/(x+1)^2$.

C 限界費用と平均費用の関係

商の微分公式を用いて限界費用曲線と平均費用曲線の関係を明らかにしましょう．図4のように平均費用曲線の下から上に限界費用曲線が突き抜け平均費用曲線の最低点で平均費用曲線は限界費用曲線と交わっています．

図4 平均費用曲線と限界費用曲線

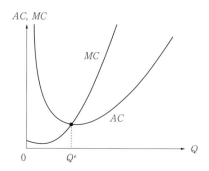

平均費用曲線の最低点は微分して0になる点です．平均費用関数を微分して0と置いた下で限界費用と平均費用が等しくなることを意味します．平均費用は費用を生産量で割ったものですから商の微分公式を用います．

$$\frac{dAC}{dQ} = \frac{d}{dQ}\left(\frac{C(Q)}{Q}\right) = \frac{C'(Q)\cdot Q - C(Q)\cdot (Q)'}{Q^2} = \frac{C'(Q)Q - C(Q)}{Q^2}$$

分子を0にするのは

$$C'(Q^e)Q^e - C(Q^e) = 0 \Leftrightarrow C'(Q^e) = \frac{C(Q^e)}{Q^e} \Leftrightarrow MC(Q^e) = AC(Q^e)$$

となります．確かに限界費用と平均費用が等しくなっています．

問い4 固定費用が $FC(x) = 10$ で可変費用が $VC(x) = x^2/2$ のとき，平均費用が最低になる生産量を求めてください．

答え4 $AC(x) = (FC(x) + VC(x))/x = (20 + x^2)/2x$ より商の微分を用いると，$AC'(x) = ((20+x^2)'\cdot 2x - (20+x^2)\cdot(2x)')/(2x)^2 = (2x\cdot 2x - (20+x^2)\cdot 2)/4x^2 = (x^2 - 20)/2x^2$ となります．平均費用曲線の最低点ではその傾きは0になります．よって，$AC'(x) = 0$ より $x^2 - 20 = 0$ を解くと $x^e = 2\sqrt{5}$ になります（練習問題6 ①）．

問い5 平均可変費用曲線の最低点を限界費用曲線は通ることを示してください．

第 10 章　微分の応用

答え5 $AVC = VC/Q$ に対して商の微分を適用すると，

$$\frac{dAVC}{dQ} = \frac{d}{dQ}\left(\frac{VC(Q)}{Q}\right) = \frac{VC'(Q)\cdot Q - VC(Q)\cdot(Q)'}{Q^2} = \frac{VC'(Q)Q - VC(Q)}{Q^2}$$

となります．固定費用は定数で微分すると 0 になるので，$VC'(Q) = C'(Q) = MC(Q)$ となります．結局，分子を 0 にするのは $MC = AVC$ のときです．

10.4　逆数の微分とべき乗の微分

次は逆数の微分の公式を学びましょう．

A　逆数の微分

商の微分の特別ケースとして逆数の微分を考えることができます．すなわち，その公式で $f(x) = 1$ のケースです．

逆数の微分

$$\left(\frac{\boldsymbol{1}}{\boldsymbol{g}}\right)'(\boldsymbol{x}) = \frac{-\boldsymbol{g}'(\boldsymbol{x})}{(\boldsymbol{g}(\boldsymbol{x}))^2} \quad (\boldsymbol{g}(\boldsymbol{x}) \neq \boldsymbol{0})$$

下記のように簡潔に書くこともできます．

$$\left(\frac{1}{g}\right)' = \frac{-g'}{g^2}$$

例　6 関数 $1/x$ を微分してください．

解答6 公式より $(1/x)' = \dfrac{-(x)'}{x^2} = -1/x^2$ になります．

問い6 $\dfrac{1}{x^3+3x^2}$ を微分してください．

答え6 $(1/(x^3+3x^2))' = -(x^3+3x^2)'/(x^3+3x^2)^2 = -3x(x+2)/(x^3+3x^2)^2$

B べき乗法則の拡張

この逆数の微分の公式から負の指数の微分を考えてみましょう.

$$\frac{d}{dx}x^{-n} = \frac{d}{dx}\left(\frac{1}{x^n}\right) = -\frac{\dfrac{d}{dx}x^n}{(x^n)^2} = -\frac{nx^{n-1}}{x^{2n}} = -nx^{n-1}x^{-2n} = -nx^{n-1-2n}$$
$$= -nx^{-n-1}$$

ここで $-n$ を負の整数 k にすると

$$\frac{d}{dx}x^k = kx^{k-1}$$

となり, 正の指数 n の公式と同じ形をしています. 以下が成り立ちました.

$$(x^n)' = nx^{n-1} \quad (n \in \mathbb{Z})$$

問い7 $\dfrac{1}{x^6}$ を微分してください.

答え7 $(1/x^6)' = (x^{-6})' = -6x^{-7}$

指数が整数でもべき乗法則が成り立ちましたが, 実はそれが実数でも成り立ちます. その事実を述べておきましょう.

拡張されたべき乗法則

任意の実数 r に対して $f(x) = x^r$ の導関数は以下の式になる.

$$f'(x) = rx^{r-1}$$

この公式より関数 x^π の微分は $(x^\pi)' = \pi x^{\pi-1}$ となります.

問い8 次を微分してください.
[1] $x^{\frac{1}{2}}$ [2] $x^{\sqrt{2}}$

答え8 [1] $(x^{\frac{1}{2}})' = x^{-\frac{1}{2}}/2$ [2] $(x^{\sqrt{2}})' = \sqrt{2}x^{\sqrt{2}-1}$

C 利潤最大化と限界生産物

第5章で学んだ**限界生産物** MPL も微分で再構成できます. 微小に労働 L が増えたとき生産量 Y の増加が MPL です.

$$MPL = \frac{dY}{dL}$$

問い9 労働 L を用いる企業が生産関数 $Y = F(L) = 100\sqrt{L}$ を有しています．労働の限界生産物を求めてください．

答え9 べき乗の法則の拡張より，$Y' = F'(L) = 100 \cdot 1/2\sqrt{L} = 50/\sqrt{L}$ となります．

生産関数を用いた利潤最大化条件を一般化しましょう．1種類の生産要素の労働 L を用いる生産関数 $Y = F(L)$ をもっている企業を考えます．生産物価格 p と賃金率を w とすると企業の利潤は

$$\pi(L) = pY - wL = pF(L) - wL \tag{3}$$

となります．この利潤を最大化するため (3) 式を L で微分します．

$$\frac{d\pi(L)}{dL} = (pF(L))' - (wL)' = p(F(L))' - w(L)' = pF'(L) - w$$

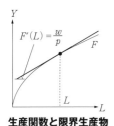

生産関数と限界生産物

もしこの利潤 (3) 式が上に凸な形状をしていれば，微分した値が 0 となる労働量が企業にとって最適な雇用量になります．よって，そのとき

$$pF'(L) - w = 0 \iff F'(L) = \frac{w}{p}$$

となります．

企業の利潤最大化条件 2

$$\boldsymbol{MPL = \frac{w}{p}} \tag{4}$$

(目的関数)$' = 0$

微分して 0

これは限界生産物が実質賃金率に等しいという条件です．この実質賃金率と限界生産物が等しい水準に企業は雇用量を定めます．

経済学で用いられる概念を微分で再構成して，各経済主体の最適な選択を微分で特徴付けました．そこでは**微分して 0** と置くのがお決まりのパターンです．

10.5 微分と関数の増減

次に，関数の増減を微分で表現しましょう．

A 関数の増加と減少

第4章で関数の増加や減少を学びました．この増減を微分で表現しましょう．関数が微分可能であれば接線の傾きの情報によってその増減がわかります．図のように接線が右上がりであれば，曲線も右上がりになります．また，接線が右下がりであれば曲線も右下がりになります．増加と減少は関数のローカルな現象です．そして，微分は極限の操作によって生まれますから，ある点での瞬間的な増減がわかります．

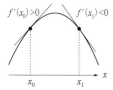

関数の増減と微分

定理 1

微分可能関数 f のある点 x_0 において，
$$f'(x_0) > 0 \Rightarrow f \text{ は点 } x_0 \text{ において増加している．}$$
$$f'(x_0) < 0 \Rightarrow f \text{ は点 } x_0 \text{ において減少している．}$$

それでは，微分して 0 になる点ではどうなっているでしょうか？ 実はその情報だけでははっきりとした結論が出ません．

図5の3つのグラフを見ればわかるように，(a)では $x = 0$ において f は増加しています．(b)では $x = 0$ において f は減少しています．(c)では $x = 0$ において f は増加でも減少でもありません．つまり，微分して 0 の場合は増加か減少かは判断が付きません．そのため，定理1では右側の矢印の主張のみが正しくなります．

図 5 $f'(0) = 0$ の増減

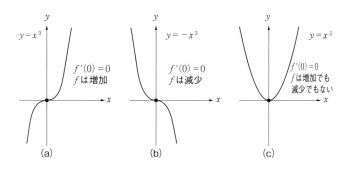

問い10 図5のグラフの関数を微分して，微分係数の符号を調べてください．

答え10 ① (a) $y' = 3x^2$ であり，$x = 0$ を除いて $y' > 0$ になります．② (b) $y' = -3x^2$ であり，$x = 0$ を除いて $y' < 0$ になります．③ (c) $y' = 2x$ であり，$x > 0$ のとき $y' > 0$，$x < 0$ のとき $y' < 0$ になります．符号が異なっています．

また，単調増加についても述べておきましょう．ある区間でずっと微分係数が 0 であればその区間で定数になります．

> **定理 2**
>
> 微分可能関数 f の定義域のある区間 I において，
> $f'(x) > 0\, (x \in I) \Rightarrow f$ は区間 I において **単調増加** している．
> $f'(x) < 0\, (x \in I) \Rightarrow f$ は区間 I において **単調減少** している．
> $f'(x) = 0\, (x \in I) \Rightarrow f$ は区間 I において **定数** である．

通常の財は消費すると消費者に満足を与えます．このような財では，消費量が増えると効用は増加します．

問い11 効用関数は増加していることを示してください．
① $u_1(x) = \sqrt{x}$ ② $u_2(x) = -x^2/2 + x\, (0 \leq x \leq 1)$ ③ $u_3(x) = x^a\, (0 < a < 1)$

答え11 ① $u_1'(x) = 1/2\sqrt{x} > 0$
② $u_2'(x) = -x + 1 > 0\, (0 \leq x < 1), u_2'(1) = 0$ ③ $u_3'(x) = ax^{a-1} > 0$

B 極大と極小

図 6 の関数のグラフを見ると 1 つの山と 1 つの谷があります．この山を極大値そして谷を極小値といいますが，まずはこのグラフを描いてみましょう．

図 6 極大値・極小値をもつ関数

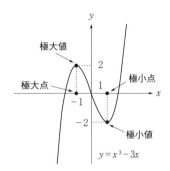

例 7 $f(x) = x^3 - 3x$ のグラフは図 6 の曲線になることを示してください．

解答 7 まずは関数 f を微分して因数分解します．
$$f'(x) = 3x^2 - 3 = 3(x+1)(x-1)$$
ここで $f'(x) = 0$ となるのは，$x = -1$ と $x = 1$ であることがわかります．そのときの値はそれぞれ $f(-1) = 2$ と $f(1) = -2$ です．

その点の前後の符号を調べてみましょう．$x < -1$ のとき $f'(x) > 0$ です．定理 2 より f はこの区間では単調増加していることがわかります．また，$-1 < x < 1$ のとき $f'(x) < 0$ です．同定理により単調減少です．最後に，$1 < x$

のとき $f'(x) > 0$ であり，単調増加になります．これらの関数の増減に関する情報から図6の曲線になることがわかります．

このように微分を用いて山や谷という曲線の特徴を見つけ出すことができました．例7の関数の増減の境や関数値をわかりやすく表にしましょう．

表1　増減表

x		-1		1	
y'	$+$	0	$-$	0	$+$
y	↗	2	↘	-2	↗

表1のような表を**増減表**といいます．ここに出てくる矢印 ↗ と ↘ は各々その区間で単調増加と単調減少していることを意味します．

さて，この曲線は点 $x = -1$ では高い山になっています．この近辺では最大になっています．しかし，例えば x 座標をもっと大きくすれば2よりも大きくなりますから最大値ではありません．しかし，$x = -1$ のごく近くでは一番大きくなっています．このような局所的な最大になる点を**極大点**といい，その値を**極大値**（local maximum）といいます．

正確な定義を書きますとある点 $x = x_0$ が関数 f の極大点であるとは，x_0 を含むある開区間 (a, b) がありその中では
$$f(x_0) \geq f(x) \quad (x \in (a, b))$$
となる点のことを指します．

同様に $x = 1$ ではこの近くでは最小になっています．このように局所的な最小になる点を**極小点**といい，その値を**極小値**といいます．ある点 $x = x_0$ が f の極小点であるとは，x_0 を含むある開区間 (a, b) があり，その中では
$$f(x_0) \leq f(x) \quad (x \in (a, b))$$
となる点のことを指します．

この極大値と極小値を合わせて**極値**といいます．また，極大点や極小点では，関数 f は増加でも減少でもありません．この極値を見つけるための手段が微分ともいえます．

定理3

微分可能関数 f のある点 x_0 で極値を取るならば，$f'(x_0) = 0$ を満たす．

$p \Rightarrow q$

必要条件

このような微分して 0 $(f'(x_0) = 0)$ になる点を**臨界点**といいます．あるいは**停留点**という呼び名もあります．図5の (a) と (b) を見ればわかるように，微分して0になっても極大値でも極小値でもない点が存在します．しかし，極値を取れば，**必ず**微分して0になります．この場合，この条件「微分して0になる」を**必要条件**といいます．また，極大値は必ずしも最大になる点で達成されるとは限りません．しかし，最大値を求めるための有益な情報をもたらしてくれます．

問い12 関数 $y = f(x) = 2x^3 - 9x^2 + 12x$ の極値を求めてください．

答え12 微分すると $f'(x) = 6x^2 - 18x + 12 = 6(x-2)(x-1)$ になります．$f'(x) = 0$ となる $x = 1, 2$ が極値を与えます．極大値は $f(1) = 5$，極小値は $f(2) = 4$ になります．

10.6 合成関数の微分

次に，別名連鎖律と呼ばれる合成関数の微分を学びましょう．

A 連鎖律

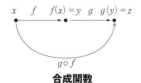
合成関数

第6章で学んだ合成関数を考えます．以下の関数 f と g を例に取ります．
$$f(x) = x+1 \quad g(y) = y^2$$
2つの関数の合成は $f(x) = y$ として，結局
$$z = g(f(x)) = (x+1)^2$$
となります．

例 8 関数 $(x+1)^2$ を微分してください．

解答8 $(x+1)^2 = x^2 + 2x + 1$ より，$((x+1)^2)' = (x^2 + 2x + 1)' = 2x + 2 = 2(x+1)$ となります．

ここで，$x+1$ を1つの文字 X とすると，X^2 の微分は $2X$ になります．これは一種のべき乗法則になります．つまり，$(X^2)' = 2X$ です．

では微分可能な関数 f と g の合成関数 $h = g \circ f$ の微分を求めてみましょう．つまり，x が少し変化したとき $z = g(f(x))$ がどれくらい変化したのかを見るのです．これは微分の記法から次のように表すことができます．

$$\frac{dz}{dx}$$

このとき，x の変化により y がまた変化しますから，その影響

$$\frac{dy}{dx}$$

を考えねばなりません．次に y が変化するわけですから，z も微小に変化します．つまり

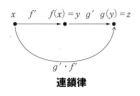

連鎖律

も考えなければなりません．そして，合成関数の微分はこの2つの積になります．つまり，

$$\frac{dz}{dx} = \frac{dz}{dy}\frac{dy}{dx} \tag{5}$$

になります．

このライプニッツ記法をもっと正確に書けば

$$\frac{dz}{dx}(x) = \frac{dz}{dy}(y) \cdot \frac{dy}{dx}(x) \quad (y = f(x))$$

です．カッコで示されているように，右辺の x と y は関数 f により関連付けられていることに注意してください．ラグランジュ記法で書き直してみましょう．

$$(g \circ f)' = g'(y) \cdot f'(x) \quad (y = f(x))$$

つまり

$$(g \circ f)' = g'(f(x)) \cdot f'(x)$$

となります．この公式を覚えるには最初の(5)式がいいでしょう．というのは右辺の分母と分子で dy が消去されている形になっているからです．

あくまでも $dz/dx, dz/dy, dy/dx$ は関数ですが，**あたかも数として扱って約分できる**と見なすのです．合成関数の微分は**連鎖律**といいます．

$\frac{dz}{dx} = \frac{dz}{dy}\frac{dy}{dx}$

連鎖律分数

連鎖律

$$(\boldsymbol{g} \circ \boldsymbol{f})' = \boldsymbol{g}' \cdot \boldsymbol{f}'$$

つまり合成関数の微分は微分の積になります．前章で積の微分は複雑な形でしたが，微分の積は合成関数の微分となりました．

例 9 最初に示した $z = (x+1)^2$ を連鎖律を用いて微分してください．

解答9 $y = x+1$ として考えて $f(x) = x+1$ と $g(y) = y^2$ の合成関数として考えます．個別の微分は $f'(x) = 1$ と $g'(y) = 2y$ となります．連鎖律より $f'(x) \cdot g'(y) = 2y$ となり，よって，$2y = 2(x+1)$ になります．

問い13 次の関数を連鎖律を用いて微分してください．
① $y = (x^2+1)^3$ ② $y = 1/(x^2+1)$

答え13 ① $y' = (x^2+1)' \cdot 3(x^2+1)^{3-1} = 2x \cdot 3(x^2+1)^2 = 6x(x^2+1)^2$
② $y' = ((x^2+1)^{-1})' = (x^2+1)' \cdot (-1)(x^2+1)^{-1-1} = -2x(x^2+1)^{-2} = -2x/(x^2+1)^2$

以上の問いから，微分可能関数 $f(x)$ のべき乗 $(f(x))^n$ を微分するには一種の法則があることがわかります．この指数 n を因数にして，指数を1減らし，$f(x)$ の微分を掛けた値になります．

$$(f^n)' = nf^{n-1}f', \quad (f^n)'(x) = n(f(x))^{n-1}f'(x), \quad \frac{d}{dx}u^n = nu^{n-1}\frac{du}{dx}$$

B 生産関数の応用

生産関数が $F(L) = \sqrt{2L}$ のときは合成関数の微分が必要になります．つまり，関数は $L \mapsto 2L$ と $2L \mapsto \sqrt{2L}$ の合成として捉えます．利潤(3)式を最大にする雇用量を求めましょう．労働の限界生産物は次の通りになります．

$$F'(L) = \left(\sqrt{2L}\right)' = (2L)' \cdot \frac{1}{2} \cdot \frac{1}{\sqrt{2L}} = \frac{1}{\sqrt{2L}} \tag{6}$$

よって，企業の利潤最大化条件 2 の $MPL = w/p$ より $1/\sqrt{2L} = w/p$ から

$$L^* = \frac{p^2}{2w^2}$$

が最適な雇用量になります．このときの最適な生産量は次のようになります．

$$F(L^*) = \sqrt{2L^*} = \sqrt{2 \cdot \frac{p^2}{2w^2}} = \frac{p}{w}$$

つまり最適な投入要素量と生産量の組は，$(L^*, Y^*) = (p^2/2w^2, p/w)$ となります．生産関数のグラフ上のこの点の接線を求めてみましょう．そのため(6)式に L^* を代入すると接線の傾きが求まります．

$$F'(L^*) = \frac{1}{\sqrt{2L^*}} = \frac{1}{\sqrt{2 \cdot \frac{p^2}{2w^2}}} = \frac{w}{p}$$

グラフの書き方ですが $\lim_{L \to 0} F'(L) = \lim_{L \to 0} 1/\sqrt{2L} = \infty$ なので，L が0に近づくにつれグラフの傾きが限りなく大きくなります．また，$\lim_{L \to \infty} F'(L) = 0$ となりますから右にいくにつれて平らになります．

接線の公式(2)より，接線の方程式は次の通りになり，それは図7に描かれています．

$$Y = \frac{w}{p}\left(L - \frac{p^2}{2w^2}\right) + \frac{p}{w} = \frac{w}{p}L - \frac{p}{2w} + \frac{p}{w} = \frac{w}{p}L + \frac{p}{2w} \tag{7}$$

図7 生産曲線と接線

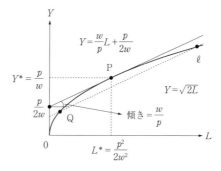

ここで，最大化された利潤は $\pi(L^*) = p\sqrt{2 \cdot p^2/2w^2} - w \cdot p^2/2w^2 = p^2/w - p^2/2w = p^2/2w$ となります．この生産曲線の接線の方程式(7)をさらに詳しく調べて，企業の利潤最大化行動の理解を深めましょう．利潤の(3)式に最適な値 (L^*, Y^*) を代入すると，$\pi(L^*) = pY^* - wL^*$ になります．この左辺を定数 $(\bar{\pi})$ とすれば，この式は L と Y の1次式になります．

$$\bar{\pi} = pY - wL \tag{8}$$

この方程式が表わす直線は最適な点 $P(L^*, Y^*)$ で図7の接線と一致します．つまり，$\bar{\pi} = \pi(L^*) = p^2/2w$ となります．(8)式を Y イコールの式にします．

$$Y = \frac{w}{p}L + \frac{\bar{\pi}}{p}$$

縦軸の切片 $\bar{\pi}/p$ は最適な利潤で評価すると，$p/2w$ となり図の切片の値を確認できます．この一定の利潤を確保する直線を**等利潤直線**といいます．

異なった $\bar{\pi}$ には異なる等利潤直線が対応します．例えば，図7の生産曲線と点Qで交わる直線 l がその一つです．しかし，直線 l の縦軸の切片は最適な利潤よりも低い値です．企業は，点Qからこの等利潤直線を上方にシフトさせて点Pで最大利潤を達成させます．

練習問題 10

1. 一辺の長さが2.01の正方形の面積を，例2を参考にして近似してください．
2. 積の微分 $(fg)' = f'g + fg'$ を証明してください．
3. 商 f/g の微分の公式を積の微分から導いてください．
4. 費用関数が $C(Q) = Q^3 - 4Q^2 + 7Q + 64$ のときの次の費用を求めてください．① 固定費用 FC　② 可変費用 VC　③ 平均費用 AC　④ 平均可変費用 AVC　⑤ 限界費用 MC
5. $ax + \dfrac{b}{x}$ を微分してください．
6. 4 の費用関数の増減を調べてください．

11 2階導関数と2階の条件

さらに微分を学び，最大化問題を深く探りましょう．特に関数のグラフの凹凸を微分で表現します．

11.1 指数関数の微分

まずは指数関数の微分を学びます．

A 指数関数の微分

最初に指数関数 $f(x) = a^x$ に微分の定義を適用してみましょう．

$$\lim_{h \to 0}\frac{a^{x+h}-a^x}{h} = \lim_{h \to 0}\frac{a^x a^h - a^x}{h} = a^x \lim_{h \to 0}\frac{a^h - 1}{h} = a^x \lim_{h \to 0}\frac{a^h - a^0}{h}$$

極限の部分は，$x = 0$ での微分係数に等しいことがわかります．

$$f'(0) = \lim_{h \to 0}\frac{a^h - a^0}{h} = \lim_{h \to 0}\frac{a^h - 1}{h} \tag{1}$$

ですから結局，指数関数の微分は，

$$f'(x) = a^x f'(0)$$

となります．(1)式の底をネイピア数 e にしたときに極限はどうなるでしょうか？ 実は，次のような自然指数関数の極限に関する定理があります．

$$\lim_{h \to 0}\frac{e^h - 1}{h} = 1 \tag{2}$$

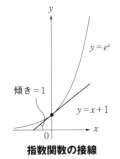

指数関数の接線

図のように，この定理(2)式を(1)式に用いると底を e とする指数関数は $x = 0$ で傾き 1 をもちます（$f'(0) = 1$）．よって，次がわかります．

自然指数関数 $y = e^x$ の微分

$$(e^x)' = e^x$$

つまり微分しても変わらない関数が $y = e^x$ です．

例 1 e^t を t で微分してください．

| 解答1 | 合成関数 $t \mapsto rt \mapsto e^{rt}$ として考えると以下になります $(y = rt)$. |

$$(e^{rt})' = (e^y)' \cdot (rt)' = re^{rt}$$

| 問い1 | 次を微分してください. |

① $y = e^{2x+1}$　　② $y = 1 - e^{-x}$　　③ $y = e^{-x^2}$

| 答え1 | ① $y' = (2x+1)' \cdot e^{2x+1} = 2e^{2x+1}$.　　② $y' = -(-x)' \cdot e^{-x} = e^{-x}$　　③ 合成関数 $x \mapsto -x^2 = y \mapsto e^y$ と見なして連鎖律を用います. $y' = (-x^2)' e^{-x^2} = -2xe^{-x^2}$ |

合成関数の微分の公式を用いると，以下の公式を導くことができます.

$e^{f(x)}$ の微分

$$(e^{f(x)})' = f'(x)e^{f(x)}$$

では，一般の底 a の指数関数 $y = a^x$ の微分を求めましょう．指数関数と対数関数の関係 $a = e^{\log a}$ を用いて，$y = a^x = (e^{\log a})^x = e^{x \log a}$ に変換します．上の公式と指数法則を用いて次のようになります.

$$\frac{d}{dx} a^x = \frac{d}{dx} e^{x \log a} = \log a \cdot e^{x \log a} = \log a \cdot (e^{\log a})^x = a^x \log a \qquad (3)$$

指数関数の微分

$$(a^x)' = a^x \log a$$

B　瞬間的利子率と指数関数の微分

連続複利の増え方を微分で表現しましょう．利子率 r で最初に A 円を預け入れて一瞬一瞬に利子が支払われたときの t 期間後の元利合計は

$$f(t) = Ae^{rt}$$

となります．その微分 $f'(t) = rAe^{rt}$ は預け入れ期間が一瞬延びたときの元利合計の増加を指します．次に，一瞬預け入れが延びたとき元利合計の増加率はどうなるでしょうか？　時刻 t_0 における f の**増加率**は

微分を用いた
増加率
$$\frac{f'}{f}$$

$$\frac{\dfrac{df}{dt}(t_0)}{f(t_0)}$$

です．結局次のようになり Ae^{rt} は増加率が r で一定になりました.

$$自然指数関数の増加率 = \frac{\dfrac{df}{dt}(t_0)}{f(t_0)} = \frac{rAe^{rt_0}}{Ae^{t_0}} = r$$

どの預け入れ時点においても，その一瞬の増加率は同じになります．この

160

結果は微分を使わなくても同じですが，表現が簡単になりましたね．

成長率一定の経済モデルでは，時間が連続的な場合は $f(t) = Ae^{rt}$，離散的な場合は $g(n) = A(1+r)^n$ となります．第8章で学んだように時間が連続的なときの将来価値の割引現在価値でも自然指数関数が登場しました．

例 2 関数 $f(t) = e^{-rt}$ を微分してください．また，その成長率を求めてください．

解答 2 $f'(t) = (-r) \cdot e^{-rt} = -re^{-rt}$ となり，成長率は
$$\frac{f'(t)}{f(t)} = \frac{-re^{-rt}}{e^{-rt}} = -r$$
となり，負の成長率（減少率）が一定の関数になります．

例 3 関数 f と g の積 $h = fg$ の成長率は次のようになることを示してください．
$$\frac{h'(t)}{h(t)} = \frac{f'(t)}{f(t)} + \frac{g'(t)}{g(t)}$$

解答 3 関数 $h(t) = f(t)g(t) \,(\neq 0)$ に対して積の微分を適用すると，
$$h' = f'g + fg' \iff \frac{h'}{fg} = \frac{f'g}{fg} + \frac{fg'}{fg} \iff \frac{h'}{h} = \frac{f'}{f} + \frac{g'}{g}$$
となり，**積の成長率は成長率の和**になります．

問い 2 商の成長率 (f/g) は成長率の差 $(f'/f - g'/g)$ になることを示してください．

答え 2 商 $h = f/g$ を微分すると，商の公式より $h' = (f'g - fg')/g^2$ となります．よって，$h'/h = (f'g - fg')/g^2 h = (f'g - fg')/fg = f'/f - g'/g$ となります．

11.2 逆関数定理

対数関数の微分を学ぶ前に，逆関数の微分を求めてみましょう．

逆関数

A　逆関数の微分係数

簡単な関数とその逆関数の微分を行ってみましょう．

例 4 関数 $f(x) = 5x - 8$ を微分してください．その逆関数を求めてください．次に逆関数を微分してください．

解答4 $y = 5x - 8$ から $y' = 5$ となります．また，$x = y/5 + 8/5$ が逆関数となります．これを微分して $x' = dx/dy = 1/5$ が逆関数の微分になります．

このように元の関数の微分 5 の逆数 1/5 が逆関数の微分になりました．これは一般化できます．逆関数 f^{-1} の微分係数は，元の関数の微分係数の逆数になります．この公式は**逆関数定理**とよばれます．

逆関数定理

$$(f^{-1})'(y) = \frac{1}{f'(x)} \quad (f'(x) \neq 0)$$

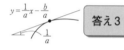

問い3 関数 $f(x) = \sqrt{x}$ の逆関数を求めてください．次に，その逆関数の微分と逆関数定理の結果を比べて一致することを確かめてください．

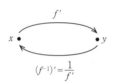

答え3 逆関数は $y = x^{1/2}$ から $x = y^2$ となります．ただし $y \geq 0$ が定義域です．$y' = 1/2 \cdot x^{-1/2}$ となり，公式の右辺は $1/f'(x) = 2/x^{-1/2} = 2x^{1/2}$ となります．逆関数の微分は $x' = 2y$ です．$y = x^{1/2}$ を代入して $(f^{-1})'(y) = 2y = 2x^{1/2}$ となり，両者は一致します．

逆関数定理のもう 1 つの見方を紹介しましょう．この見方も合成関数と同じく微分の記号を「分数」として見ます．

$$f' = \frac{dy}{dx} \quad \text{および} \quad (f^{-1})' = \frac{dx}{dy}$$

ですから，逆関数定理により $(dy/dx \neq 0)$，

$$\frac{dx}{dy} = \frac{1}{\dfrac{dy}{dx}}$$

です．右辺の分子分母に dx を掛けたものが左辺に等しくなっています．

逆関数定理

$$\frac{df^{-1}}{dy} = \frac{1}{\dfrac{df}{dx}}$$

問い4 $y = \sqrt[3]{x}$ を累乗関数の公式を使って微分してください．次に，逆関数定理を用いて微分してください．

答え4 公式より $y' = (x^{1/3})' = 1/3 \cdot x^{-2/3} = x^{-2/3}/3$．$x = y^3$ から $x' = 3y^2$ となります．逆関数定理より $dy/dx = 1/(dx/dy) = 1/3y^2 = 1/3(x^{1/3})^2 = 1/3x^{2/3} = x^{-2/3}/3$ です．

B 限界生産物と限界費用

これまで生産と費用の両面から企業の行動を見てきましたが，逆関数定理により限界生産物と限界費用の関係がわかります．賃金率 w の労働 L

だけを用いている企業の限界費用 MC と労働の限界生産物 MPL の関係は次の通りになります.

限界費用と限界生産物の関係

$$MC = \frac{w}{MPL}$$

上の公式を導きます. このとき費用は $C = wL$ です. ただし, この L は生産量 Q を効率的に産出するために用いられる雇用量です. よって労働市場が完全競争的である場合には, 次のような限界費用が求められます.

$$MC = \frac{dC}{dQ} = w\frac{dL}{dQ}$$

生産量 Q を効率的に生産する雇用量 L を考えると, 逆関数定理より

$$\frac{dL}{dQ} = \frac{1}{\dfrac{dQ}{dL}}$$

です. この右辺の dQ/dL は労働の限界生産物 MPL に他なりません.

$$MC = \frac{w}{MPL}$$

よって, 両者の関係が証明できました.

例 5 前章の第10.6 B 項の生産関数 $F(L) = \sqrt{2L}$ の費用関数 $C(Q)$ を求めてください.

解答5 前章の第10.6 B 項より限界生産物は $MPL = F'(L) = 1/\sqrt{2L}$ となります. 生産量は $Q = \sqrt{2L}$ なので, 公式より $MC(Q) = wQ$ となります.

$$MC(Q) = \frac{w}{MPL} = \frac{w}{\dfrac{1}{\sqrt{2L}}} = w\sqrt{2L} = wQ$$

11.3 対数関数の微分

逆関数定理を応用して対数関数の微分を求めます.

A 自然対数関数の微分法

自然対数関数 $y = \log x$ を微分します. 復習しますと $y = f(x) = \log x$ の逆関数が $x = e^y$ です. 逆関数定理と自然指数関数の微分より,

$$f'(x) = (\log x)' = \frac{1}{(e^y)'} = \frac{1}{e^y} = \frac{1}{x} \quad (x > 0) \tag{4}$$

自然対数関数の微分

$$\frac{d\log x}{dx} = \frac{1}{x} \quad (x > 0)$$

べき乗法則を学んだときに 0 を微分しても 0 でしたが，$x^{-1} = 1/x$ になる関数は $\log x$ だったのです．

関数	$-x^{-1}$	$\log x$	x	$\frac{1}{2}x^2$
導関数	x^{-2}	x^{-1}	1	x

問い5 関数 $y = \log(-x) \, (x < 0)$ を微分してください．

答え5 合成関数 $x \mapsto -x \mapsto \log(-x)$ と捉えて微分します．$y' = (-x)' \cdot (1/(-x)) = 1/x$ となります．

よって，次が証明できました．

$$(\log|x|)' = \frac{1}{x} \quad (x \neq 0)$$

第 8 章で 72 の法則を学んだときに，関数 $y = \log(x+1)$ は $x = 0$ の近くで $y = x$ で近似できることを使いました．それを証明しましょう．

例 6 対数関数 $f(x) = \log(x+1)$ の $x = 0$ における接線を求めてください．

解答6 この対数関数の定義域は $x > -1$ です．これを微分すると，

$$f'(x) = (\log(x+1))' = \frac{1}{x+1}$$

図1 $f(x) = \log(x+1)$ の $x = 0$ における接線

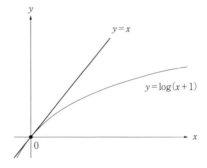

となります．よって，$f'(0) = 1/(1+0) = 1$ となり，接線の傾きは 1 となります．このとき関数値は，$f(0) = \log 1 = 0$ となるので，図 1 のように原点を通る傾き 1 の直線 $y = x$ がこの対数関数の $x = 0$ における接線となります．

第 11 章　2 階導関数と 2 階の条件

問い6 $y = \log(2x+1)$ を微分してください.

答え6 連鎖律を用いて $y' = (2x+1)' \cdot 1/(2x+1) = 2/(2x+1)$ となります.

問い7 $y = x \log x - x$ を微分してください.

答え7 積の微分を用いて $y' = (x)' \log x + x \cdot 1/x - 1 = \log x$ となります.

　一般の底 a のときの対数関数 $y = f(x) = \log_a x$ の微分は，(4)式と同様に逆関数定理を(3)式に適用して，$x = a^y$ から導出できます.

$$f'(x) = (\log_a x)' = \frac{1}{(a^y)'} = \frac{1}{a^y \log a} = \frac{1}{x \log a}$$

対数関数の微分

$$\frac{d \log_a x}{dx} = \frac{1}{x \log a}$$

B　対数微分法

$(\log f)' = \dfrac{f}{f'}$

対数微分法

　ある正の値を取る関数 f の対数を取った後を微分する方法を**対数微分法**といいます. これは経済変数の増加率（成長率）を求めるのに便利な方法です. 関数 $\log f(x)$ を合成関数として捉えて，自然対数関数の微分と合成関数の微分の公式より

$$(\log f(x))' = \frac{1}{f(x)} \cdot f'(x)$$

となります. 対数を取って微分することはその増加率を求めることになります.

$\log f(x)$ の微分

$$(\log f(x))' = \frac{f'(x)}{f(x)}$$

　増加率がよく登場する経済学では対数微分法が広く用いられています.

165

問い8 $y = e^{rt}$ の対数微分を求めてください.

答え8 対数を取って $\log y = \log e^{rt} = rt$. 微分して $(\log y)' = (rt)' = r$. 成長率 r です.

問い9 $y = 1/x \, (x > 0)$ の対数微分を求めてください.

答え9 対数を取って $\log y = \log x^{-1} = -\log x$. 微分して $(\log y)' = -1/x$ です.

問い10 $f(x) = (x+a)(x+b)$ の対数微分を用いて $f'(x) = f(x)\left(\frac{1}{(x+a)}+\frac{1}{(x+b)}\right)$ を証明してください.

答え10 対数を取って $\log f(x) = \log(x+a)(x+b) = \log(x+a)+\log(x+b)$. 微分して $(\log f(x))' = 1/(x+a)+1/(x+b)$. 左辺は $f'(x)/f(x)$ に等しいので, $f'(x) = f(x)(1/(x+a)+1/(x+b))$ となります.

　積の形で簡単に表現されている関数は,対数を取って微分すると簡単に計算できます.対数関数の独立変数は正であることに注意してください.

C　弾力性と対数微分法

　増加率は弾力性とも関係があるので,弾力性を対数微分で表現しましょう.需要の価格弾力性 ε は需要量 q と価格 p の変化率の比です.

$$\varepsilon = -\frac{dq}{dp}\frac{p}{q}$$

自然対数関数の微分の $d\log x$ や dx をひとかたまりの記号として,

$$\frac{d\log x}{dx} = \frac{1}{x} \iff \frac{dx}{x} = d\log x$$

このように変形して下の弾力性の式の分子と分母を書き換えると

$$\varepsilon = -\frac{\dfrac{dq}{q}}{\dfrac{dp}{p}} = -\frac{d\log q}{d\log p}$$

となります.弾力性の式が対数微分法で簡単になりました.

第 11 章　２階導関数と２階の条件

弾力性と対数微分

$$\varepsilon = -\frac{d \log q}{d \log p}$$

例　7　需要関数 $D(p) = 1/p$ の価格弾力性を対数微分を用いて求めてください.

解答7　対数を取って $\log D(p) = -\log p$. よって, $\varepsilon = -\frac{d \log q}{d \log p} = -\frac{d \log D(p)}{d \log p} = -\frac{d(-\log p)}{d \log p}$
$= -(-1) = 1$ となります. この導出で $X = \log p$ と置けば $dX/dX = 1$ です.

問い11　需要関数 $D(p) = 1/p^a\,(a > 0)$ の価格弾力性を対数微分を用いて求めてください.

答え11　対数を取って $\log D(p) = -\log p^a = -a \log p$. よって, $\varepsilon = -\frac{d \log q}{d \log p} = -\frac{d(-a\log p)}{d \log p}$
$= -(-a) = a$ となります. 弾力性が一定の a になりました.

D　瞬間的な成長率と成長会計

　　瞬間的な成長率を求めるときには対数関数が便利です. マクロ経済が以下の**コブ・ダグラス型生産関数**で記述されているとしましょう. 生産量 Y は資本 K, 労働 L, 技術水準 A から次の関係で表されています.

$$Y = AK^\alpha L^{1-\alpha}$$

ただし, この α は１未満の正の定数とします. この Y の対数を取ってみましょう. 対数の性質を用いると次のように表されます.

$$\log Y = \log A + \alpha \log K + (1-\alpha)\log L$$

掛け算が和に, 指数部分が係数になり, 簡単に表現できますね. この Y, K, L, A が時間 t とともに変化したとします. この時間で微分すると次のような式になります[1].

$$\frac{Y'}{Y} = \frac{A'}{A} + \alpha\frac{K'}{K} + (1-\alpha)\frac{L'}{L}$$

1) これは厳密には２変数関数の微分とその連鎖律を用いて導出されます. ここでは単に対数微分の威力を実感してください.

この式を言葉で書き表せば以下のようになります.

**　　経済成長率 ＝ 技術進歩率＋α 資本蓄積率＋$(1-\alpha)$ 労働人口成長率**

経済成長率は, 単純な技術進歩率, 資本蓄積率および労働人口成長率の加重和になりました.

167

11.4 2階微分と関数のグラフの凹凸

関数 x^2 を微分すると $2x$ になります．これもまた微分可能な関数で，もう一度微分すると 2 になります．複数回の微分を考えましょう．

A 2階導関数

このように2回微分して得られる導関数を **2階導関数** といいます．今までに習った導関数を **1階導関数** ともいいます．2階導関数とは導関数をもう一度微分したものですので，このようになります．

$$\frac{d}{dx}\left(\frac{df}{dx}\right)$$

これをライプニッツ流の記法では次のように書きます．

$$\frac{d^2 f}{dx^2}$$

2 の位置に注意してください．df/dx を 2 乗したものではありません．ラグランジュ流の記法では f'' と書きます．コーシー流では $D^2 f$ です．

例題をやってみましょう．2次関数の1階と2階の導関数は次の通りになります．

$$f(x) = x^2, \quad f'(x) = 2x, \quad f''(x) = 2$$

1階導関数は元の関数の傾きを示していました．それが傾きが正の1次関数ですから一定の割合で増加していることがわかります．

それでは2階微分のグラフの意味は何でしょうか？ それは1階微分の傾き，すなわち x が微小に増加したときその増加分を表しています．元の関数に戻すと増加分の増加分になります．

1階微分は直線なので傾きは一定であり，2になります．ですから，図2(c)のような2階微分のグラフは水平になります．1階の微分係数の符号は，元の関数のグラフが右下がりかどうかを示していました．この場合，2階の微分係数の符号は正です．これは何を意味しているのでしょうか？ それは元のグラフの凹凸を意味しています．2階微分係数の符号を調べることによって，元のグラフが上に凸か下に凸かが明らかになります．

図2 $f(x) = x^2$，導関数，2階導関数のグラフ

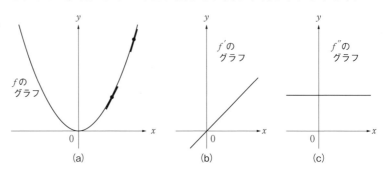

問い12 次の2階導関数を求めてください． ① $y = x^3 + x^2 + 1$ ② $y = x^3 - 3x$ ③ $y = \sqrt{x}$ ④ $y = e^x$ ⑤ $y = \log x$ ⑥ $y = e^{-x^2}$

答え12 ① $y'' = (3x^2 + 2x)' = 6x + 2$ ② $y'' = (3x^2 - 3)' = 6x$ ③ $y'' = (x^{-1/2}/2)' = -x^{-3/2}/4$ ④ $y'' = (e^x)' = e^x$ ⑤ $y'' = (1/x)' = -1/x^2$ ⑥ 問い1 ③ の答えより $y' = -2xe^{-x^2}$ なので，積の微分より $y'' = (-2x)'e^{-x^2} + (-2x) \cdot (-x^2)' e^{-x^2} = -2e^{-x^2} + 4x^2 e^{-x^2} = 2(2x^2 - 1)e^{-x^2}$．

B 下に凸の条件 $f'' > 0$

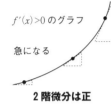

それでは，2階微分係数の符号が正であることは何を意味するのでしょうか？ それは図にあるように

$f''(x) > 0 \iff x$ が増えれば傾きがどんどん増加する

ことを意味します．

この図は1階微分が正でしたが，次に1階微分が負の場合を見ましょう．図のように傾きが負であれば，傾きが増加することはその絶対値が小さくなる，すなわち緩やかになることを意味します．

これらの形状は，図2 (a) に描かれている2次関数 $f(x) = x^2$ の x が正の部分と負の部分に対応しています．2次関数のグラフは下側に出っ張っていて**下に凸**なグラフといいました．すなわち，次のことがいえます．

$$f''(x) > 0 \iff 下に凸なグラフ$$

問い13 基本的な自然指数関数のグラフは下に凸であることを示してください．

答え13 問い12 ④ より $(e^x)'' = e^x > 0$ から，そのグラフは下に凸になります．

C 上に凸の条件 $f'' < 0$

次に2階微分係数の符号が負の場合を見ましょう．2次関数 $g(x) = -x^2$ の1階微分は $g'(x) = -2x$，2階微分は $g''(x) = -2 < 0$ となります．この2次関数のグラフの形状で2階微分係数の符号の性質を調べましょう．

1階微分係数の符号が正の場合は，曲線は右上がりで x が増えると傾きは緩やかになります．1階微分が負の場合は，曲線は右下がりで x が増え

上に凸なグラフ

ると傾きは険しくなります．このように2次関数のグラフを見ると，上側に出っ張っている**上に凸**なグラフを表していることがわかります．すなわち，次のことがいえます．

$$f''(x) < 0 \iff 上に凸なグラフ$$

このように**グラフの凹凸を決める**性質を2階微分はもっています．

問い14 基本的な自然対数関数や基本的な無理関数のグラフは上に凸であることを示してください．

答え14 問い12 [5] と [3] より $(\log x)'' = -1/x^2 < 0$ と $(\sqrt{x})'' = -x^{-3/2}/4 < 0$ から，両関数のグラフは上に凸になります．

2階微分は負

2階微分は負

図3　グラフの凹凸と変曲点

D　変曲点の条件 $f'' = 0$

それでは2階の微分係数が0の場合はどうでしょうか？　それはグラフの凹凸の形状が切り替わる点を表します．そのような点を**変曲点**といいます．変曲点ならば $f''(x) = 0$ となります．

関数 $f(x) = x^3 - 3x$ のグラフの凹凸を調べます．問い12 [2] から $y'' = 6x$ より，点 $(0,0)$ が変曲点になります．図3のように，変曲点の左は $f'' < 0$ であり関数のグラフは上に凸になります．右の $f'' > 0$ は下に凸になります．このように変曲点はグラフの凹凸が変化する点になります．

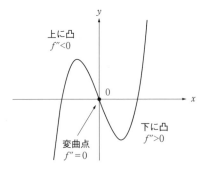

問い15 次の変曲点を求めてください．
[1] $y = x^3 + x^2 + 1$　　[2] $y = e^{-x^2}$　　[3] $C(Q) = Q^3 - 4Q^2 + 7Q + 64$

答え15 問い12より，[1] $y'' = 0 \iff 6x+2 = 0 \iff x = -1/3$．よって，$(-1/3, 29/27)$ が変曲点となります．　　[2] $y'' = 0 \iff 2(2x^2-1)e^{-x^2} = 0 \iff 2x^2-1 = 0 \iff x = \pm 1/\sqrt{2}$．よって，$(1/\sqrt{2}, e^{-1/2}), (-1/\sqrt{2}, e^{-1/2})$ が変曲点となります．　　[3] $C''(Q) =$

$(3Q^2-8Q+7)' = 6Q-8$. よって，$(Q, C(Q)) = (4/3, 1852/27)$ が変曲点になります．

E 限界効用逓減の法則

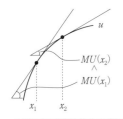

夏の暑い日にアイスクリームを食べると美味しいですよね．通常財の消費量は増加するに従って効用は高まります．しかし，何個も食べていくと，嬉しいですが最初の嬉しさよりは少し薄れていきます．財の消費が増えるに従って限界効用 MU は段々と減少しています．**限界効用逓減の法則**は，財の量を増やせば増やすほど追加購入による効用の増加分は段々小さくなることを意味します．これを2階微分で表現すると，効用関数 u の2階微分係数の符号は負になります．

限界効用逓減の法則

$$\frac{d}{dx}MU(x) = MU'(x) = \frac{d^2u}{dx^2}(x) < 0$$

例 8 効用関数 $u(x) = \sqrt{x}$ は限界効用逓減の法則が成り立っていることを示してください．

解答 8 $\frac{du}{dx} = (\sqrt{x})' = \frac{1}{2}x^{-\frac{1}{2}}, \quad \frac{d^2u}{dx^2} = \left(\frac{1}{2}x^{-\frac{1}{2}}\right)' = -\frac{1}{4}x^{-\frac{3}{2}} < 0$

問い16 限界効用逓減の法則が成立していることを示してください．① $u_1(x) = -x^2/2+x \ (0 \le x \le 1/2)$ ② $u_2(x) = 1-e^{-x}$ ③ $u_3(x) = \log x$

答え16 ① $u_1' = -x+1, u_1'' = -1 < 0$ ② 合成関数の微分を用いると $u_2' = (1-e^{-x})' = -(-1)\cdot e^{-x} = e^{-x}, u_2'' = -e^{-x} < 0$ ③ $u_3' = 1/x, u_3'' = -1/x^2 < 0$

F 増減表を用いたグラフの書き方

1階微分はグラフが右上がりか右下がりか，2階微分は凹凸に関する情報を教えてくれることがわかりました．前章で導入した増減表に，これらの情報を加えてまとめましょう．

例 9 次の関数のグラフを書いてください．
$$y = f(x) = x^3-3x^2+1 \tag{5}$$

| 解答9 | 最初に微分してみます．
$$y' = 3x^2 - 6x = 3x(x-2)$$
となり $x = 0, 2$ が微分して0になる点です．明らかに $x < 0$ の範囲では $f'(x)$ は正，$0 < x < 2$ では $f'(x)$ は負，$2 < x$ では $f'(x)$ は正となることがわかります．もう一度微分してみます．
$$y'' = 6x - 6 = 6(x-1)$$
となり $x = 1$ が $f''(x)$ が0になる点です．明らかに $x < 1$ の範囲では $f''(x)$ は負，$1 < x$ では $f''(x)$ は正となることがわかります．以上の情報を次の増減表の表1に書き入れます．

表1 増減表

x	$-\infty$		0		1		2		∞
y'		+	0	−	−	−	0	+	
y''		−	−	−	0	+	+	+	
y	$-\infty$	↗	1	↘	−1	↘	−3	↗	∞

矢印 ↗ はグラフが右上がりであること，および矢印 ↘ はグラフが右下がりであることを表しています．両端の無限大に x が進んでいったときに y がどんな値を取るかについての情報を与えています．ここで計算したり表に入れた値を基にして，図4のようなグラフを描くことができます．

図4 3次関数のグラフ

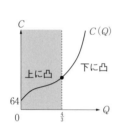

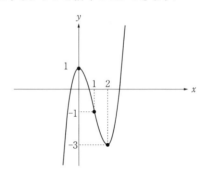

| 問い17 | 費用関数 $C(Q) = Q^3 - 4Q^2 + 7Q + 64$ の費用曲線を描いてください．

| 答え17 | 前章の練習問題 4 や本章の問い15より $C'(Q) = 3(Q - 4/3)^2 + 5/3 > 0$ から右上がりの曲線で，$C''(Q) = 6Q - 8$ より $Q > 4/3$ のとき下に凸，$Q < 4/3$ のとき上に凸になります．

11.5 極大と極小

前章で極大と極小を導入しましたが，その違いを2階微分で明らかにしましょう．

A 極大・極小の2階の条件

ある点 x^* において $f'(x^*) = 0$ が極大値を達成する条件は何でしょうか？それはグラフが上に凸なときに突起部分が極大点になります．微分で言い換えると $f''(x^*) < 0$ が成り立っていることです．

反対に，極小になる条件は $f''(x^*) > 0$ が成り立っていることです．これらの条件を**2階の条件**と呼びます．一方，$f'(x^*) = 0$ は**1階の条件**といいます．

極大・極小の2階の条件

関数 $\boldsymbol{f}$ は $\boldsymbol{x^*}$ において2階微分可能であり，1階の条件 $\boldsymbol{f'(x^*) = 0}$ が成り立っているとする．

① $\boldsymbol{f''(x^*) < 0}$ ならば，$\boldsymbol{f}$ は $\boldsymbol{x = x^*}$ で極大値をもつ．
② $\boldsymbol{f''(x^*) > 0}$ ならば，$\boldsymbol{f}$ は $\boldsymbol{x = x^*}$ で極小値をもつ．

図4の3次関数のグラフには山や谷が出てきましたが，それらは極大点と極小点になります．関数(5)式は最大値や最小値はもちません．しかし，定義域を極大点を含む十分に小さな区間にすると最大値が存在することもあり得ます．

最大点 x^* を求める手順をまとめましょう．

① $f'(x^*) = 0$ である点を探す．
② $f''(x^*) < 0$ であるかどうかをチェックする．
③ 定義域の端点（もしあれば）を調べて上の $f(x^*)$ と比較する．

最後の条件は，定義域の端で最大値や最小値になっているケースを考慮することを意味します．

例 10 (5)式の定義域が $-1 \leq x \leq 3$ のときの最大・最小を求めてください．

解答10 関数値を極大点，極小点，端点で評価すると下記になります．
$$f(0) = 1, \quad f(2) = -3, \quad f(-1) = -2, \quad f(3) = 1$$
最大点 $x = 0, 3$ で最大値1を取り，最小点 $x = 2$ で最小値 -3 を取ります

問い18 関数 $f(x) = \sqrt{x} - x \, (x \geq 0)$ の最大値を求め，2階の条件が満たされているか確かめてください．

答え18 $f'(x) = x^{-1/2}/2 - 1$ となり，$x^* = 1/4$ が $f'(x) = 0$ を満たしています．$f''(x) = -x^{-3/2}/4$ から $f''(x^*) = -2$ となり極大の十分条件を満たしています．極大値は $f(1/4) = 1/4$ です．端点では $f(0) = 0$ となるので $x^* = 1/4$ は最大点になります．

B 経済学の2階の条件

今まで学んだ経済学に関する問題の2階の条件を見てみましょう．

例 11 費用関数 C をもつ企業の利潤最大化の2階の条件を求めてください．

解答11 利潤 $\pi(x) = px - C(x)$ の1階微分と2階微分は
$$\pi'(x) = p - C'(x), \quad \pi''(x) = -C''(x)$$
となります．1階の条件と2階の条件は $\pi'(x) = 0$ と $\pi''(x) < 0$ より
$$p = C'(x), \quad C''(x) > 0$$

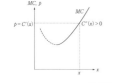

となります．2階の条件は限界費用関数 MC は C' なので $MC'(x) > 0$ を意味します．つまり，限界費用曲線が右上がりの部分で価格と限界費用が等しいことを意味します．

問い19 価格 p と賃金率 w であるときに，生産量 x の費用関数 $wx^2/2$ をもつ企業の最適な生産量は2階の条件を満たすことを示してください．

答え19 利潤は $\pi(x) = px - wx^2/2$ より，1階および2階の条件は $\pi'(x) = p - wx = 0$ と $\pi''(x) = -w < 0$ になります．最適な生産量のとき2階の条件は成立します．

練習問題 11

1. 逆関数定理を，関数と逆関数の合成関数が恒等関数になること $f^{-1}(f(x)) = x$ を用いて証明してください．
2. 弾力性と対数関数の微分の関係 $d\log y / d\log x = dy/dx \cdot x/y$ を $z = \log y$ と $x = e^t$ とおいて，連鎖律 $dz/dy \cdot dy/dx \cdot dx/dt$ を用いて証明してください．
3. 費用関数が $C(Q) = Q^3 - 4Q^2 + 7Q + 64$ のとき，各種の曲線を同じ図に描いてください．
   ① AC ② AVC ③ MC
4. 問い1と問い12を参考にして，関数 $y = f(x) = e^{-x^2}$ のグラフを描いてください．
5. 1種類の生産要素労働 L を用いる生産関数 $Y = F(L) = \sqrt{2L}$ で最適な雇用量は2階の条件を満たしていることを示してください．
6. $f(x) = x^3$ と $g(x) = -x^3$ は極値をもたないことを示してください．
7. 費用関数 $C(x) = 10 + x^2/2$ の平均費用が最低になる生産量を，微分を用いて求めてください．
8. 効用 $u(x) = -x^2/2 + x$ から費用 $C(x) = x^2/2$ を差し引いた額を総余剰 $W(x)$ とします．その最大点を求め，2階の条件を確認してください．

12 2変数関数と偏微分

2変数関数とその応用で限界効用を学びます．図形や空間についてイメージを豊かにもつよう心がけてください．

12.1 3次元空間と2変数関数

今までは主に1変数関数を扱ってきました．経済学で扱う問題では複数の選択肢の中から最も望ましいものを選ぶことが大変重要です．その問題を考察するためには，複数の変数をもつ関数の分析が必要不可欠です．

A 3次元空間

平面上の点を表すには，直交する2本の座標軸——x軸とy軸——を用いて2個の実数の組(x, y)とその点の間に対応を考えました．同様のことを空間にも拡張します．**3次元空間**の点は実数の3つ組(x, y, z)が対応します．新しい数zを表示するために新たにz軸を設けます．

3次元空間上の点を，グラフに描いてみましょう．まずは2個の実数の組(x, y)を表示します．ここでは，図1のようにx軸とy軸をこちら側に広がる形に描きます．

図1　xy平面

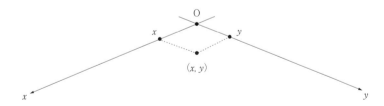

図1は，野球場でいうと，ホームベースが原点でx軸が一塁線，y軸が三塁線と見なしたときに，バックスクリーンから眺めた姿です．原点Oの奥の方が各座標のマイナスになります．このような平面を**xy平面**といいます．

次に，図2のように第3の軸をz軸として原点Oから立て，上下に伸ばします．そして，空間の点のz座標が正の値のときには原点より上方に，負の値のときには下方に描きます．

図2 3次元の座標

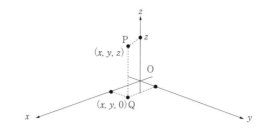

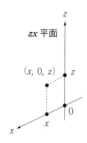

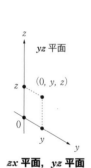

zx 平面，yz 平面

互いに直交する **x 軸**，**y 軸**，および **z 軸**が3次元空間を形成します．3つの軸の交点が3次元空間の**原点O**となります．空間になったので，図1の xy 平面の点Qの座標は，z 座標が0なので，$(x,y,0)$ となります．ここから z だけ上に伸ばした点Pの**座標**は (x,y,z) になります．

xy 平面と同様に，z 軸と x 軸とが定める平面を **zx 平面**，y 軸と z 軸の定める平面を **yz 平面**といいます．この zx 平面は $(x,0,z)$ の点全体の集合であり，yz 平面は $(0,y,z)$ の点全体の集合になります．

3次元空間というと難しい印象をもたれるかもしれませんが，実際は単なる3つの数の組のなす集合をいうのです．つまり，数直線を $\mathbb{R}$，平面を $\mathbb{R}^2$ と同一視したように，**空間は $\mathbb{R}^3$ と同一と見なします**．

B 2変数関数

異なる2財を各々どのくらい消費するかは，ミクロ経済学の基礎を学ぶ上で基本的な問題です．その数学的な基礎の2変数関数を学びます．**2変数関数**とはある組 (x,y) からある値を与える関数です．われわれが関心をもつ2変数関数は，ある数のペアの集合 $X \subset \mathbb{R}^2$ の元に対してある数を指定する

$$f:X\to\mathbb{R}, \quad z=f(x,y)$$

という形の関数です．

ここで定義域の元 (x,y) と上の $z=f(x,y)$ を満たす z の3つの数の組 (x,y,z) の集まりが2変数関数のグラフになります．独立変数——数の組でも変数と呼びます——が図2の点Qの座標 $(x,y,0)$ であり，関数値がそこから上に伸ばした高さ z になります（マイナスの場合は下に伸ばします）．具体的な2変数関数のグラフを見てみましょう．

例 1 次の関数のグラフを描いてください．
$$f:\mathbb{R}^2\to\mathbb{R}, \quad f(x,y)=x^2+y^2 \tag{1}$$

解答1 この関数のグラフは図3に描かれています．ここでは円の形で切れていますが，実際には上方に伸びています．

図3 $z = x^2 + y^2$ のグラフ

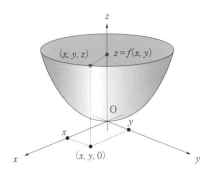

2変数関数のグラフを直観的に把握するために，詳しく調べてみましょう．変数が多いときは，ある変数を止めて考えると理解がしやすくなります．例えば，変数yを固定して0と置きます．そうすると，(1)式は，
$$f(x, 0) = x^2 \tag{2}$$
のようにxの2次関数になります．これを図4(a)のようにグラフに表してみるとzx平面で元の関数(1)式のグラフを切った切り口になります．

図4 zx 平面の切り口

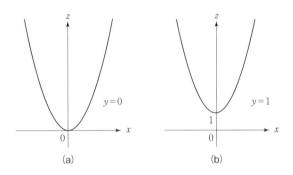

同様に，$y = 1$で固定すると，
$$f(x, 1) = x^2 + 1 \tag{3}$$
となり，これもxの2次関数になります．このグラフを図4(b)に表してみると，zx平面に平行で$y = 1$を通る平面で元のグラフを切った切り口になります．

この例でわかるように，一方の変数を固定することによって放物線が現れました．他の2変数関数でも，ある変数を固定すると元の関数は1変数と見なすことができます．

今度は従属変数zを固定してみます．その切り口は図5のとおり，$z = 0$のときには原点となり，$z = 1$のときには点線の円になります．

局面の切り口

図5　$z = x^2 + y^2$ の
　　　グラフ2

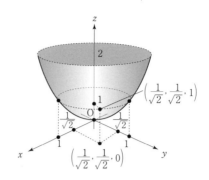

このグラフは，z を 0 から 1, 2 と増やしていくと点から段々と大きな円になっていくことがわかります．

$$z = 0, \quad x^2 + y^2 = 0, \quad 原点 (0,0) のみ$$
$$z = 1, \quad x^2 + y^2 = 1, \quad 半径 1 の円$$
$$z = 2, \quad x^2 + y^2 = 2, \quad 半径 \sqrt{2} の円$$

従属変数が $z = 1$ となる独立変数 (x, y) の集まりは，中心が原点で半径が 1 の円である**単位円**の方程式を意味しています．このように別な角度から円を眺めることもできるのです．従属変数の値を一種の「高さ」と捉えて，関数のグラフの一種の**等高線**を考えるとその形状がイメージしやすくなりますね！

単位円

このように z をある $\bar{z}(\geq 0)$ で固定することは，関数が $f(x, y) = \bar{z}$ という x と y との関係式になります．この上線 $\bar{z}$ は，ある変数が固定されたときにしばしば用いられる記号です．このような関係式は**陰関数**と呼ばれます．x に対して従属的に y が定まるのではなく両変数の関係式です．

しかしながら，関係式から x の関数として y を捉えたくなりますね？このとき，従属変数 y が陽に表されている**陽関数**と呼ばれます．例えば，$z = 2$ のとき $x^2 + y^2 = 2$ は，$y = \sqrt{2 - x^2}$ と $y = -\sqrt{2 - x^2}$ の 2 つの関数によって表現が可能です．

陰関数

変数 x, y の関係式 $F(x, y) = 0$ を**陰関数**という．ある定義域を選ぶと
$$F(x, f(x)) = 0$$
が成り立つ関数 $y = f(x)$ が存在するとする．そのとき，陽関数 $f(x)$ は，陰関数 $F(x, y) = 0$ から陽に表されているという．

---

　2 変数関数のグラフは 3 次元空間の点となるので，一見難しそうに見えます．しかし，このようにある変数を固定して既知の関数のグラフや曲線からその形状を推察することが可能です．

C 2変数効用関数

われわれは多様な財・サービスの中から選択を行っています．その数種類の財から選択を行う問題の基礎として，2種類の財からそれらの数量を選ぶ問題を考えましょう．

例えば，1日にチョコレート菓子の「ホワイトサンダー」を何個と，棒状の駄菓子である「美味しい棒」を何本食べるかという問題です．1日にホワイトサンダーを4個，美味しい棒を8本食べる消費の組み合わせは，$(4,8)$ となります．同様にホワイトサンダーを2個，美味しい棒を14本の組み合わせは，$(2,14)$ となります．

消費者は，この $(4,8)$ や $(2,14)$ 等の消費の組に対して選好をもっているとしましょう．それを効用関数で表現します．この場合は消費する財の量の組から効用への関数である2変数関数となります．

つまり，x 財と y 財を消費する消費者の効用関数は，財の組 (x,y) に対してその満足度 $u(x,y)$ を与える **2変数効用関数** となります．

例 2 下記の効用関数 u のグラフを描いてみてください．
$$u: \mathbb{R}_+^2 \to \mathbb{R}, \quad u(x,y) = \sqrt{x}\sqrt{y} \tag{4}$$

解答2 効用関数のグラフは図6のようになります．このグラフは，空間の野球場的な表現でいえば一塁側の高いスタンドから見ている図形になります．

図6 効用関数のグラフ

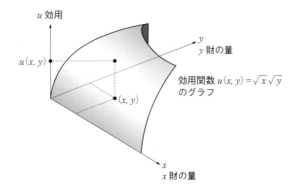

12.2 2変数関数の微分と偏微分

$$\lim_{h \to 0} \frac{f(x+h)-f(x)}{h}$$
微分の定義

2種類の財の最適な消費量の組み合わせを2変数の微分を用いて求めたい．しかし，残念ながら1変数関数の微分から2変数関数の微分へ簡単に拡張することはできません．

1変数の微分の定義を再確認しましょう．平均変化率の h を限りなく0

に近づけたときの極限が微分係数です．ここでは h というある数で割っています．2変数関数では数の組 (x,y) が定義域の元です．数の組で割ることはできないのでこの定義は使えません．ではどうしましょうか？

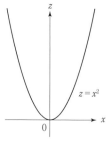

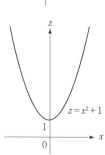

A　偏微分

今できることをやってみます．2変数関数を1変数関数にして微分の定義をもち込んでみましょう．

前節で学んだ，2つある変数のうち1つを止める考え方を取り上げましょう．つまり，(1)式から y を固定して，$y=0$ から(2)式と，$y=1$ から(3)式という x の2次関数を導いてみましょう．

この例でわかるように一方の変数を固定することによって1変数と見なすことができます．1変数になれば今までに習った微分を用いることができますね．このような関数の微分を**偏微分**といいます．

その定義は次の通りです．次の極限が存在するとき関数はその点で**偏微分可能**といいます．そして，その極限を **x に関する偏微分係数**といいます．$y=b$ で変わらないことに注意してください．

点 (a,b) における x に関する偏微分係数

$$\frac{\partial f}{\partial x}(a,b) = \lim_{h \to 0}\frac{f(a+h,b)-f(a,b)}{h}$$

ここに出てくる記号 ∂ はラウンドと読んで，微分の記号 d の変形だと考えてください．少し変わっていると多変数かどうか見分けが付きます．

同様に，点 (a,b) における **y に関する偏微分係数**も定義できます．このときは x が固定されています．その記号は次のようになります．

$$\frac{\partial f}{\partial y}(a,b)$$

点 (a,b) における y に関する偏微分係数 $\partial f/\partial y(a,b)$ とは $h \to 0$ のときの $(f(a,b+h)-f(a,b))/h$ の極限となります．$x=a$ で変わっていません．

問い1　関数(1)式の点 $(1,1)$ における x に関する偏微分係数を求めてください．

答え1　$\partial f/\partial x(1,1) = \lim\limits_{h\to 0}((1+h)^2+1^2-(1^2+1^2))/h = \lim\limits_{h\to 0}(2h+h^2)/h = 2$

$y=x^2$ の $x=1$ における微分係数と等しくなりました．他の偏微分の記号を紹介します．

$$f_x(a, b) \qquad f_y(a, b) \qquad D_x f(a, b) \qquad D_y f(a, b)$$

こちらの方が書く手間が省けていいです．後半はコーシー流の記法です．

1変数の微分と同様に導関数も偏微分にはあります．**偏導関数**とは関数の変数に対してその偏微分係数を与える関数です．記法も1変数関数と同様に，x と y の偏導関数をそれぞれ

$$\frac{\partial f}{\partial x} \quad \frac{\partial f}{\partial y} \qquad f_x \quad f_y \qquad D_x f \quad D_y f$$

と書きます．このとき，f_x を x に関する偏導関数，また f_y を y に関する偏導関数といいます．ある変数の偏導関数を求めることをその変数で**偏微分する**といいます．

例 3　関数(1)式の偏導関数 f_x と f_y を求めてください．

解答3　他の変数は定数として考えればよいのですから，$f_x(x, y) = (x^2)' + (定数)' = 2x$ となります．同様に $f_y(x, y) = 2y$ となります．

つまり2変数関数であっても注目していない変数は定数と扱って定数の微分を用いて計算すればよいのです．

例 4　次の関数の x に関する偏導関数を求めてください．
$$f(x, y) = x^{1/2} y^{1/2}$$

解答4　f_x を求めるときは $y^{1/2}$ を定数と考えます．定数倍の法則より
$$f(x, y) = y^{1/2}(x^{1/2})' = y^{1/2} \cdot (1/2)x^{-1/2} = \frac{x^{-1/2} y^{1/2}}{2} = \frac{1}{2}\sqrt{\frac{y}{x}}$$

$y^{1/2}$ を係数として扱い定数倍の法則により前に出せばよいのです．慣れるためにいくつか問題をやってみましょう．

例 5　関数 $x^2 y + y^3$ を x と y に関してそれぞれ偏微分してください．

解答5　単純に他方を定数として計算すると以下になります．
$$\frac{\partial f}{\partial x}(x, y) = 2xy, \quad \frac{\partial f}{\partial y}(x, y) = x^2 + 3y^2$$

問い2　次の関数を x に関して偏微分してください．$\boxed{1}$ $f(x, y) = -x^2/2 + 2x + y$
$\boxed{2}$ $f(x, y) = x\log xy$ 　　$\boxed{3}$ $f(x, y) = \exp(-(x^2 + y^2)/2)$

答え2　$\boxed{1}$ $f_x(x, y) = -2x/2 + 2 \cdot 1 = -x + 2$ 　　$\boxed{2}$ 積の微分と連鎖律を用います．
$f_x(x, y) = (x)'\log xy + x \cdot y/xy = \log xy + 1$．あるいは対数法則を用いて $x\log xy$

181

$= x(\log x + \log y)$ としてから偏微分してもよいでしょう． ③ $f_x(x, y) = (-x^2/2)' \exp(-(x^2+y^2)/2) = -x \exp(-(x^2+y^2)/2)$

偏微分係数を図で理解しましょう．x に関する偏微分係数は，変数 y を固定したのですから，方程式 $y = \bar{y}$ で形作られる平面で関数 f のグラフを切った切り口のある点での接線の傾きになります（図7）．それは $f_x(x, \bar{y})$ になります（図8）．y 座標が固定されている以外は1変数関数の接線の傾きを求める方法と同じです．同様に，y に関する偏微分係数は，平面の方程式が $x = \bar{x}$ である平面で関数 f のグラフを切った切り口のある点での接線の傾き $f_y(\bar{x}, y)$ になります．

このように偏微分係数により，zx 平面や yz 平面に平行な平面で曲面を切り取った切り口の傾きを知ることができます．

B 限界効用と偏微分

前節で学んだ，変数を固定する方法で，詳しく例4の効用関数のグラフを見てみましょう．効用関数のグラフをある財 y の数量 $\bar{y}$ の水準で切った切り口である図7で見てみましょう．

図7 効用関数のグラフ2

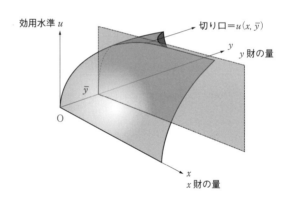

このように zx 平面（ここでは z は効用の u）と平行な平面で関数のグラフを切っています．その切り口を野球の一塁ベンチ側から見ると図8のようになります．

図8 効用曲線と限界効用

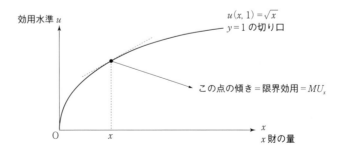

この切り口は，y 財の消費量が一定のときに x 財の消費量とその効用の

関係が図示された図形です．この図形をどこかで見た覚えはありません
か？　そうです！　第5章で学んだ生産関数のグラフと同じです．例えば，
(4)式で $y = 1$ としたときに，$u(x, 1) = \sqrt{x}$ となり基本的な無理関数と同一
になります．

さらに第6章で学んだ一種類の財の選択で登場した効用曲線と似たよう
な形状をしていることもわかるでしょう．効用曲線の傾きは限界効用を意
味していました．この場合は y 財の量が固定されていることに注意して
ください．

この他の変数が固定されているというのは偏微分の定義と同じですね！
1変数の効用関数では微分を用いて限界効用を定義したのと同様に，2変
数では偏微分を用いて以下のように限界効用を定義します．

2変数効用関数 $u(x, y)$ の限界効用

消費点 (a, b) における x 財に関する限界効用は次になる．

$$MU_x = \frac{\partial u}{\partial x}(a, b)$$

効用関数 u の **x 財に関する限界効用**は x に関する u の偏微分です．効
用関数を偏微分することイコール効用関数の偏導関数を求めることは，限
界効用関数を求めることです．このとき財が2種類あるので，x 財の限界
効用を MU_x と書きます．同様に y 財の限界効用も MU_y と書きます．

例 6　効用関数(4)式の x 財の限界効用を求めてください．

解答6　効用関数 $u(x, y) = \sqrt{x}\sqrt{y}$ の $\sqrt{y}$ を定数と考えて

$$MU_x = \frac{\partial u}{\partial x}(x, y) = \frac{1}{2}x^{-\frac{1}{2}}y^{\frac{1}{2}} = \frac{1}{2}\sqrt{\frac{y}{x}} \tag{5}$$

問い3　効用関数(4)式の消費点$(1, 1)$における x 財の限界効用を求めてください．次に消
費点$(1, 4)$の x 財の限界効用を求めてください．

答え3　(5)式より $MU_x(1, 1) = 1/2\sqrt{1/1} = 1/2$ と $MU_x(1, 4) = 1/2\sqrt{4/1} = 1$.

問い4　効用関数(4)式の y 財の限界効用を求めてください．

答え4　$MU_y = 1/2x^{\frac{1}{2}}y^{-\frac{1}{2}} = \sqrt{x/y}/2$

通常の財を消費すると効用は高まりますから限界効用は正です．

$$MU_x = \frac{\partial u}{\partial x}(x, y) > 0$$

効用関数(4)式の限界効用はもちろん満たしています．

ここで問い3で見たように x 財の限界効用は y 財の消費量にも依存していることに注意してください．y 財の消費量が1から4に増えれば，

$$u(x, 1) = x^{\frac{1}{2}} < u(x, 4) = 2x^{\frac{1}{2}}$$

もちろん効用が増加します．一方で，限界効用も増加しています．

$$\frac{\partial u}{\partial x}(x, 1) = \frac{1}{2}x^{-\frac{1}{2}} < \frac{\partial u}{\partial x}(x, 4) = x^{-\frac{1}{2}}$$

図9 y 財の量が異なる x 財の限界効用

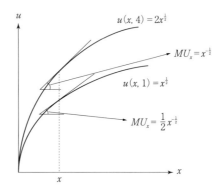

図9に2種類の y 財の水準を止めた x 財の効用曲線が描かれています．他財の量が増えると効用も限界効用も大きくなっていることがわかります．

美味しい棒を食べれば食べるほど，ホワイトサンダーを食べたときの満足の増加が大きくなることを意味しています．

12.3　2階偏微分

1変数の微分で2階微分があったように偏微分にも2階微分があります．

A　2階偏導関数

前節で偏導関数を求めるとまた x と y が出てきました．もう1回偏微分したくなりますね？　しかし，この場合は順序に気を付けなければなりません．

最初に x で偏微分して次に y で偏微分した導関数を

$$\frac{\partial}{\partial y}\left(\frac{\partial f}{\partial x}\right)$$

と書きます．最初の偏微分 $\frac{\partial f}{\partial x}$ を関数として y の偏微分 $\frac{\partial}{\partial y}$ を施したのです．このように2回偏微分した偏導関数を **2階偏導関数** といいます．これに対して1回だけ偏微分した関数を1階偏導関数といいます．これでは大きなカッコがあって書きにくいので次の簡略記法があります．

$$\frac{\partial^2 f}{\partial y \partial x}$$

これからはこの書き方で行きましょう．また次の記法もあります．

$$f_{xy}$$

変数の順番が逆になっているのに注意してください．

例 7 (4)式を x について偏微分して，次に y について偏微分してください．

解答7 例6から財 x の限界効用は $MU_x = x^{-\frac{1}{2}} y^{\frac{1}{2}}/2$ でした．これをもう一度 y で偏微分します．

$$\frac{\partial^2 u}{\partial y \partial x}(x,y) = \frac{\partial MU_x}{\partial y} = \frac{1}{4} x^{-\frac{1}{2}} y^{-\frac{1}{2}} \tag{6}$$

逆に最初は y で偏微分して次に x で偏微分した導関数を

$$\frac{\partial^2 f}{\partial x \partial y} \quad \text{あるいは} \quad f_{yx}$$

と表します．分母の x と y の位置に注意してください．これらの2階偏微分は違う変数で微分したので**交差偏導関数**ともいいます．

もちろん，同じ変数で2回繰り返して偏微分した導関数もあります．

$$\frac{\partial^2 f}{\partial x^2} \quad \text{あるいは} \quad f_{xx}, \quad \frac{\partial^2 f}{\partial y^2} \quad \text{あるいは} \quad f_{yy}$$

例 8 (4)式を x について2回連続して偏微分してください．

解答8 例6，7を参考にして $MU_x = x^{-\frac{1}{2}} y^{\frac{1}{2}}/2$ から次のようになります．

$$\frac{\partial MU_x}{\partial x} = \frac{\partial^2 u}{\partial x^2}(x,y) = -\frac{1}{4} x^{-\frac{3}{2}} y^{\frac{1}{2}} \tag{7}$$

問い5 関数(1)式の各種の2階偏導関数を求めてください．

答え5 例3より，$f_{xx} = \partial f_x / \partial x = (2x)' = 2$，$f_{xy} = \partial f_x / \partial y = 0$，$f_{yy} = \partial f_y / \partial y = (2y)' = 2$，$f_{yx} = \partial f_y / \partial x = 0$ となります．

B ヤングの定理

2変数関数の2階微分は $f_{xy}, f_{yx}, f_{xx}, f_{yy}$ の合計4種類があります。しかし，関数がよい性質をもっていると3種類の計算だけで十分になります．

例 9 関数 x^2y+y^3 を最初に x で偏微分して次に y で偏微分してください．次に y から偏微分した交差偏導関数を求めてください．

解答9 例5の1階の偏導関数をもう1回違う変数で偏微分します．
$$\frac{\partial^2 f}{\partial y \partial x}(x,y) = 2x(y)' = 2x, \quad \frac{\partial^2 f}{\partial x \partial y}(x,y) = (x^2)' = 2x$$

このように x から始めても y から始めても答えは一致しました．これは偶然ではありません．実は次の定理で保証された便利な事実なのです．

ヤングの定理

2階偏導関数 $\dfrac{\partial^2 f}{\partial y \partial x}$ が連続ならば
$$\frac{\partial^2 f}{\partial y \partial x} = \frac{\partial^2 f}{\partial x \partial y}$$
が成り立つ．

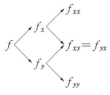

ヤングの定理

つまり交差偏導関数が連続であれば2変数関数の2つの交差偏導関数は等しいのです[1]．これで順番を気にせず偏微分ができることになります．

[1] 2変数関数の連続性の定義は1変数と同様に極限を用いて定義できます．1変数と同様に直感的には局面であるそのグラフがつながっていることです．

例 10 効用関数(4)式の交差偏導関数を求めてください．

解答10 (6)式より $u_{xy} = 1/4\sqrt{xy}$ が求められています．次に u_{yx} を求めましょう．y 財の限界効用は問い4からわかっています．それを x で偏微分します．
$$\frac{\partial MU_y}{\partial x} = \frac{\partial^2 u}{\partial x \partial y}(x,y) = \frac{1}{2}\frac{1}{2}x^{-\frac{1}{2}}y^{-\frac{1}{2}} = \frac{1}{4\sqrt{xy}}$$

ヤングの定理通り2つの交差偏導関数が等しくなりました.

C 限界効用逓減の法則

次に2種類の財のケースの**限界効用逓減の法則**を考えましょう. 美味しい棒を食べれば食べるほど嬉しい. しかし, 最初の1本, 次の2本と食べるごとに嬉しさは減少する法則でした. それは2階偏微分の符号を調べるとわかります.

2種類の財の限界効用逓減の法則

$$\frac{\partial^2 u}{\partial x^2}(x, y) < 0$$

これは x 財についての限界効用逓減の法則です. y 財についても同様にその2階偏微分の符号が負であることがその法則になります.

例 11 効用関数(4)式は限界効用逓減の法則が成り立っていることを示してください.

解答11 例8の(7)式より $u_{xx} = -\sqrt{y}/4\sqrt{x^3} < 0$ から x 財について成り立っています. 関数の対称性より $u_{yy} = -\sqrt{x}/4\sqrt{y^3} < 0$ となることが容易にわかり, y 財についても成り立っています.

1変数のケースと同様に図9において y 財がどのような量であっても x 財の量が増えるとその限界効用 (接線の傾き) は減少しています. これが限界効用逓減の法則の図形的な意味になります.

D 限界生産物逓減の法則

2変数関数に慣れるために生産の例を取り上げましょう. 第11章で学んだ資本 K と労働 L を投入物として生産物 Y を生み出す**コブ・ダグラス型生産関数** F を考えます.

$$F: \mathbb{R}_+^2 \to \mathbb{R}_+, \quad Y = F(K, L) = AK^\alpha L^{1-\alpha} \quad (A > 0, 0 < \alpha < 1)$$

1変数関数で学んだ労働の限界生産物 MPL は, この生産関数では F を L について偏微分することにより求まります.

$$MPL = \frac{\partial F}{\partial L} = A(1-\alpha)K^\alpha L^{-\alpha} \tag{8}$$

この MPL は労働のみならず資本の量にも依存しています. 労働を投入す

ればするほど生産物の量は増えます．すなわち，$L \neq 0$ ならば $MPL > 0$ です．

しかしながら，投入物を増やせば増やすほどその生産物の増加は小さくなることが，2階偏微分係数の符号を見るとわかります．

$$\frac{\partial^2 F}{\partial L^2} = -A\alpha(1-\alpha)K^\alpha L^{-1-\alpha} < 0$$

これが，2種類の投入物を用いるときの**限界生産物逓減の法則**です．

2種類の投入物の限界生産物逓減の法則

$$\frac{\partial^2 F}{\partial L^2}(K, L) < 0$$

生産関数 F の労働の限界生産物が(8)式で与えられたように，資本の限界生産物（marginal productivity of capital）を考えることもできます．この記号は，C は費用に用いられているので，ドイツ語の資本 Kapital の頭文字を用いて MPK と表します．この値は

$$MPK = \frac{\partial F}{\partial K} = A\alpha K^{\alpha-1} L^{1-\alpha} \tag{9}$$

となります．また労働の限界生産物は，資本が増えれば増えるほど増加することが，(8)式を K で偏微分することによりわかります．

$$\frac{\partial MPL}{\partial K} = \frac{\partial^2 F}{\partial K \partial L} = A\alpha(1-\alpha)K^{-1+\alpha}L^{-1-\alpha} > 0$$

練 習 問 題 12

① $x = 9$ に固定されているときの効用関数(4)式のグラフを yu 平面上に描いてください．$u(1, y)$ のグラフとどのような位置関係にありますか？

② 財の量が $(1, 1)$ と $(9, 1)$ のときの効用関数(4)式の y 財の限界効用の値を求めてください．

③ 関数 $f(x, y) = \sqrt{x} + \sqrt{y}$ の，各変数の1階と2階の偏導関数を求めてください．

④ x 財と y 財を消費するある消費者の効用関数が $u(x, y) = x^{\frac{1}{3}} y^{\frac{2}{3}}$ で与えられているとします．x 財と y 財の限界効用を求めてください．次に，限界効用逓減の法則が成り立っていることを示してください．

⑤ 資本の限界生産物の(9)式が逓減することを示してください．

13 2変数関数の微分

いよいよ最終章です．2変数関数の微分を学び，消費者の選択に応用します．

13.1 2変数の微分

前章では2変数関数のある変数を止めて偏微分を導入しました．それを利用して2変数関数の微分を学びます．

A 微分の図形的な意味

微分とは接線の傾きを求めることです．その考えを2変数関数の微分にも当てはめましょう．1変数関数の点 (x_0, y_0) における接線の方程式
$$y = f'(x_0)(x-x_0) + y_0$$
から考えていきましょう．y_0 を左辺に移項して増加の記号 Δ を用いて，$\Delta x = x - x_0$ と $\Delta y = y - y_0$ で表現すると
$$\Delta y = f'(x_0)\Delta x$$
です．線形近似で学んだように，x が x_0 にとても近いとき関数のグラフは接線で近似できます．反対に，この近似がうまくできるのであれば微分可能と考えましょう．つまり，$\Delta x \to 0$ としたときに近似できれば，
$$dy = f'(x_0)dx \tag{1}$$
と微分の記号を用いることにしましょう．この式の意味は
$$y の微小な変化 = 微分係数 \times x の微小な変化$$
を表していますが，見方を変えるとこの式はあたかも点 (x_0, y_0) を原点，dx を横座標，dy を縦座標として，その原点を通る傾きが $f'(x_0)$ の直線の方程式になっています．

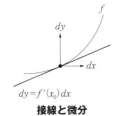

接線と微分

図1 曲面に接する平面

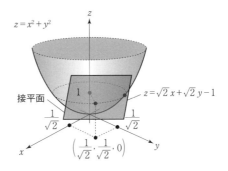

このような線形近似を2変数関数にも適用します．2変数関数のグラフ

は3次元空間の曲面なので，近似直線に対応する図形は平面となります．それは**接平面**と呼ばれる平面です．つまり変数が1個では線が，2個では平面が「接線」の概念に相当します．

関数 $z = x^2 + y^2$ のグラフに対して，図1のようなちょうど点 $(x, y, z) = (1/\sqrt{2}, 1/\sqrt{2}, 1)$ で1点を共有してこの曲面にぴったり付く下敷きのような平面が，この曲面の接平面になります．

接線が1次式で表されたように接平面も1次式で表されます．ただし，変数が増えて x と y になります．よって，点 $(x_0, y_0, f(x_0, y_0))$ を通る接平面は次のような x と y の1次式になると予想されます．

$$z - f(x_0, y_0) = A(x - x_0) + B(y - y_0) \tag{2}$$

B 全微分

接平面の方程式(2)を $\Delta x = x - x_0$ のような増分の記号で書き換えます．

$$\Delta z = A\Delta x + B\Delta y \tag{3}$$

ここで $\Delta x \to 0, \Delta y \to 0$ としたときに接平面(2)式がうまく曲面を近似できれば，関数 f は点 (x_0, y_0) で**全微分可能**といいます．このとき1変数の場合と同様に Δx を dx，そして Δy を dy，および Δz を dz と書き直すと

$$dz = Adx + Bdy$$

となります．(1)式の2変数バージョンが出てきました．この式の意味は，z の微小な変化は x の微小な変化と y の微小な変化の和として表されるということです．

$$z の微小な変化 = A \times x の微小な変化 + B \times y の微小な変化$$

この右辺の A と B は何がふさわしいでしょうか？ A は x が変化したときの z に対する貢献度ですから y の変化には関係しません．そうです！x に関する偏微分係数が当てはまります．

$$A = f_x(x_0, y_0)$$

つまり，変数 x の微小な変化は x に関する偏微分係数を通じて z に影響を与えると考えるのです．同様に $B = f_y(x_0, y_0)$ になります．よって，

$$dz = f_x(x_0, y_0)dx + f_y(x_0, y_0)dy$$

となります．この式を関数 f の点 (x_0, y_0) における**全微分**といいます．

全微分

2変数関数 f が点 (x, y) において全微分可能ならば，以下の式が成り立つ．
$$dz = f_x(x, y)dx + f_y(x, y)dy$$

関数 f の点 (x_0, y_0) において全微分可能ならば接平面の方程式(2)は

$$z - f(x_0, y_0) = f_x(x_0, y_0)(x - x_0) + f_y(x_0, y_0)(y - y_0) \tag{4}$$

となります．それは点 (x_0, y_0) の近くにおいて曲面を近似しているので，

$$f(x, y) \simeq f(x_0, y_0) + f_x(x_0, y_0)(x - x_0) + f_y(x_0, y_0)(y - y_0)$$

の近似が (x_0, y_0) のごく近くの (x, y) で成り立っています．これは1変数の

線形近似と同様ですね．点 $z_0 = f(x_0, y_0)$ で独立変数が微小に変化 (x_0+dx, y_0+dy) したとします．その点 (x_0, y_0, z_0) で曲面 $z = f(x, y)$ に接している接平面(4)式がその曲面を近似している模様は，図2のようになります．

図2 接平面による曲面の近似

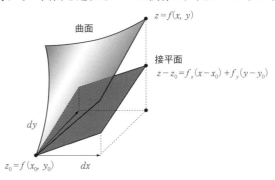

例 1 関数 $z = f(x, y) = x^2 + y^2$ の全微分を求めてください．

解答 1 $f_x(x, y) = 2x$ と $f_y(x, y) = 2y$ から全微分は下のようになります．
$$dz = 2xdx + 2ydy \tag{5}$$

例 2 例1の関数のグラフ上の点 $(1/\sqrt{2}, 1/\sqrt{2}, 1)$ における接平面の方程式を求めてください．

解答 2 例1の解答と(4)式から，図1に表れているような式になります．
$$z - 1 = \frac{2}{\sqrt{2}}\left(x - \frac{1}{\sqrt{2}}\right) + \frac{2}{\sqrt{2}}\left(y - \frac{1}{\sqrt{2}}\right) \iff z = \sqrt{2}x + \sqrt{2}y - 1$$

全微分可能
⇩
偏微分可能

全微分可能性には深入りしませんが，全微分可能であれば偏微分可能です．つまり接平面の方程式の偏微分係数が必ず存在します．

13.2 無差別曲線と消費選択

ここでは消費者の選択においてとても重要な無差別曲線を学びます．

A 無差別曲線

前章で考えた「ホワイトサンダー」と「美味しい棒」の選択をまた例に取って考えてみましょう．ある消費者がホワイトサンダーを2個と美味しい棒8本を消費していたとします．その消費量 $(2, 8)$ からホワイトサンダーの消費量だけ増やしたとしましょう．そうすると効用が増加します．その効用の増加を打ち消すように，美味しい棒の消費量を減らしていくとし

ましょう．そうすると，当初の消費量 (2, 8) の効用と等しい効用が現れます．

そのような，同じ効用を実現する消費の組み合わせは，前章の例 3 での効用関数 (4) 式では例えば消費量 (4, 4) となります．
$$u: \mathbb{R}_+^2 \to \mathbb{R}, \quad u(x, y) = \sqrt{x}\sqrt{y} \tag{6}$$
このとき，各消費点 (2, 8), (4, 4) を代入すると，
$$u(2, 8) = \sqrt{2}\sqrt{8} = \sqrt{2} \cdot 2\sqrt{2} = 4, \quad u(4, 4) = \sqrt{4}\sqrt{4} = 2 \cdot 2 = 4$$
となり効用は同じです．このようなとき，この効用関数をもっている消費者にとってこの 2 つの消費点は**無差別**であるといいます．つまり，選択を行う上ではどれを取ってもよいという意味で 2 つの選択肢は無差別です．

一般に，同じ効用を与える消費の組み合わせの集まりを**無差別曲線**といいます．その効用を $\bar{u}$ とすると，無差別曲線は
$$\{(x, y) \in \mathbb{R}_+^2 \mid \bar{u} = u(x, y)\}$$
という集合で表現できます．そして，関数のグラフとその図形を同一視したように，通常はこの無差別曲線を財の消費点の平面に示した図形と考えます．無差別曲線は英語で indifference curve といいます．無差別曲線は効用関数の等高線になっています．つまり前章で学んだように**無差別曲線は効用関数の陰関数のグラフになります**．

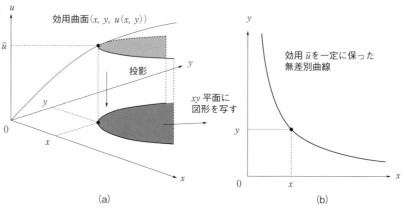

図 3 効用曲面と無差別曲線

図 3 を用いて無差別曲線の形状を説明しましょう．図 3 (a) には効用関数 u のグラフである**効用曲面**が描かれています．ここでは，効用をある値 $\bar{u}$ に一定に保ったときの効用曲面の一部分が示されています．その図形は，座標で示すと点 $(x, y, u(x, y))$ の中で $\bar{u} = u(x, y)$ を満たす点の集まりです．それは u 軸の $u = \bar{u}$ を通り xy 平面に平行な平面で効用曲面を切った切り口になっています．この切り口をあたかも影を映すかのように xy 平面に投影します．この映し出された図形は，改めて 2 次元の図に描くと，図 3 (b) のようになります．この図形が効用 $\bar{u}$ を与える財の組み合わせ，すなわち無差別曲線になります．

このように，2 変数の効用関数のグラフは 3 次元の効用曲面になりますが，理解しやすくするために，図 3 (b) に表現されているような，効用をある値に固定した無差別曲線を用いて 2 次元で考えるのが，経済学の常套手

段になっています．今まではときどき3次元の図を用いてきましたが，これからは無差別曲線や関連する概念を用いて消費者の選択を考えます．

例 3　効用関数(6)式の効用1に対応する無差別曲線を描いてください．

解答3　効用を1とすると
$$1 = \sqrt{x}\sqrt{y} \iff 1 = xy \iff y = \frac{1}{x} \quad (x > 0)$$
となり，図の分数関数 $y = 1/x$ のグラフが無差別曲線となります．

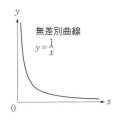

無差別曲線を用いて分析を行うために，その5つの基本的な性質を述べておきます．

① 1つの効用関数に対して，無差別曲線は無数に存在する．
② xy 平面上で右上にある無差別曲線ほど効用が大きいことを表す．
③ 右下がりである．
④ 交わらない．
⑤ 原点に対して凸である（よくある仮定）．

その性質の解説はミクロ経済学の教科書を参照してください．これからは，図3に表れている滑らかな無差別曲線に焦点を絞っていきます．

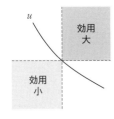

B　効用最大化と予算制約線

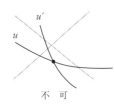

ホワイトサンダーと美味しい棒の選択は予算の範囲内で行わなければなりません．つまり，この消費者の問題は第6章で学んだ制約付き最大化問題になります．それでは，制約はどのように定式化できるでしょうか？

x 財の価格を p_x および y 財の価格を p_y とします．各財の価格は正であると仮定します．また，**所得**あるいは**予算**と呼ばれる両財に支出可能な金額を m としましょう．これも正とします．所得をすべて使い切って x 財と y 財を選択する消費者の**効用最大化問題**は次の通りです．

効用最大化問題

$$\max_{x,y} u(x, y)$$
$$\text{s.t.} \ p_x x + p_y y = m \tag{7}$$

この制約条件(7)式を検討しましょう．価格 p_x の x 財を x 個買うとその支出額は $p_x x$ になります．よって，左辺はそれに y 財への支出額 $p_y y$ を加えた各財への支出額の合計を意味します．それが右辺の所得に等しいのですから，この条件は所得を各財への購入で使い切ったときに可能な両財の購入量の組み合わせを意味します．この制約条件を**予算制約**と呼びます．

定数 p_x, p_y, m が与えられたときに，この予算制約を満たす消費の組み合わせ (x, y) はどのような構造をしているのでしょうか？ x と y の 1 次式である (7) 式を y について解くと，

$$y = -\frac{p_x}{p_y}x + \frac{m}{p_y} \tag{8}$$

となります．これを描いた直線を**予算制約線**または**予算線**といいます．

各財の消費量は非負なので，$x \geq 0$ と $y \geq 0$ の第 1 象限にそのグラフが現れます．(8) 式よりその傾きは $-p_x/p_y$ であり，その符号は負です．また y 切片は m/p_y です．これはすべての所得を使って y 財を購入したときの数量になります．一方の x 軸との交点は，$y = 0$ を (8) 式に代入して m/p_x になります．この x 切片の座標もすべての所得を使って x 財を購入したときのその数量になります．予算制約線は図 4 のように描かれます．

図 4 予算制約線

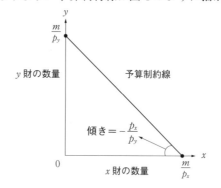

予算制約線の傾きを少し検討しましょう．その絶対値である p_x/p_y は x 財と y 財の**価格比**を示しています．それは x 財の価格が y 財の価格の何倍であるかを示しています．例えば，$p_x = 40, p_y = 10$ ならば，$p_x/p_y = 40/10 = 4$ となり，x 財の価格は y 財の価格の 4 倍になります．この値を x 財の y 財に対する**相対価格**といいます．貨幣の量で財の値段を測るのではなく，財の交換比率でその値段を測る考え方です．このとき，x 財を 1 単位獲得するには，y 財を 4 単位を諦めなければなりません．

C 最適な消費の図形的な特徴

予算制約線と無差別曲線を用いて，消費者の最適な選択の特徴を探ります．予算制約線と無差別曲線を xy 平面上に描いたのが図 5 です．

無差別曲線は効用曲面の等高線ですので，無数に引くことができます．その中で，実現可能な最も高い位置のものを探し出します．効用 $\bar{u}_1, \bar{u}_2, \bar{u}_3$ に対応した無差別曲線が図 5 にあります．無差別曲線の性質 ② より右上にあるものほど効用が高くなります．よって，$\bar{u}_1 < \bar{u}_2 < \bar{u}_3$ が成立しています．

図5 予算制約線と無差別曲線

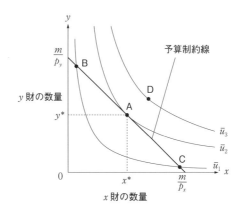

このような状況において，消費者は図5の点 $A(x^*, y^*)$ で最適な消費を行います．点Aは無差別曲線 $\bar{u}_2$ を通りますので，そのときの効用は $\bar{u}_2$ になります．つまり，$\bar{u}_2 = u(x^*, y^*)$ となります．

なぜこの点が選ばれるのでしょうか？　点B,Cが予算制約線上にありますが，これらの点を通る無差別曲線 $\bar{u}_1$ は $\bar{u}_2$ よりも小さな効用しか与えません．また，一番右上にある無差別曲線 $\bar{u}_3$ は $\bar{u}_2$ よりも大きな効用を有する消費の組み合わせの集まりです．しかし，点Dなどの点は予算制約線上にありませんので，予算オーバーの消費の組み合わせになります．このように点Aは予算を満たしつつ最大の効用が得られる点になります．

図5から見てとれる最適な消費点の特徴は何でしょうか？　この点で無差別曲線と予算制約線が**接して**いることがわかるでしょう．ここで注意しなければならないのは，各消費量は正である，つまり $x^* > 0$ と $y^* > 0$ が満たされていることです．もしどちらかが0のとき，無差別曲線と予算制約線が接していなくても最適になることもあります．

> **最適消費の図形的特徴**
>
> 各財の消費量が正ならば，最適な消費点で無差別曲線と予算制約線が接する．

この特徴は第4章で最大点では傾きは0であり，水平な直線と目的関数のグラフが接するということを思い出させます．このように，最適化問題においては，さまざまな曲線が接するということが頻繁に出てきます．

これは言い換えると，無差別曲線と予算線は1点を共有し，その点で両者の傾きが等しいということです．無差別曲線は効用関数の陰関数のグラフでした．その陰関数を陽関数として表現できたとしましょう．無差別曲線の最適消費点 (x^*, y^*) における傾きは，その陽関数の微分係数 $dy/dx(x^*, y^*)$ です．予算制約線の傾きは(8)式より $-p_x/p_y$ で一定です．よって以下が成り立ちます．

最適消費の条件1 （無差別曲線の傾き＝予算制約線の傾き）

$$\frac{dy}{dx}(x^*, y^*) = -\frac{p_x}{p_y}$$

無差別曲線は右下がり（性質 ③）なのでその傾きは負です．負の符号を取り除けば，最適消費の条件1は**無差別曲線の傾きの絶対値は価格比に等しい**となります．

例 4 消費者の効用関数が(6)式であり各財の価格と所得が $p_x = 40$，$p_y = 10$，$m = 160$ で与えられているときに，最適な消費量を求めてください．

解答4 例3で無差別曲線の式を導いたように，ある効用 $\bar{u}$ のときの無差別曲線の式は

$$y = \frac{\bar{u}^2}{x}$$

となります．この式を x の関数と考えて，それで微分すると

$$\frac{dy}{dx} = -\frac{\bar{u}^2}{x^2}$$

となります．このように無差別曲線の傾きは x 財の消費量と固定した効用水準に依存します．

ここで固定された効用は $\bar{u} = \sqrt{x}\sqrt{y}$ を満たしています．それを代入すると

$$\frac{dy}{dx} = -\frac{(\sqrt{x}\sqrt{y})^2}{x^2} = -\frac{xy}{x^2} = -\frac{y}{x}$$

となり，無差別曲線の傾きの絶対値は y/x となります．価格比は $p_x/p_y = 40/10 = 4$ なので，最適消費の条件1より，

$$\frac{y}{x} = 4 \tag{9}$$

となります．これを y について解いて $y = 4x$ として，予算制約式に代入すると

$$40x + 10y = 160 \iff 40x + 10 \cdot 4x = 160 \iff x = \frac{160}{80} = 2$$

となります．この x 財の最適な消費量 $x^* = 2$ を(9)式に代入すると y 財の最適な消費量 $y^* = 8$ が求まります．

問い1 効用関数 $u(x, y) = xy$ の無差別曲線の傾きを求めてください．

答え1 $\bar{u} = xy$ から $y = \bar{u}/x$ となり，微分すると $y' = -\bar{u}/x^2 = -y/x$ となります．

13.3 陰関数定理

前節では効用関数の陰関数である無差別曲線を導出し，さらにそれを陽関数に変換してその傾きを求めました．効用関数から直接，陰関数の傾きを求める便利な方法を学びます．

A 陰関数定理

例1の関数 $z = f(x, y) = x^2 + y^2$ を考えましょう．この $\bar{z} = 1$ と置いた
$$x^2 + y^2 = 1$$
は，陰関数であり円の方程式に他なりません．

関数 $z = x^2 + y^2$ を全微分すると例1の(5)式より
$$dz = 2xdx + 2ydy$$
となります．円の方程式では $z = 1$ ですから，z の微小な変化 dz も0です．
$$0 = 2xdx + 2ydy$$
ここで dy と dx をひとかたまりの記号と見なして dx と $y(\neq 0)$ で割って，変形すると
$$\frac{dy}{dx} = -\frac{x}{y} \tag{10}$$
になることがわかります．これで円周のその点での接線の傾きがわかりました．例えば，点 $(0, 1)$ では
$$\frac{dy}{dx}(0, 1) = -\frac{0}{1} = 0$$
であり，点 $(1/\sqrt{2}, 1/\sqrt{2})$ では
$$\frac{dy}{dx}\left(\frac{1}{\sqrt{2}}, \frac{1}{\sqrt{2}}\right) = -1$$
となります．円周上の点 $(0, 1)$ と点 $(1/\sqrt{2}, 1/\sqrt{2})$ での接線は図6のような直線になります．

図6 $x^2 + y^2 = 1$ の接線

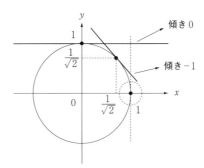

(10)式の導出において気をつけなくてはならないのは，dy の係数 $2y$ で割っていることです．それが0ならば割り算ができません．一般には
$$f_y(x, y) \neq 0 \tag{11}$$

ではないという条件になります.

　陰関数の傾きの導出をもう少し一般化して，繰り返しおさらいしましょう. 全微分可能な関数 $z = f(x, y)$ とその $z = 0$ における陰関数 $f(x, y) = 0$ は，全微分の公式より

$$dz = f_x dx + f_y dy$$
$$0 = f_x dx + f_y dy \quad (z = 0 \ \Rightarrow \ dz = 0)$$
$$\frac{dy}{dx} = -\frac{f_x}{f_y} \qquad (f_y \neq 0)$$

連鎖律や逆関数定理と同様に，ここでも微分記号を一種の一般の数の演算のように扱ってもよい場面が出てきましたね.

　以上のことを一般化すると，次の公式が導けます.

陰関数定理

陰関数 $f(x, y) = 0$ は，その点 (a, b) において $f_y(a, b) \neq 0$ ならば点 (a, b) の近くで陽関数 $y = g(x)$ として表現できる. そのとき点 (a, b) の傾きは

$$\frac{dy}{dx}(a, b) = -\frac{f_x(a, b)}{f_y(a, b)}$$

で与えられる.

　この**陰関数定理**の有用性は本節の冒頭でも述べたように陽関数にしてからその微分を求めなくてもよいことです.

....

問い2　陰関数 $x^2 + y^2 = 1$ の点 $(0, 1)$ の近くの陽関数を求めてください. その点での微分係数を求めてください.

答え2　$x^2 + y^2 = 1$ から $y^2 = 1 - x^2$ として，$y > 0$ に注意すると，陽関数は $y = \sqrt{1 - x^2}$ になります. 合成関数の微分より $y' = (-2x) \cdot 1/2 \cdot (1 - x^2)^{-1/2} = -x/\sqrt{1 - x^2}$ となります. $x = 0$ を代入すると $-0/\sqrt{1 - 0} = 0$ となります.

....

　この定理のメリットは他にもあります. 方程式で陰に定義された関数を微分する際にその方程式を y について解く必要がなくなります.

....

例　5　方程式 $xy = 1$ の dy/dx を求めてください.

解答5　これは容易に $y = 1/x$ と変形して微分できます. しかし，y を一時的に微分可能な x の関数として扱うならば，両辺を微分して

第13章　2変数関数の微分

$$\frac{d}{dx}(xy) = \frac{d}{dx}(1)$$

$$\frac{d}{dx}(x) \cdot y + x \cdot \frac{d}{dx}(y) = 0 \quad (\text{積の微分})$$

$$y + x\frac{dy}{dx} = 0 \Leftrightarrow \frac{dy}{dx} = -\frac{y}{x} = -\frac{1}{x^2}$$

となり，$y' = -1/x^2$ と一致します．

問い3 方程式 $y^2 - x = 0$ を微分して，$\sqrt{x}$ の微分を求めてください．

答え3 $y > 0$ のとき方程式の両辺を微分すると $2y \cdot dy/dx - 1 = 0$．よって，$dy/dx = 1/2y = 1/2\sqrt{x}$ となります．

　　なぜ条件 (11) 式が必要なのでしょうか？　円の方程式の例では $f_y = 2y$ ですから，点 $(1,0)$ はこの陰関数定理が適用されない場合になります．その点での接線は，図6の点線の垂直な直線になります．いわゆる「傾きが無限大」のケースであり，接線は関数として表現できません．

　　そして，図6のように点 $(1,0)$ を中心とする点線の円を描いて，その近くでこの図形を表現するある陽関数を見つけ出そうとしても見つけ出すことができません．なぜならば，この円の中の図形にはどんな x に対しても図のように2つの y が対応せざるを得ないからです．

B　無差別曲線の傾きと限界効用

　　陰関数定理を効用関数に応用しましょう．効用関数 u の陰関数である無差別曲線の傾きは，その偏微分 u_x, u_y を用いて陰関数定理より

$$\frac{dy}{dx} = -\frac{u_x}{u_y}$$

となります．つまり，無差別曲線の傾きは限界効用の比にマイナスを付けた値になります．これを公式として述べておきましょう．

無差別曲線の傾きと限界効用

無差別曲線 $u(x, y) = $ 一定 の傾きは以下になる．

$$\frac{dy}{dx} = -\frac{MU_x(x, y)}{MU_y(x, y)} = -\frac{x\,財の限界効用}{y\,財の限界効用}$$

　　この公式の直感的な意味は次のようになります．無差別曲線の傾きは，x 財を微小に増やしたときに効用を元のままに留めるには y 財をどのくらい減らせばよいかを意味しています．ある消費点で x 財の限界効用が y 財の限界効用の2倍あったとします．このとき x 財を微小に増やしたとき

199

の効用の増大を相殺するには，y財をその2倍の量を減少させなければ効用を元に戻せないことを意味しています．

この公式はマイナスがつかない形で覚えるとよいでしょう．

$$\left|\frac{dy}{dx}\right| = \frac{MU_x(x, y)}{MU_y(x, y)}$$

すなわち，**無差別曲線の傾きの大きさは限界効用の比**になります．

例 6　効用関数 $u(x, y) = \sqrt{x}\sqrt{y}$ の無差別曲線の傾きを求めてください．

解答6　前章の例6から x財と y財の限界効用は

$$MU_x = \frac{1}{2}x^{-\frac{1}{2}}y^{\frac{1}{2}}, \quad MU_y = \frac{1}{2}x^{\frac{1}{2}}y^{-\frac{1}{2}}$$

とわかっています．よって無差別曲線の傾きは下の式になります．

$$\frac{dy}{dx} = -\frac{MU_x(x, y)}{MU_y(x, y)} = -\frac{\dfrac{1}{2}x^{-\frac{1}{2}}y^{\frac{1}{2}}}{\dfrac{1}{2}x^{\frac{1}{2}}y^{-\frac{1}{2}}} = -\frac{y}{x}$$

問い4　効用関数 $u(x, y) = \sqrt{x}\sqrt{y}$ の無差別曲線の点 $(1, 4)$ における傾きを求めてください．また，点 $(4, 1)$ の傾きの絶対値と比べて，その絶対値は大きいでしょうか，それとも小さいでしょうか．

答え4　例6より，$dy/dx = -y/x$ から $dy/dx(1, 4) = -4/1 = -4$ となります．また，$dy/dx(4, 1) = -1/4 = -1/4$ より，$|dy/dx(1, 4)| = 4 > 1/4 = |dy/dx(4, 1)|$ となり，点 $(1, 4)$ の傾きの大きさの方が大きくなります．

13.4 消費者の効用最大化問題

いよいよ無差別曲線を用いて消費者の効用最大化問題を解きましょう．

A 消費者の効用最大化問題：微分

最適消費の条件1より消費者が効用を最大化している消費点において，無差別曲線の傾きの大きさが価格比に等しくなっています．また，無差別曲線の傾きと限界効用の関係より，前者の大きさは限界効用の比になっています．これを言い換えると下の公式になります．

最適消費の条件 2（限界効用の比＝価格比）

最適消費点において各財の限界効用の比はその価格比に等しい．
$$\frac{MU_x}{MU_y} = \frac{p_x}{p_y}$$

この最適条件を解釈してみましょう．左辺は消費者の x 財の価値を y 財の量で測ったものです．x 財を 1 単位増やすと効用が MU_x 増えます．その効用の増加を y 財の量で実現するには，それを y 財の限界効用 MU_y で割った MU_x/MU_y だけの y 財の量が必要です．x 財 1 単位の増加の効用の増加を y 財の量で表したことになります．つまり，主観的に 1 単位の x 財と交換してもよい y 財の量を表しています．

右辺の価格比 p_x/p_y は，予算制約線の項で述べてたように 1 単位の x 財と交換できる y 財の量です．よって，この条件 2 は，y 財の量で測った消費者の主観的な x 財の評価が市場でのその評価に等しいことを意味します．

図 7 予算線と無差別曲線

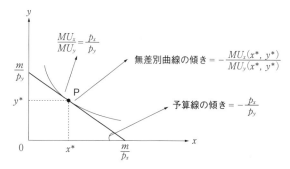

図 7 を用いてもう一度おさらいをしましょう．無差別曲線の傾きの大きさは，効用関数に陰関数定理を適用して限界効用の比になります．最適消費の図形的特徴より，各財の消費量が 0 でなければ無差別曲線と予算線は接しています．右下がりの曲線と直線が接していれば，それらの傾きの大きさは等しくなります．予算線の傾きの大きさは価格比です．よって，限界効用の比と価格比が等しいという**最適消費の条件 2** が出てきました．

例 7 次の効用最大化問題の解を求めてください．
$$\max_{x,y} \sqrt{x}\sqrt{y}$$
$$\text{s.t. } 40x + 10y = 160$$

解答 7 この問題は例 4 と同一です．もう一度新しい公式で解いてみましょう．例 6 より限界効用の比は y/x です．最適消費の条件 2 により，
$$\frac{y}{x} = \frac{40}{10} \iff y = 4x$$
となります．予算制約式に代入すると，
$$40x + 10 \cdot 4x = 160 \iff 80x = 160 \iff x = 2$$
となります．よって，$(x^*, y^*) = (2, 8)$ が最適な消費の組になります．

例 8

各財の価格と所得が $p_x = 1$, $p_y = 1$, $m = 2$ のとき，下記の効用関数をもっている消費者の最適な消費量を求めてください．

$$u(x, y) = \log x + y$$

解答8

効用関数を偏微分して限界効用を求めます．

$$MU_x = \frac{\partial u}{\partial x}(x, y) = (\log x)' = \frac{1}{x}, \quad MU_y = \frac{\partial u}{\partial y}(x, y) = (y)' = 1$$

最適消費の条件2により

$$\frac{1/x}{1} = \frac{1}{1} \iff x = 1$$

この式を予算制約式に代入すると解は $(x^*, y^*) = (1, 1)$ となります．

$$1 \cdot 1 + 1y = 2 \iff y = 1$$

問い5

価格と所得が $p_x = p, p_y = 1, m = 1$ のとき，効用関数 $u(x, y) = -x^2/2 + x + y$ $(0 \leq x \leq 1)$ をもっている消費者の最適な消費量を求めてください．

答え5

$MU_x = -x + 1, MU_y = 1$ より最適消費条件は $(-x+1)/1 = p/1$ となります．よって，$x^* = 1 - p$ となります．予算制約式 $px + y = 1$ より $y^* = 1 - p(1-p)$ となります．

　この結果から，消費者の2財の選択において，一方の x 財の需要が第6章で導出した需要関数 $D(p) = 1 - p$ で表されることになりました．他方の y 財は，価格が1円であり，限界効用が1です．そのような財は何でしょうか？　もし消費者の効用が金銭で測れるのならば，それは貨幣と言っても差し支えないでしょう．つまり，これは消費者が x 財を需要するかあるいは貨幣として取っておくかという問題として捉えることもできるのです．また，$p_y = 1$ で $MU_y = 1$ なので，最適消費の条件2は，$MU_x = p_x$ となます．これは財が1種類の最適消費の条件に他なりません．

B	端点解のケース

　これまでの最適消費の条件は，各財の消費量が正であることを条件に求めました．例えば，y 財の最適消費が0のときは，どのように無差別曲線で表現できるでしょうか？　その状況が図8に示されています．

図 8 端点解

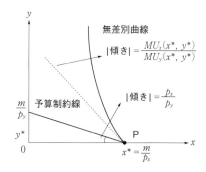

このとき最適な消費点Pにおいて $y^* = 0$ となっています．このような変数の最適解が取り得る範囲の端点になっている場合を**端点解**といいます．無差別曲線の点Pにおける接線は点線で示されています．しかし，点線は予算制約線と重なっていないので無差別曲線と予算制約線は接していません．その傾きの大きさは予算制約線の傾きの大きさよりも大きくなっています．

$$\frac{MU_x}{MU_y} > \frac{p_x}{p_y} \tag{12}$$

最適消費の条件2の解釈を用いて $y^* = 0$ の上記の条件を理解してみましょう．左辺は x 財を1単位増やしたときの効用の増加を y 財の量で測った値です．それが右辺の x 財を1単位増やすために市場で調達する必要のある y 財の量を上回っています．

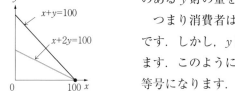

つまり消費者はできることならば，y 財を諦めて x 財を求めている状況です．しかし，y 財の量は既に0となり x 財をもう増やせない状況にあります．このようにある財の最適消費が0になるとき，最適消費の条件が不等号になります．(12)式を y 財の端点解の条件と呼びましょう．

例 9 次の効用最大化問題の解を求めてください．
$$\max_{x,y} x+y \quad \text{s.t.} \ x+2y = 100$$

解答9 各財の限界効用は $\partial u/\partial x = 1, \partial u/\partial y = 1$ となり，各財の消費水準にかかわらず各財の限界効用は1に等しくなります．このとき，財の価格が異なるならば，安い方の財のみを買った方が有利になります．よって，$p_x = 1 < p_y = 2$ から $x^* = 100, y^* = 0$ が最適な消費水準になります．このとき，端点解の条件(12)式は下のように成り立っています．

$$\frac{MU_x}{MU_y} = \frac{1}{1} > \frac{p_x}{p_y} = \frac{1}{2}$$

以上の議論から推し量れるように，x 財についての端点解の条件は，(12)式の反対の不等号 $MU_x/MU_y < p_x/p_y$ になります．

13.5 限界代替率とその逓減

2種類の財の場合は限界効用の比が価格比に等しいことが最適性の条件ですが，それを一般化するために新しい概念を取り入れます．

A 限界代替率

財が3種類以上ある場合は，最適消費の条件2がすべての財の組について成り立つことです．財の種類が2つのときの概念である無差別曲線はこのときは使用できません．そのため，その考え方を包括した概念である限界代替率が必要になります．しかし，ここでは財の種類の一般化に深入りすることはせず限界代替率と無差別曲線の関係を学びます．

ある消費点 (x_0, y_0) における **x財のy財に対する限界代替率**は限界効用の比，すなわち

$$\frac{\frac{\partial u}{\partial x}(x_0, y_0)}{\frac{\partial u}{\partial y}(x_0, y_0)} = \frac{MU_x(x_0, y_0)}{MU_y(x_0, y_0)} \tag{13}$$

を意味します．限界代替率は英語でmarginal rate of substitutionといいますので，頭文字を取って **$MRS_{xy}(x_0, y_0)$** の記号で表記します．

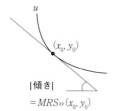

この限界代替率は無差別曲線の傾きの議論で学んだように，効用一定の下である財をどのくらいの他の財と交換してもよいかという他の財の数量を意味します．消費者のある財に対する好みを他の財の数量で表示した概念です．「無差別曲線の傾きと限界効用の関係」より，図形的には無差別曲線の傾きの大きさに等しくなります．

限界代替率の定義(13)式より **y財のx財に対する**限界代替率は

$$MRS_{yx} = \frac{\frac{\partial u}{\partial y}}{\frac{\partial u}{\partial x}} = \frac{1}{\frac{\partial u}{\partial x} / \frac{\partial u}{\partial y}} = \frac{1}{MRS_{xy}}$$

となり，x財のy財に対する限界代替率の逆数になります．また限界代替率の定義(13)式より最適消費の条件2を次のように書き換えることができます．

最適消費の条件3（限界代替率＝価格比）

最適消費点において限界代替率はその価格比に等しい．

$$MRS_{xy}(x^*, y^*) = \frac{p_x}{p_y}$$

B 限界代替率逓減の法則

残りの無差別曲線の性質 5 を，限界代替率と関連させて説明しましょう．それは，無差別曲線は原点に向かって凸という性質です．無差別曲線がこのような形状をしている理由を限界代替率の性質が教えてくれます．そして，図9は，その無差別曲線と各点の限界代替率を表示しています．この無差別曲線の形状は，明らかに原点に向かって凸ですね．そして，x 財の量が多くなるに従って，つまり点A, 点Bと進むにつれて，$MRS_{xy}^A > MRS_{xy}^B$ と限界代替率が段々と小さくなっています．

A点とB点を比べるとB点の方が x 財が多く y 財が少ない状態です．そのとき，相対的に x 財が多い点Bは x 財の希少価値が小さいといえます．たくさんの x 財を消費しているのでこれ以上，x 財を増やしてもあまり嬉しくない．つまり，手放してもよいと思っている y 財の量が少ないことを意味しています．よって，限界代替率で考えた x 財の価値を y 財で測る量も小さくなります．このような消費者の選好を**限界代替率逓減の法則**といいます．それは無差別曲線が原点に向かって凸であることを意味します．

図9 限界代替率逓減の法則

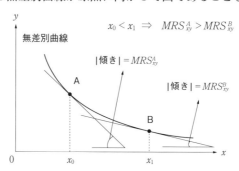

限界代替率逓減の法則

効用水準一定の下で x 財の消費量が増えれば，x 財の y 財に対する限界代替率は逓減する．

$$\frac{d}{dx}MRS_{xy} < 0$$

ただし，この MRS_{xy} はある効用水準を固定した限界代替率であるとする．

この性質は問い4で見たように，多くの効用関数に表れています．実際，無差別曲線が原点に向かって凸の方が何かと分析において便利です．なぜ

ならば，もし同一の無差別曲線上の異なる2点で限界代替率が等しければ，図10の2点PとQのような点が表れます．この2カ所で効用最大化がなされており，最適な消費点が複数出現します．そのようなケースを排除するために限界代替率逓減の法則が仮定されます．

図10 一意ではない最適消費

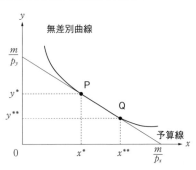

例 10 効用関数 $u(x, y) = \sqrt{x}\sqrt{y}$ の限界代替率が逓減することを示してください．

解答10 例6から無差別曲線の傾きは $dy/dx = -y/x$ であるので，限界代替率は
$$MRS_{xy} = \frac{y}{x}$$
となります．ある効用水準を $\bar{u}$ とおいて $\bar{u} = \sqrt{x}\sqrt{y}$ を y について解くと
$$y = \frac{\bar{u}^2}{x}$$
となります．これを限界代替率の式に代入すると x と $\bar{u}$ の式になります．
$$MRS_{xy} = \frac{\bar{u}^2}{x^2}$$
そして，x で微分するとその符号は負になります．
$$\frac{d}{dx}MRS_{xy} = -\frac{2\bar{u}^2}{x^3} < 0.$$

同様に，y 財の x 財に対する限界代替率逓減の法則 ($dMRS_{yx}/dy < 0$) も定義されることは言うまでもありません．例9の効用関数において，両財の限界代替率逓減の法則は成り立っていないことがわかるでしょう．

限界代替率逓減の法則がすべての財で成り立っているときに，端点解にならない性質を調べてみます．x 財を例に取りましょう．このとき，ある効用水準を固定した x 財の量のみの関数である MRS_{xy} は減少関数です．内点解のためには与えられた価格比に対して最適消費の条件3を満たす限界代替率が存在しなければなりません．それは以下の条件になります．

$$\lim_{x \to 0} MRS_{xy} = \infty, \quad \lim_{x \to \infty} MRS_{xy} = 0 \qquad (14)$$

つまり，x 財の量が少なくなればなるほどその評価は限りなく高まり，反対に多くなればなるほどそれは限りなく0に近づくことです．この性質から，ある正の値である価格比に対して必ずそれに等しい限界代替率が見つかります．この極限の条件と相まって一意的な内点解が保証されます．

第13章　2変数関数の微分

13.6　2種類の生産要素をもった企業の利潤最大化

最後に前節で学んだ無差別曲線の議論とパラレルに分析できる，2種類の生産要素をもつ企業の利潤最大化を考えます．

A　費用最小化問題

第6章では簡単な企業の費用最小化問題を解きました．ここでは，2変数の生産関数 F をもっている企業を考えましょう．与えられた生産量 $\overline{Y}$ に対してその費用を最小化する資本 K と労働 L の選択です．

$$\min_{K,L} rK + wL$$
$$\text{s.t. } F(K,L) = \overline{Y}$$

ここで，r は資本のレンタル率，w は賃金率です．レンタル料の支払い rK と賃金の支払い wL の和が企業の費用 $C = rK + wL$ になります．

制約式 $F(K,L) = \overline{Y}$ は無差別曲線の議論を思い起こさせますね？　ここでは効用水準一定ではなく生産量一定です．このとき，ある生産量を達成する資本と労働の組み合わせは**等量曲線**と呼ばれます．生産関数の陰関数のグラフである等量曲線は，無差別曲線に対応する企業の概念です．

この $\overline{Y}$ と置いた制約式の陰関数に，陰関数定理を適用しましょう．

$$\frac{dK}{dL} = -\frac{F_L}{F_K} \tag{15}$$

この右辺には限界生産物の比が登場しています．それは消費における限界代替率を思い起こさせますね？　消費の代替性を測る概念とパラレルに考えることができる生産要素間の代替性を測る尺度が，**技術的限界代替率**（marginal rate of technical substitution）です．労働の資本に対する技術的限界代替率 MRS_{LK} は，労働の限界生産物を資本の限界生産物で割った値です．

$$MRS_{LK} = \frac{F_L}{F_K}$$

これは労働を微小に増やしたとき元の生産量に戻すにはどれだけの資本量を削減しなければならないかを意味します．それが大きいほど労働への代替が難しく，それゆえ生産にとって労働は希少な要素になります．そして，(15)式より $dK/dL = -MRS_{LK} < 0$ がわかります．

ある生産量を固定した労働のみの関数である技術的限界代替率が——消費の限界代替率で議論したような——**技術的限界代替率逓減の法則**に従うとしましょう．すなわち，

207

$$\frac{d}{dL} MRS_{LK} < 0$$

が成り立っているとします．よって，$d^2K/dL^2 = -dMRS_{LK}/dL$ は正の符号をもちますので，等量曲線は原点に対して凸になります．

さらに，端点解をもたない消費の限界代替率の条件(14)と同様な条件が成り立っているとします．

$$\lim_{L \to 0} MRS_{LK} = \infty, \quad \lim_{L \to \infty} MRS_{LK} = 0$$

以上の考察より等量曲線は図11に描かれているように原点に向かって凸な右下がりの曲線であり，その漸近線は縦軸と横軸になります．

図11 等量曲線

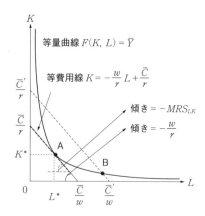

B 最適な生産要素

この図11にある等量曲線を用いて費用最小化問題を解きましょう．目的関数の費用をある一定の値 $C = \overline{C}$ において，K イコールの式に変換します．

$$\overline{C} = rK + wL \iff K = -\frac{w}{r}L + \frac{\overline{C}}{r}$$

この式で表される直線は同じ費用を表す (L, K) の集まりであり，**等費用線**と呼ばれます．そして，右の式の表現でわかる通り等費用線の傾きは $-w/r$ となり，要素価格比に -1 を掛けた値になります．

これは予算制約線を思い起こさせますね？ 予算制約線の議論と同様に，L 軸の切片は $\overline{C}/w$ および K 軸との切片は $\overline{C}/r$ になります．この等費用線を等量曲線が描かれている図11に描写しましょう．そうすると，無差別曲線の議論からの類推により，この等費用線と等量曲線が接する点で企業の最適な生産要素が定まると予想できます．実際そうなります！

接点 $A(L^*, K^*)$ で費用が最小になることを確かめましょう．一定とした費用を変えると様々な等費用線が描けます．最適な費用よりも高い費用 $\overline{C}' (> \overline{C})$ に対応する等費用線は，最適な費用の直線よりも上方に位置します．なぜならば，各軸の切片の座標が大きくなるからです．点線の等費用

第13章 2変数関数の微分

線は点 B で等量曲線と交わるので，この点で生産量 $\overline{Y}$ を達成できますが，費用を最小化していません.

つまり，等量曲線と交わり，できるだけ左下にある等費用線で費用最小化がなされます．それは等量曲線と接する点 A をもつ等費用線です．このとき，両者の傾きは等しくなり $dK/dL = -w/r$ となります．そして，限界生産物の比はこの要素価格比に等しくなり，さらに技術的限界代替率とも等しくなります．最適消費とパラレルな特徴が出てきましたね.

費用最小化条件

1 等量曲線と等費用線が接する.

2 $\dfrac{dK}{dL}(L^*, K^*) = -\dfrac{w}{r}$

3 各要素の限界生産物の比はその要素価格比に等しい． $\dfrac{MPL}{MPK} = \dfrac{w}{r}$

4 技術的限界代替率はその要素価格比に等しい． $MRS_{LK}(L^*, K^*) = \dfrac{w}{r}$

このように特徴付けられた企業の最小化された費用は，最初に一定と置いた生産量の関数として表現ができます．それは以前に学んだ費用関数に他なりません．そして，限界費用と生産物価格が等しくなる生産量は企業の利潤を最大にします．その生産量から費用最小化問題を解いた解が生産要素の需要量 (L^*, K^*) となります.

これでこの経済数学の講義は終わりです．1変数の関数から2変数の関数へ学んでいきました．並行して消費者と生産者の問題を取り上げてきました．経済学を数学的に見ると，消費者と生産者の理論は似通った構造をもっています．経済数学をさらに学ぶときに，このような共通する構造に注目するとその面白さがさらにわかるでしょう．これからの諸君の勉学が幸多きものであるように.

練 習 問 題 13

1 効用関数 $u = u(x, y) = \sqrt{x} + \sqrt{y}$ の全微分を求めてください.

2 1 の効用関数の限界代替率を求めてください.

3 1 の効用関数をもつ消費者の予算制約式 $p_x x + p_y y = m$ の下での最適な消費を求めてください.

4 1 の効用関数は限界代替率逓減の法則を満たしていることを示してください.

5 問い1の効用関数 $u(x, y) = xy$ をもっている消費者の最適な消費を求め，限界代替率逓減の法則が成り立っていることを確かめてください.

209

練習問題の解答

*紙幅の都合により簡易解答のみを記す．詳細な解答は，日本評論社ウェブサイト (https:www.nippyo.download/) よりダウンロード可能である．

練習問題 1

1 ① 2^6　② $2^2 \times 7 \times 13$

2 $\sqrt{2}$

3 正しい．$a \geq b$ ならば，$a > b$ または $a = b$ である．$a \leq b$ ならば，$a < b$ または $a = b$ である．同時に成り立つのは $a = b$ のときのみである．

4 6

5 3

6 $\dfrac{3a^2}{bc^3}$

練習問題 2

1 ① $x^2 + 6x + 9 = (x+3)^2$
② $9a^2 - 12a + 4 = (3a-2)^2$
③ $12x^2 + 17xy - 7y^2 = (3x-y)(4x+7y)$

2 $x - x^2/2 = -1/2 \cdot (x^2 - 2x) = -1/2 \cdot ((x-1)^2 - 1) = -(x-1)^2/2 + 1/2$

3 $\begin{array}{r|rrrr} -1 & 1 & 0 & 0 & 1 \\ & & -1 & 1 & -1 \\ \hline & 1 & -1 & 1 & \boxed{0} \end{array}$

$x^3 + 1$ を $x+1$ で割った商は，$x^2 - x + 1$ となる．

4 ① $\begin{array}{r|rrrr} 1 & 1 & 0 & 0 & -1 \\ & & 1 & 1 & 1 \\ \hline & 1 & 1 & 1 & \boxed{0} \end{array}$

$p(x) = x^3 - 1 = (x-1)(x^2 + x + 1)$

② $\begin{array}{r|rrrr} -1 & 1 & 3 & 3 & 1 \\ & & -1 & -2 & -1 \\ \hline & 1 & 2 & 1 & \boxed{0} \end{array}$

$q(x) = x^3 + 3x^2 + 3x + 1 = (x+1)(x^2 + 2x + 1) = (x+1)^3$

5 ① $D = 2^2 - 4 \cdot 1 \cdot (-6) = 4 + 24 = 28 > 0$．よって解は2つある．

$x = \dfrac{-2 \pm \sqrt{D}}{2 \cdot 1} = \dfrac{-2 \pm \sqrt{28}}{2} = \dfrac{-2 \pm \sqrt{2^2 \cdot 7}}{2} = \dfrac{-2 \pm 2\sqrt{7}}{2} = -1 \pm \sqrt{7}$

② $D = (-1)^2 - 4 \cdot 1 \cdot 1 = 1 - 4 = -3 < 0$．よって解なし．

6 解の公式 $x^* = \left(-b \pm \sqrt{b^2 - 4ac}\right)/2a$ の b に $2b'$ を代入すると，$x^* = \left(-2b' \pm \sqrt{(2b')^2 - 4ac}\right)/2a = \big(-2b' \pm \sqrt{4b'^2 - 4ac}\big)/2a = \left(-2b' \pm 2\sqrt{b'^2 - ac}\right)/2a = \left(-b' \pm \sqrt{b'^2 - ac}\right)/a$ となる．

練習問題 3

1 (3) 式 $y = (y_2 - y_1)/(x_2 - x_1) \cdot (x - x_1) + y_1$ の右辺に $x = x_2$ を代入すると $(y_2 - y_1)/(x_2 - x_1) \cdot (x_2 - x_1) + y_1 = y_2 - y_1 + y_1 = y_2$．よって，(3) 式は (x_2, y_2) を通る．

2 平方完成すると $y = x^2 + 3x + 2 = (x + 3/2)^2 - 9/4 + 2 = (x + 3/2)^2 - 1/4$ となる．よって，このグラフは2次の係数の符号が正なので下に凸になり，頂点の座標は，$(-3/2, -1/4)$ となる．

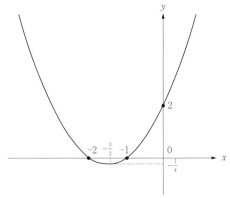

3 第4章も参考にしてください．

$$y = -\dfrac{x^2}{2} + px = -\dfrac{1}{2} \cdot (x^2 - 2px)$$
$$= -\dfrac{1}{2} \cdot ((x-p)^2 - p^2)$$
$$= -\dfrac{1}{2}(x-p)^2 + \dfrac{p^2}{2}.$$

練習問題 4

1 この利潤最大化問題は $\max_{x \in \mathbb{R}_+} px - x^2/2$ となる．練習問題 3 3 より平方完成 $px - x^2/2 = -(x-p)^2/2 + p^2/2$ からアイスクリーム屋の最適な生産量は $x = p$ になる．最大化された利潤は $p^2/2$ である．

2 もし，x^* と x^{**} が最大点の定義を満たしていれば，$f(x^*) \geq f(x^{**})$ と $f(x^{**}) \geq f(x^*)$ が成り立つ．練習問題 1 3 の不等号の性質より $f(x^*) = f(x^{**})$ となる．よって，最大値は唯一である．

3 絶対値関数 $f(x) = |x|$ は式で書き表すと

$$f(x) = |x| = \begin{cases} x & (x \geq 0) \\ -x & (x < 0) \end{cases}$$

となる．そのグラフは原点で尖ったグラフになる．図より原点で最小値を取るが，最大値はない．また，開区間 $(-\infty, 0)$ で減少し，開区間 $(0, +\infty)$ で増加している．

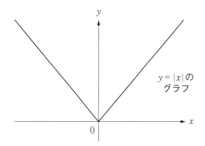

$y = |x|$ のグラフ

4 縦の辺の長さを x とすると横の辺の長さは $(20-2x)/2$ となる．長方形の面積 y は，$y = x \cdot (20-2x)/2 = 10x - x^2 = -(x-5)^2 + 25$ となる．面積の最大値は，25 となります．両辺の長さは 5 で等しいので正方形になる．

練習問題5

1 $\varepsilon = -\dfrac{D(20)-D(10)}{20-10} \cdot \dfrac{10}{D(10)} = -\dfrac{30-60}{10} \cdot \dfrac{10}{60} = -\dfrac{-30}{10} \cdot \dfrac{1}{6} = 0.5$

2 $\varepsilon = \Delta S(p)/\Delta p \cdot p/S(p) = (ap_2 - ap_1)/(p_2 - p_1) \cdot p_1/ap_1 = a(p_2-p_1)/(p_2-p_1) \cdot 1/a = a/1 \cdot 1/a = 1$

練習問題6

1 $(A+B)^2 = (A-B)^2 + 4AB$ が成り立つので，A と B の積が一定のときは $A+B$ の最低点は右辺のカッコ内を 0 にする $A=B$ のときである．$x/2 \cdot 10/x = 5$ で一定なので，$AC(x) = x/2 + 10/x$ の最低点は $x/2 = 10/x$ を満たす x になる．よって，$x^e = 2\sqrt{5}$ になる．

2 $\Delta x = 10$, $C = 90^2/2 = 4050$, $\Delta C = 4050 - 3200 = 850$, $\Delta C/\Delta x = 850/10 = 85$, $R = 100 \cdot 90 = 9000$, $\pi = 9000 - 4050 = 4950$

3 収入は 1000 減る．このときの限界費用が 95 なので，費用を $\Delta C = MC \cdot \Delta x = 95 \cdot 10 = 950$ 削減できる．収入の減少の方が大きいので利潤は 4950 に減る．

4 ① $(g \circ f)(x) = g(f(x)) = g(x+1) = (x+1)^2$
② $(f \circ g)(y) = f(g(y)) = f(y^2) = y^2 + 1$

練習問題7

1 $a_1 = p+q$ と $a_2 = 2p+q$ より，$a_2 - a_1 = p$ になる．よって，初項 $a = p+q$，公差 $d = p$ になる．

2 公式に当てはめて一般項は $a_n = 3 \cdot 2^{n-1}$ になる．よって，第5項は $a_5 = 3 \cdot 2^{5-1} = 3 \cdot 16 = 48$ になる．また，和は $S_n = (3 \cdot (1-2^n))/(1-2) = 3(2^n - 1)$ になる．

3 $\sum_{i=1}^{3}(i+1) = (1+1) + (2+1) + (3+1) = 2+3+4$ と $\sum_{j=2}^{4} j = 2+3+4$ より等しい．

4 $\sum_{i=1}^{3}\sum_{j=1}^{2} x_i y_j = \sum_{i=1}^{3}(x_i y_1 + x_i y_2) = (x_1 y_1 + x_1 y_2) + (x_2 y_1 + x_2 y_2) + (x_3 y_1 + x_3 y_2)$ となる．また，$\sum_{j=1}^{2}\sum_{i=1}^{3} x_i y_j = \sum_{j=1}^{2}(x_1 y_j + x_2 y_j + x_3 y_j) = (x_1 y_1 + x_2 y_1 + x_3 y_1) + (x_1 y_2 + x_2 y_2 + x_3 y_2)$ となる．よって，$\sum_{i=1}^{3}\sum_{j=1}^{2} x_i y_j = \sum_{j=1}^{2}\sum_{i=1}^{3} x_i y_j$ になる．

5 キャッシュフローの割引現在価値は $PV = 1/(1+r) + 1/(1+r)^2 = 1/(1+r) \cdot (1 + 1/(1+r)) = (2+r)/(1+r)^2$ となる．(11)式より $(1 - 1/(1+r)^2)/r = ((1+r)^2/(1+r)^2 - 1/(1+r)^2)/r = (2+r)/(1+r)^2 = PV$ となる．

6 来年以降の所得のキャッシュフローは $1, 1+g, (1+g)^2, \dots$ である．これらに $1/(1+r)$ を乗じていくと各期の給与の割引現在価値が $1/(1+r), (1+g)/(1+r)^2, (1+g)^2/(1+r)^3, \dots$ となる．これは初項 $1/(1+r)$，公比 $(1+g)/(1+r)$ の等比数列である．よって，その割引現在価値の和は $PV = (1 - ((1+g)/(1+r))^n)/(r-g)$ となる．

7 6 の答えから $(1+g)/(1+r) < 1$ なので極限は $\lim_{n \to \infty} PV = \lim_{n \to \infty} (1 - ((1+g)/(1+r))^n)/(r-g) = 1/(r-g)$ となる．ちなみに，この式はゴードンの公式と呼ばれており，配当を元にした株価の理論値として知られている．

練習問題8

1 3年間の収益の積は $(1+0.02)(1+0.05)(1-0.02) = 1.04958$ なので 1.05 を近似として使う．$1.05^{1/3} - 1 = 1.0164 - 1 = 0.0164$ から約 1.64% となる．

2 f と g のグラフが y 軸に関して対称ならば，$f(x) = g(-x)$．$f(x) = e^x$ と $g(x) = e^{-x}$ とすると $f(x) = e^x = e^{(-1) \cdot (-x)} = e^{-(-x)} = g(-x)$ になる．よって，$f(x) = g(-x)$.

3 $\log_4 8 + \log_4 32 = \log_4 8 \cdot 32 = \log_4 2^8 = \log_4 4^4 = 4$

4 $\dfrac{1}{2}\log_3 9 - \log_3 12 + 2\log_3 6 = \log_3 3 - \log_3 3 \cdot 2^2 + \log_3 (2 \cdot 3)^2 = \log_3 \dfrac{3 \cdot (2 \cdot 3)^2}{3 \cdot 2^2} = \log_3 3^2 = 2$

5 (6)式のはじめの底の変換公式より $\log_2 3 \cdot \log_3 16 = \log_2 16 = \log_2 2^4 = 4$

6 底の変換公式より $\log_b x = \log_b a \cdot \log_a x$ から a と b を交換すると $\log_a x = \log_a b \cdot \log_b x$ になる．底の変換公式の b に x を代入すると $\log_a x = \log_x x / \log_x a = 1/\log_x a$ となる．

7 (8)式から $\log 1.1/\log 1.001 \simeq 0.09531/0.001 = 95.31$ より約95年かかる．

練習問題9

1 ① $(3x^8 + 8x^{12})' = 24x^7 + 96x^{11}$
② $(12x^{99} + 20)' = 1188x^{98}$

2 $C'(Q) = (Q^3 - 4Q^2 + 7Q + 64)' = (Q^3)' - 4(Q^2)' + 7(Q)'$

$+(64)' = 3Q^{3-1} - 4 \cdot 2Q^{2-1} + 7 \cdot 1 + 0 = 3Q^2 - 8Q + 7$

3 $(f(x) + g(x))'$

$$= \lim_{h \to 0} \frac{(f+g)(x+h) - (f+g)(x)}{h}$$

$$= \lim_{h \to 0} \frac{f(x+h) + g(x+h) - f(x) - g(x)}{h}$$

$$= \lim_{h \to 0} \left(\frac{f(x+h) - f(x)}{h} + \frac{g(x+h) - g(x)}{h} \right)$$

$$= \lim_{h \to 0} \frac{f(x+h) - f(x)}{h} + \lim_{h \to 0} \frac{g(x+h) - g(x)}{h}$$

$$= f'(x) + g'(x)$$

練習問題10

1 例 2 と同様に $x_0 = 2$ で $\Delta x = 0.01$ から $x^2 \simeq x_0^2 + 2x_0 \Delta x = 2^2 + 2 \cdot 2 \cdot 0.01 = 4.04$.

2 関数 fg に対して微分の定義式を当てはめると以下になる.

$(fg)'(x) = \lim_{h \to 0} \dfrac{f(x+h)g(x+h) - f(x)g(x)}{h}$

$= \lim_{h \to 0} \dfrac{f(x+h)g(x+h) - f(x)g(x+h) + f(x)g(x+h) - f(x)g(x)}{h}$

$= \lim_{h \to 0} \dfrac{(f(x+h) - f(x))g(x+h)}{h} + \lim_{h \to 0} \dfrac{f(x)(g(x+h) - g(x))}{h}$

$= f'(x)g(x) + f(x)g'(x)$

3 h を $h(x) = \dfrac{f(x)}{g(x)}$ と置いてその微分 h' が存在するものとする. これを変形して, $f(x) = g(x)h(x)$ とし, f に積の微分の公式を適応しよう. $f'(x) = g'(x)h(x) + g(x)h'(x)$ となる. これを $h'(x)$ について解くと, $h'(x) = \dfrac{f'(x) - g'(x)h(x)}{g(x)}$ となる. 右辺の $h(x)$ に最初の式を代入した結果が公式 $h'(x) = \dfrac{f'(x) - g'(x)\left(\dfrac{f(x)}{g(x)} \right)}{g(x)} = \dfrac{f'(x)g(x) - g'(x)f(x)}{(g(x))^2}$ である.

4 ① $FC = 64$　② $VC = Q^3 - 4Q^2 + 7Q$　③ $AC = C(Q)/Q = Q^2 - 4Q + 7 + 64/Q$　④ $AVC = VC/Q = Q^2 - 4Q + 7$　⑤ $MC = C'(Q) = 3Q^2 - 8Q + 7$

5 $(ax + b/x)' = a - bx^{-2}$

6 $C'(Q) = 3Q^2 - 8Q + 7$ から $C'(Q) = 0$ の方程式 $3Q^2 - 8Q + 7 = 0$ を考える. この判別式は $D' = (-4)^2 - 3 \cdot 7 = -5 < 0$ となり, $C'(Q) = 0$ とならないことから, $C'(Q) > 0$ がわかる. C はすべての生産量について単調増加関数である.

練習問題11

1 関数と逆関数の合成関数 $f^{-1}(f(x)) = x$ の両辺を微分する.

左辺 $= \dfrac{d}{dx} f^{-1}(f(x)) = (f^{-1})'(y) \cdot f'(x)$

$\hfill$（連鎖律 & $y = f(x)$）

右辺 $= \dfrac{d}{dx} x = 1$

そうすると,

$$(f^{-1})'(y) \cdot f'(x) = 1$$

両辺を $f'(x) (\neq 0)$ で割ると公式 $(f^{-1})'(y) = 1/f'(x)$ が成り立つ.

2 $x = e^t$ から $t = \log x$ なので,

$$\frac{d \log y}{d \log x} = \frac{dz}{dt} = \frac{dz}{dy} \frac{dy}{dx} \frac{dx}{dt}$$

となる. 右辺は

$$\frac{dz}{dy} \frac{dy}{dx} \frac{dx}{dt} = (\log y)' \frac{dy}{dx} (e^t)' = \frac{1}{y} \frac{dy}{dx} e^t = \frac{1}{y} \frac{dy}{dx} x = \frac{dy}{dx} \frac{x}{y}$$

3 各種の費用関数は第10章の練習問題 4 で求められている. まずは簡単な限界費用と平均可変費用が一致する水準を求める.

$MC = AVC \iff 3Q^2 - 8Q + 7 = Q^2 - 4Q + 7$

$\iff 2Q(Q-2) = 0$

限界費用曲線と平均可変費用曲線は $Q = 0, 2$ で交わる. また,

$$MC'(Q) = (3Q^2 - 8Q + 7)' = 6Q - 8 = 0 \iff Q = \frac{4}{3}$$

$$AVC'(Q) = (Q^2 - 4Q + 7)' = 2Q - 4 = 0 \iff Q = 2$$

なので, 限界費用曲線の最小点は, 平均可変費用曲線の最小点よりも左に位置することがわかる. 第10章問い 5 より, $Q = 2$ のときの平均可変費用曲線の最低点を限界費用曲線は通る.

限界費用と平均費用が一致する生産量を求める.

$MC = AC \iff 3Q^2 - 8Q + 7 = Q^2 - 4Q + 7 + \dfrac{64}{Q}$

$\iff 2Q^3 - 4Q^2 - 64 = 0$

この右辺の式を $f(Q) = 2Q^3 - 4Q^2 - 64$ と置く. ここで剰余の定理を思い出して $f(4) = 2 \cdot 4^3 - 4 \cdot 4^2 - 64 = 128 - 64 - 64 = 0$ となるから, $Q - 4$ で因数分解ができる. 組み立て除法を用いて

```
4 │ 2  -4   0  -64
  │      8  16   64
  └─────────────────
    2   4  16 │  0
```

となるから, 結局以下のように因数分解ができる.

$$2(Q-4)(Q^2 + 2Q + 8) = 0$$

ここで $Q^2 + 2Q + 8 = 0$ の判別式は, $D = 2^2 - 4 \cdot 1 \cdot 8 = -28 < 0$. よって, $Q^2 + 2Q + 8 = 0$ を満たす実

数 Q は存在しない．したがって，限界費用曲線と平均費用曲線は $Q=4$ のみで交わる．第10.3 C 項で学んだように，その点は平均費用曲線の最低点である．そのときの費用額は $MC(4) = 3 \cdot 4^2 - 8 \cdot 4 + 7 = 48 - 32 + 7 = 23$ と計算される．

平均費用曲線の生産量が大きくなるときと 0 に近づくときの振る舞いを調べよう．関数の極限を思い出して，

$$\lim_{Q \to \infty} \frac{64}{Q} = 0, \quad \lim_{Q \to 0} AC(Q) = \lim_{Q \to 0}\left(Q^2 - 4Q + 7 + \frac{64}{Q}\right) = \infty$$

となるので，Q が無限大のときの平均費用曲線の漸近線は，平均可変費用曲線となる．さらに，Q が 0 に限りなく近づくと無限大に発散することがわかる．以上の考察より図に各種曲線が描ける．

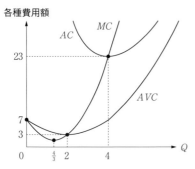

4 明らかに y 軸に対して対称なグラフになる．
$$f(x) = e^{-x^2}, \quad f(-x) = e^{-(-x)^2} = e^{-x^2} = f(x)$$
よって，$x \geq 0$ の範囲で考えればよいことがわかる．問い 1, 12 より，$f'(x) = -2xe^{-x^2}$, $f''(x) = 2(2x^2 - 1)e^{-x^2}$ となる．よって，$f'(0) = 0$ と $f''(1/\sqrt{2}) = 0$ がわかる．その値は $f(0) = 1$, $f\left(\frac{1}{\sqrt{2}}\right) = e^{-1/2} = \frac{1}{\sqrt{e}}$ となる．また，$f'(0) = 0$, $f''(0) = 2(2 \cdot 0^2 - 1)e^{-0^2} = -2 < 0$ より $x = 0$ で傾きが 0 であるが，グラフの形状は上に凸になっていることがわかる．また，$\lim_{x \to \infty} e^{-x^2} = 0$ より x 軸が漸近線になることがわかる．以上は次の増減表にまとめられる．

x	$-\infty$		$-\frac{1}{\sqrt{2}}$		0		$\frac{1}{\sqrt{2}}$		∞
y'		+	+	+	0	−	−	−	
y''		+	0	−	−	−	0	+	
y	0	↗	$\frac{1}{\sqrt{e}}$	↗	1	↘	$\frac{1}{\sqrt{e}}$	↘	0

これらの情報から下記のようなグラフになることがわかる．これに似た正規分布といわれるグラフは統計学や計量経済学でよく出てくるので覚えておくとよいだろう．

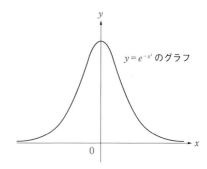

5 最適な雇用量は第10.6 B 項から $L^* = p^2/2w^2$ であり，利潤の 1 階微分は $\pi'(L) = p/\sqrt{2L} - w$ である．2 階微分は，定数を先に微分して，

$$\frac{d^2\pi}{dL^2}(L) = \left(p\frac{1}{\sqrt{2L}} - w\right)' = \left(p(2L)^{-\frac{1}{2}}\right)'$$
$$= -\frac{p}{2} \cdot 2(2L)^{-\frac{3}{2}} = -p(2L)^{-\frac{3}{2}}$$

となる．$d^2\pi/dL^2(L^*) = -p(p/w)^{-3} < 0$ となり 2 階の条件が満たされている．端点 $L = 0$ では明らかに利潤は 0 なので L^* が最適な雇用量となる．

6 $f'(x) = 3x^2$ より $x = 0$ を考えると，$f''(x) = 6x$ から $f''(0) = 0$ となる．よって，極大・極小の 2 階の条件より極値をもたない．同様に，$g'(x) = -3x^2$, $g''(x) = -6x$ から $g''(0) = 0$ より極値をもたない．

7 $AC(x) = C(x)/x = 10/x + x/2$ より，$AC'(x) = -10/x^2 + 1/2 = 0$ から，$x^e = 2\sqrt{5}$ となる．$AC''(x) = (-10/x^2 + 1/2)' = -10 \cdot (-2)x^{-3} = 20x^{-3} = 20/x^3$ より，$AC''(x^e) = 20/(2\sqrt{5})^3 = 20/8 \cdot 5\sqrt{5} = 1/2\sqrt{5} > 0$ となり，$x^e = 2\sqrt{5}$ で平均費用は最低になる．

8 総余剰は $W(x) = u(x) - C(x) = -x^2 + x$ となる．$W'(x) = -2x + 1 = 0$ より $x^* = 1/2$ となる．$W''(x) = -2 < 0$ より，2 階の条件は成り立っており，$x^* = 1/2$ で総余剰は最大化されている．

練習問題12

1 図に $u(9, y) = 3\sqrt{y}$ と $u(1, y) = \sqrt{y}$ のグラフが描かれている．ACの長さはABの長さの3倍になっているように前者のグラフは後者の3倍上方にシフトしている．

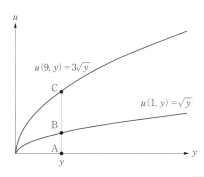

2 問い 4 より y 財の限界効用は $MU_y = \sqrt{x/y}/2$ なので，$MU_y(1,1) = \sqrt{1/1}/2 = 1/2, MU_y(9,1) = \sqrt{9/1}/2 = 3/2$.

3 $f_x = \partial f/\partial x = (\sqrt{x})' = x^{-1/2}/2, f_y = \partial f/\partial y = (\sqrt{y})' = y^{-1/2}/2, f_{xy} = \partial f_x/\partial y = 0, f_{yx} = \partial f_y/\partial x = 0, f_{xx} = \partial f_x/\partial x = (x^{-1/2}/2)' = -x^{-3/2}/4, f_{yy} = \partial f_y/\partial y = (y^{-1/2}/2)' = -y^{-3/2}/4$.

4 与えられた式を各々の変数で偏微分すると限界効用が得られる．

$$MU_x = \frac{\partial u}{\partial x} = \frac{1}{3}x^{-\frac{2}{3}}y^{\frac{2}{3}}, \quad MU_y = \frac{\partial u}{\partial y} = \frac{2}{3}x^{\frac{1}{3}}y^{-\frac{1}{3}}$$

さらに偏微分するとその符号は負になり，限界効用逓減の法則が成り立っていることがわかる．

$$\frac{\partial^2 u}{\partial x^2} = -\frac{2}{9}x^{-\frac{5}{3}}y^{\frac{2}{3}} < 0, \quad \frac{\partial^2 u}{\partial y^2} = -\frac{2}{9}x^{\frac{1}{3}}y^{-\frac{4}{3}} < 0$$

5 (9) 式を K で偏微分すると，$\alpha < 1$ より $\partial MPK/\partial K = A\alpha(\alpha-1)K^{\alpha-2}L^{1-\alpha} < 0$ となる．

練習問題13

1 $u_x(x,y) = x^{-1/2}/2$ と $u_y(x,y) = y^{-1/2}/2$ から全微分は以下となる．

$$du = \frac{1}{2\sqrt{x}}dx + \frac{1}{2\sqrt{y}}dy$$

2 $MRS = u_x/u_y$ より $MRS = x^{-1/2}/y^{-1/2} = \sqrt{y}/\sqrt{x}$ となる．

3 最適消費の条件 3：$MRS = p_x/p_y$ より $\sqrt{y}/\sqrt{x} = p_x/p_y$ となる．2乗して変形し $p_yy = p_x^2 x/p_y$ を予算制約式に代入すると，$p_xx + p_x^2 x/p_y = m$ となる．これを x について解くと $x^* = mp_y/p_x(p_x + p_y)$ となる．これを予算制約式に代入して y を求めると $y^* = mp_x/p_y(p_x + p_y)$ となる．

4 ある効用 $\bar{u} = \sqrt{x} + \sqrt{y}$ を固定して，2 の解答の $MRS = \sqrt{y}/\sqrt{x}$ に $\sqrt{y} = \bar{u} - \sqrt{x}$ を代入する．これを x について微分すると

$$\frac{dMRS}{dx} = \frac{d}{dx}\left(\frac{\bar{u} - \sqrt{x}}{\sqrt{x}}\right) = -\frac{\bar{u}}{2x^{3/2}}$$

となる．関数形から $\bar{u} > 0$ より $dMRS/dx < 0$ となり，限界代替率逓減の法則が成り立っている．

5 問い 1 より無差別曲線の傾きの大きさは $|y'| = |-\bar{u}/x^2| = |-y/x| = y/x$ となる．最適消費の条件 3 より $y/x = p_x/p_y$ となる．予算制約式に代入すると $(x^*, y^*) = (m/2p_x, m/2p_y)$ となる．$dMRS/dx = (d/dx)\bar{u}/x^2 = -2\bar{u}/x^3 < 0$ となり限界代替率逓減の法則が成り立っている．

索 引

英数字

1階導関数	168
1階の条件	173
1階偏導関数	185
1次関数	38
1変数1次方程式	27
2階導関数	168
2階の条件	173
2階偏導関数	185
2次関数	42
2次方程式の解の公式	32
2変数関数	176
3次元空間	175
45°線	58
72の法則	125, 164
n乗根	113
x座標	37
x軸	36
xy平面	36, 175
yz平面	176
y座標	37
y軸	36, 43
y切片	38
zx平面	176

ア 行

移項	29
一意的	27
一般項	92
陰関数	178
――定理	198
因数	7
――分解	17
上に凸	43, 170
永久年金公式	108
円周率	13
凹関数	43
大きい	13

カ 行

解	26
外延的記法	4
開区間	48
解なし	27
価格比	194
片側極限	129
片側連続	132
傾き	37, 38
可変費用	70
――関数	70
――曲線	70
関係	4
関数	34
――値	34
――の差	72
――の商	73
――の積	72
――の定数倍	73
――の和	71
元本	94
元利合計	94
偽	26
幾何平均	116
技術的限界代替率	207
――逓減の法則	207
基数	1
――的効用	2
逆関数	75
――定理	162
逆元	6, 9
逆数	9, 57
既約分数	10
キャッシュフロー	102
級数	101
供給関数	42
供給曲線	42
供給の価格弾力性	64
共通因数	17
共通部分	71
極限	104
――値	104
極小値	154
極小点	154
極大値	154
極大点	154

極値 …………………………………… 154	最適化問題 ………………………………… 52
均衡価格 ……………………………… 42	最適な ……………………………………… 52
均衡点 ………………………………… 42	座標平面 …………………………………… 36
近似 ……………………………… 55, 65	算術平均 …………………………………… 116
区間 …………………………………… 48	指数 …………………………………… 14, 111
組み立て除法 ………………………… 24	次数 ………………………………………… 16
グラフ ………………………………… 36	指数関数 …………………………………… 117
係数 …………………………………… 16	——の微分 …………………………… 160
結合法則 ……………………… 17, 102	自然指数関数 ……………………………… 118
元 ……………………………………… 4	——の微分 …………………………… 159
限界 …………………………………… 67	自然数 ……………………………………… 1
——効用 …………………………… 85	自然対数 …………………………………… 122
——効用関数 ……………………… 86	——関数の微分 ……………………… 164
——効用逓減の法則 …… 86, 171, 187	——の底 ……………………………… 109
——生産物 ………………………… 67	下に凸 ……………………………… 43, 58, 169
——生産物逓減の法則 …………… 67	実数 ………………………………………… 11
——代替率逓減の法則 …………… 205	支払意欲 …………………………………… 86
——費用 …………………………… 79	シフト ……………………………………… 41
——費用関数 ……………………… 80	写像 ………………………………………… 34
——費用曲線 ……………………… 80	終域 ………………………………………… 34
——費用と限界生産物の関係 …… 163	重解 ………………………………………… 31
減少 …………………………………… 38	集合 ………………………………………… 4
原点 ……………………………… 13, 36	終集合 ……………………………………… 34
項 ………………………………… 16, 92	収束 ………………………………………… 104
交換法則 ……………………… 17, 102	従属変数 …………………………………… 35
公差 …………………………………… 94	収入関数 …………………………………… 45
項数 …………………………………… 92	需要関数 …………………………………… 41
合成関数 ……………………………… 81	需要曲線 …………………………………… 41
合成数 ………………………………… 8	需要の価格弾力性 ………………………… 62
恒等式 ………………………………… 22	瞬間の速さ ………………………………… 132
恒等写像 ……………………………… 39	瞬間利子率 ………………………………… 109
公比 …………………………………… 97	準線形 ……………………………………… 86
効用 …………………………………… 2	——効用関数 ………………………… 86
——曲線 …………………………… 85	小数 ………………………………………… 11
——曲面 …………………………… 192	商の微分 …………………………………… 147
国民所得 ……………………………… 28	消費 ………………………………………… 28
固定費用 ……………………………… 69	消費者余剰 ………………………………… 87
——関数 …………………………… 69	剰余 ………………………………………… 7
——曲線 …………………………… 69	——の定理 …………………………… 25
コブ・ダグラス型生産関数 ………… 167	常用対数 …………………………………… 122
根 ……………………………………… 26	初項 ………………………………………… 92
根号 …………………………………… 12	序数 ………………………………………… 1
	——的効用 …………………………… 2
サ 行	真 …………………………………………… 26
	真数 ………………………………………… 120
最大値 ………………………………… 46	振動 ………………………………………… 105
——の定理 ………………………… 132	数列 ………………………………………… 92
最大点 ………………………………… 46	生産関数 …………………………………… 66

217

整式	16	——関数の微分	140
整数	5	たすきがけ	20
正の無限大に発散	104	単位円	178
制約条件	83	単位弾力的	63
制約付き最適化問題	83	単位元	3, 9
積の成長率は成長率の和	161	単項式	16
積の微分	146	端点	48
接線	55, 142	——解	203
絶対値	14	弾力性と対数微分	167
接点	142	弾力的	62
接平面	190	値域	35
漸近線	58	小さい	14
線形関数	38	頂点	43, 58
線形近似	143	直積	37
線形写像	38	直線	38
線形方程式	27	——の方程式	40
——系	88	直角双曲線	58
選好	2	対	36
線対称	43, 57	通分	10
全微分	190	定義	6
——可能	190	——域	34
線分	48	定数	54
素因数分解	8	——関数	54
増加	38	——項	16
——関数	53, 65	——倍法則	139
双曲線	58	停留点	154
増減表	154	展開	17
相似	13	添数	92
総生産	28	点対称	58
相対価格	194	導関数	137
相等関係	4	等高線	178
総費用	70	等差数列	94
属する	4	投資	28
底	111, 120	等式	26
素数	8	等比数列	97
		等費用線	208
タ 行		等量曲線	207
		同類項	16
大小関係	14	独立変数	35
対称軸	43		
対称点	58	**ナ 行**	
対数	120		
——関数	120	内点	48
——関数の微分	165	内部	48
——微分法	165	内包的記法	5
代入	29	ネイピア数	109
多項式	16		
——関数	131		

ハ 行

パスカルの三角形	138
発散	104
半開区間	48
反比例	57
半閉区間	48
判別式	31
微小	90
左極限	129
左連続	132
非弾力的	62
必要条件	154
微分	137
——可能	136
——係数	136
費用	70
——関数	45,70
——曲線	70
——最小化問題	84
比例	37
——定数	37
複素数	30
複利法	98
不定	27
負の無限大に発散	104
部分集合	6
不連続	131
分数	10
——関数	57
分配法則	17,102
平均の速さ	132
平均費用	73
——関数	73
——曲線	73
平均変化率	127
閉区間	48
平行移動	41
平方	12,111
——完成	19
——根	12,113
べき乗法則	139
変化	38
——の割合	127
——率	61
変曲点	170
ベン図	6

偏導関数	181
偏微分可能	180
偏微分係数	180
偏微分する	181
包含関係	6
方程式	26
——系	88
放物線	42

マ 行

交わり	71
末項	92
右極限	129
右連続	132
無限数列	92
無限等比数列の極限	106
無限等比数列の和の極限	107
無差別曲線	192
無理関数	65
無理式	65
無理数	11
命題	26
目的関数	51

ヤ 行

約分	10
有限数列	92
有理関数	131
有理数	9
陽関数	178
要素	4
予算	193
——制約	193
——制約線	194

ラ 行

離散的	99
利子	94
利潤	45
——最大化問題	84
利子率	94
立方	111
——根	113
臨界点	154
累乗	14,111

——根 ………………………………… 113	
連続関数 …………………………… 131	
連続複利 …………………………… 110	
連続利子率 ………………………… 109	
連立2元1次方程式 ……………… 88	
連立方程式 ………………………… 88	
労働の限界生産物 ………………… 67	

ワ 行

和の法則 ……………………………… 140
割引現在価値 ………………………… 100
割引率 ………………………………… 100

● 著者紹介

丹野忠晋（たんの・ただのぶ）

1965年生まれ．一橋大学大学院経済学研究科博士課程単位取得満期退学．一橋
大学経済学部助手，跡見学園女子大学マネジメント学部准教授などを経て，
2016年4月より拓殖大学政経学部教授．専門は産業組織論．

著　書：『入門ミクロ経済学』（武隈慎一／編著，金子浩一・丹野忠晋・小川浩・
原千秋・山重慎二／著，ダイヤモンド社，2005年）．
翻　訳：『エコノミスト数学マニュアル』（ピーター・バーク，クヌート・シュ
ドセーテル／著，鈴村興太郎／監訳，丹野忠晋／訳，日本評論社，1996年）．
論　文："Optimal Intellectual Property Rights Policy by an Importing
Country," *Economics Letters*, Vol. 209, Article 110113, 2021 (with Takeshi
Ikeda and Yoshihito Yasaki), "How Should We Protect Innovations?"『応用経
済学研究』第13巻，29-40頁，2019年 (with Takeshi Ikeda and Yoshihito Yasaki)，
「医療用医薬品の納入価格と流通チャネル形態」『JSMDレビュー』第3巻1号，
11-18頁，2019年（櫻井秀彦，増原宏明，林行成，山田玲良との共著），「医療用
医薬品の流通分析：卸の機能と情報提供サービスに関する実証研究」『日本商業
学会流通研究』第19巻1号，15-24頁，2016年（櫻井秀彦，増原宏明，林行成，
恩田光子，山田玲良との共著），「医療用医薬品流通における交渉力と薬価基準
制度」『応用経済学研究』第8巻，115-127頁，2014年（林行成との共著），「チ
ャネル選択と製品差別化投資」『経済研究』第49巻1号，47-57頁，1998年．

経済数学 入 門──初歩から一歩ずつ

● ────── 2017年9月30日　第1版第1刷発行
　　　　　 2024年5月30日　第1版第6刷発行
著　者──丹野忠晋
発行所──株式会社　日本評論社
　　　　　〒170-8474　東京都豊島区南大塚3-12-4　振替 00100-3-16
　　　　　電話 03-3987-8621（販売），03-3987-8595（編集）
　　　　　https://www.nippyo.co.jp/
印刷所──精文堂印刷株式会社
製本所──井上製本所
装　幀──菊地幸子
検印省略　©Tadanobu TANNO, 2017
Printed in Japan
ISBN 978-4-535-55846-5

JCOPY ＜（社）出版者著作権管理機構　委託出版物＞
本書の無断複写は著作権法上での例外を除き禁じられています．複写される場合は，そ
のつど事前に，（社）出版者著作権管理機構（電話：03-5244-5088，FAX：03-5244-5089，
e-mail：info@jcopy.or.jp）の許諾を得てください．また，本書を代行業者等の第三者に
依頼してスキャニング等の行為によりデジタル化することは，個人の家庭内の利用であ
っても，一切認められておりません．

経済学の学習に最適な充実のラインナップ

入門経済学 [第4版] 伊藤元重／著　3300円	**実証分析入門** 森田 果／著　3300円
ミクロ経済学パーフェクトガイド 伊藤元重・下井直毅／著　(2色刷)2420円	**最新 日本経済入門** [第6版] 小峰隆夫・村田啓子／著　2750円
しっかり基礎からミクロ経済学 LQアプローチ 梶谷真也・鈴木史馬／著　2750円	**経済学を味わう** 東大1,2年生に大人気の授業 市村英彦・岡崎哲二・佐藤泰裕・松井彰彦／編　1980円
ミクロ経済学の力 神取道宏／著　(2色刷)3520円	**大学生のための経済学の実証分析** 千田亮吉・加藤久和・本田圭市郎・萩原里紗／著　2530円
ミクロ経済学の技 神取道宏／著　(2色刷)1870円	**経済論文の書き方** 経済セミナー編集部／編　2200円
マクロ経済学 [第2版] 伊藤元重／著　(3色刷)3080円	**経済学入門** 奥野正寛／著　2200円
入門マクロ経済学 [第6版] 中谷 巌・下井直毅・塚田裕昭／著　(4色刷)3080円	**ミクロ経済学** 上田 薫／著　2090円
例題で学ぶ 初歩からの計量経済学 [第2版] 白砂堤津耶／著　3080円	**計量経済学のための統計学** 岩澤政宗／著　2200円
例題で学ぶ 初歩からの統計学 [第2版] 白砂堤津耶／著　2750円	**計量経済学** 岩澤政宗／著　2200円
入門 公共経済学 [第2版] 土居丈朗／著　3190円	**ゲーム理論** 土橋俊寛／著　2420円
入門 財政学 [第2版] 土居丈朗／著　3080円	**財政学** 小西砂千夫／著　2200円
行動経済学 室岡健志／著　2750円	**マーケティング** 西本章宏・勝又壮太郎／著　2200円
[改訂版] **経済学で出る数学** 尾山大輔・安田洋祐／著　2310円	**ミクロ経済学入門** 清野一治／著　(2色刷)2420円
計量経済学のための数学 田中久稔／著　2860円	**マクロ経済学入門** [第3版] 二神孝一／著　(2色刷)2420円

日評ベーシック・シリーズ

シリーズ・新エコノミクス

※表示価格は税込価格です。

〒170-8474 東京都豊島区南大塚3-12-4　TEL：03-3987-8621　FAX：03-3987-8590　**日本評論社**
ご注文は日本評論社サービスセンターへ　TEL：049-274-1780　FAX：049-274-1788　https://www.nippyo.co.jp/